建築家秀吉

遺構から推理する
戦術と建築・都市プラン

宮元健次

人文書院

はじめに

豊臣秀吉は、いうまでもなく織田信長、徳川家康と並び称される戦国時代を代表する武将のひとりである。

貧しい百姓の子として生まれ、足軽と呼ばれる最も身分の低い家臣の位で時の権力者・信長に仕え、数々の活躍を経た後、信長亡きあとの次の権力者に成り上がった秀吉の出世ばなしは、余りにも有名だ。

そして、その天下取りの物語を単なる伝説ではなく、歴史的史実としてとらえる上で欠かすことが出来ないものが、秀吉が戦場を駆け巡る過程で造営した途方もない数の建築群である。

彼は六十二年間のさほど長くはないその生涯の中で、朝鮮大陸につくった城も入ればじつに一〇〇近いおびただしい数の城郭の建設に携わった。その数は戦国のあらゆる武将の中でも最も傑出しているのだ。

また、それは単に城に限ったことではなく、それらの城下町として長浜や京都、大阪その他多数の都市計画にも着手している。それればかりか、晩年には方広寺大仏殿や醍醐寺三宝院その他数多くの寺院の造営にも手を染めているのであり、独創的な築城戦略はもとより、空然絶後の数の建築造営を通して天下人となったといってよいだろう。それが、秀吉を別名「普請太閤」あるいは「普請狂」と呼ぶゆえんである。つまり、膨大な量の建設に携わったという観点からいえば、彼を現代でいう「建築プロデューサー」あるいは「建築家」と見なしてもよいのではないだろうか。

秀吉を建築家とすることに違和感を覚える向きも数多いとみられるが、彼は単に多数の建築群を造ったばかりではなく、それらの多くは、のちの江戸建築に強く影響を与えた独創的なものであった。例えばそれまでの戦術としての城郭の形式に庭園や茶室等の遊興施設を取り入れたのも秀吉が先駆者であるし、その頃、南蛮貿易やキリスト教布教を通じてもたらされた西欧文化を居城のインテリアや都市計画にヴィスタとしていちはやく取り入れたのも彼の工夫である。

また、茶匠・千利休との茶ノ湯における葛藤から、数寄屋建築の様式の発展に関与しているし、あるいは家臣に面する対面所等の造営を通じて、武士の住居様式である書院造りをさらに発達させたのである。さらには権力者の死後、神として再生するための配置計画の秘儀や、そのための建築様式である権現造りの発端をもあみ出している。その他、それらの建築の内部を飾る障壁画のスポンサーとして数多くの絵師を育て上げているのである。

このような秀吉の関与した建築群の独創性から考えれば、やはり彼を建築家として評価したとしても決して異論はないといえよう。しかし、これまで秀吉について無数の著作が著わされたにもかかわらず、その出世劇を彼の建築家としての才能、実力からひもとかれたことは、余り多くはなかったように思われる。

そこで本書は、秀吉の出世物語について、主に彼の建築家としての側面から、現存する遺構の数々を手がかりとして観察してみようとするものである。特に筆者は近年、キリスト教宣教師らがもたらした西欧文化の影響をうけた日本建築、いわゆる「キリシタン建築」について繰り返し言及してきた。そして、秀吉こそがその建築における日欧文化交渉の主人公とでもいうべき人物であったのではないかと考えるに至った。

従来の諸説に、こういった新しい視点を加えた上で、これまでの戦国を制した武将といった秀吉のイメージとは少し異なる、建築家としての側面を垣間見せることができたならば、本書のもくろみは果たされたことになる。

著者

目次

はじめに

序章　建築家としての再評価 ……… 11
——普請狂といわれるゆえん——

1　秀吉の出自《しゅつじ》と工匠　11

2　萌芽・清洲城割《きよすじょうわり》普請《ぶしん》——ジョイントベンチャー——　18

3　墨俣一夜城《すのまたいちやじょう》——ベルトコンベアーシステムとプレファブ工法——　21

4　高松城水攻め——ランドスケープの視点——　30

第一章　大坂城と大坂の都市計画 ……… 38

1　姫路城　38

2　安土城内の秀吉の住居　41

3 初めての居城・長浜城と都市計画 43
4 聖地・石山本願寺 52
5 大坂城 59
築城／本丸のしくみ／山里曲輪／大坂遷都計画／本願寺の天満寺内町／秀吉の町づくり／三の丸増築と船場の町づくり／その後の大坂城
6 秀吉と西欧文化 77
7 大坂の町づくりとヴィスタ 81
第二章 聚楽第《じゅらくだい》と京都の都市計画……87
1 北野大茶ノ湯と黄金の茶室 87
2 茶ノ湯と西欧文化 90
3 待庵《たいあん》を巡る対決 96
4 聚楽第の造営 115
目的と造営過程／様相／聚楽第の遺構
5 お土居《どい》の造営 130

6　京都の改造　140
新しい町割り／寺町／寺の内

第三章　伏見城と城下町……143

1　名護屋城と朝鮮出兵　143
朝鮮を侵略する理由／名護屋城の造営
2　朝鮮大陸での城普請　149
3　淀《よど》城・指月《しげつ》城・向島《むかいじま》城　151
淀城／指月城／向島城
4　伏見城と城下町　158
秀次事件／慶長の大地震／伏見城の造営／伏見城の遺構
5　醍醐寺三宝院　166
庭園と他界／日本初のルネサンス庭園
6　西本願寺の秀吉遺構の是否　175
書院／飛雲閣

第四章　豊国廟《ほうこくびょう》と本願寺……180

1 方広寺と大仏殿 180
2 豊国廟と豊国神社 188
夢のまた夢／行基と秀吉／鳥辺野と西本願寺／秀吉の神格化／豊国廟／人を神に祀る建築様式
3 神格化の秘儀 198
秀吉と本願寺／神への再生と阿弥陀如来／日吉大社の秘儀
4 神になりたかった権力者たち 206
家康の神格化／伊勢神宮と太一思想／豊国廟の破壊
5 呪いをかけられた家康 219
童歌「かごめ」について
6 日本画の発展と秀吉 225
信長の神格化
おわりに
参考文献

建築家秀吉

遺構から推理する戦術と建築・都市プラン

つゆとおち　つゆときへにし　わがみかな　なにはのことも　ゆめの又ゆめ

序章　建築家としての再評価
——普請狂といわれるゆえん——

1　秀吉の出自《しゅつじ》と工匠

当時の武士の身分としては最も低い地位である足軽から関白あるいは太閤といった天下人へと成り上がった出世譚《ばなし》は誰でも知っている物語であろう。そのいかにも明るく豪快で人間的な生きざま、そしてシンデレラストーリーは、人々に大きな夢と希望を与えてくれるものに違いない。

しかし、果してその実態はどのようなものであったかについては、未だに謎のヴェールにつつまれている部分が数多い。特にこれだけ有名な人物であるにもかかわらず、不思議なことだが、まずその出生について、今もってはっきりしないのである。伝説的な資料こそ多数あるのだが、確実な史料は、一つとして発見されていないのが現状だ。

しかも、その出生どころか、その前半生すらもまったくの謎である。確実な史料にあらわれるのは一五六五年のことであり、織田信長の知行安堵状《ちぎょうあんどじょう》(領地を約束する書類)に初めて「木下藤吉郎秀吉《きのしたとうきちろう》」の名が登場する。伝説的資料から推定すると、この時彼は二十八歳であり、それ以前の秀吉の生い立ちについてはほとんど何も分からないに等しい。

しかし、本書において建築家としての秀吉像を顧みるためには、彼の前半生と建築との関係の有無について、ぜひとも推考しておく必要があると考える。そこで伝説的資料をもとにせざるをえないが、まず秀吉の出生について、ここに簡単にまとめておきたい。

秀吉は一五三七年、尾張愛智郡《おわりあいちぐん》中村の百姓の家に生まれたといわれる（『公卿補佐』『太閤素生記』『甫庵太閤記』『秀吉事記』『朝日物語』他）。その場所が現在のどこにあたるかについては、大きく分けて二つの説がある。

まずその一つは、『尾州志略』及び『平豊小説』等による名古屋市中村区中村町の中村公園説。園内には秀吉を神として祀る豊国《ほうこく》神社や「豊公誕生之地」と刻んだ石碑がたつ。また、その東側には「太閤山」と号する常泉寺《じょうせんじ》があり、かつてここは「太閤屋敷」と呼ばれ、秀吉はここで生まれたとい

上─豊臣秀吉の画像（誓願寺蔵）
中─豊国神社（出生地の中村公園付近）
下─誕生地にたつ石碑（同上）

われてきたのだ。この寺には御神体として、秀吉の宗教担当ブレーンであった木食応其《もくじきおうご》作といわれる豊国大明神、すなわち秀吉の神像が祀られ、また「豊臣秀吉産湯《うぶゆ》の井」や彼が自ら植えたとされるヒイラギの木まで残されている。

次に、秀吉のもう一つの出生候補地が、中村公園より南の旧中《きゅうなか》中村にあたる「弥助《やすけ》屋敷跡」。弥助とは秀吉の父・木下弥右衛門《やえもん》の別名であり、『太閤素生記』に「父弥右衛門は中中村の人」とあり、また『武功夜話』にも「弥右衛門は中中村の村長」と記されていることがその裏付けであるという。

どちらにしても、名古屋の中村で百姓の弥右衛門の子として生まれたことに変わりはない。ところが、のちに秀吉が関白になった際、百姓の出身では少しぐあいが悪いということから、公家落胤《らくいん》説や皇胤《こういん》説がたてられ、『天正記』『白華随筆』『戴恩誌』では秀吉の母は萩中納言《はぎのちゅうなごん》の娘であるとか、正親町《おおぎまち》天皇の御落胤であるといった伝説がまことしやかに捏造《ねつぞう》されることになった。

その後一五四三年には、父・弥右衛門が没し、母は浪人中の茶坊主・筑阿弥《ちくあみ》と再婚して、秀吉は光明寺の小僧となっている（『平豊小説』他）。そして、一五五四年、ついに織田信長の草履取りとなるが、そこから先は筆者が述べるまでも

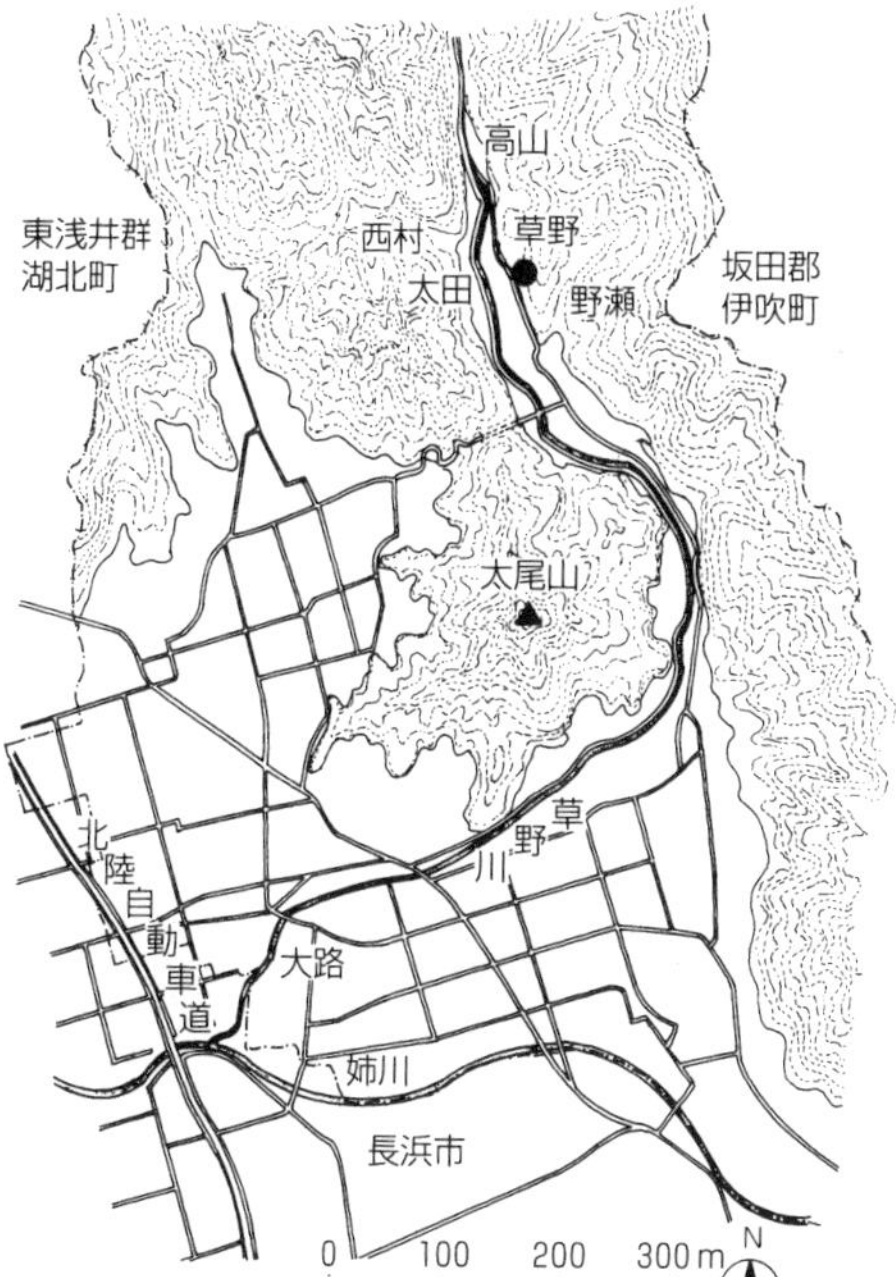

浅井郡中村周辺案内図

ないだろう。
このように見てくると、一見秀吉は、建築とまったく関係のない前半生をすごしたかのように思える。しかし、静岡大学教授の小和田哲男氏によれば、秀吉の出自は「ワタリ」と呼ばれる定住地をもたない技術者集団と関係していたという（『豊臣秀吉』中央公論社）。以下、小和田氏の説をさらに建築的な視点からやや補強しつつここに紹介してみたい。

まず、秀吉の母・なかはワタリの鍛冶師・関兼定《せきかねさだ》の娘であるといわれ、また秀吉自らも近江、浅井郡の鍛冶師に弟子入りしたという伝承があるという。さらに秀吉の祖父・国吉《くによし》も近江、浅井郡の出自であると小和田氏はいうのだ。前述の通り、秀吉は名古屋の「中村」の出身であるといわれているが、くしくもこの浅井郡にも「中村」の地があるのは単なる偶然だろうか。

この近江は、当時奈良と並んで優秀な大工を多数輩出した地として知られ、中でも竹生島《ちくぶじま》の大工職を保有した阿部家が有名であるが、秀吉はこの竹生島を後になって大変重視しており、彼が横山城の城代の時には、この島の宝厳寺《ほうごんじ》に寺領の臨時課税免除の安堵状を与えて保護している。また、秀吉は長浜城主になってからも、三度の火災にあったこの寺をもと通り復興しているほどである。現在、この竹生島に建つ都久夫須麻《つくぶすま》神社本殿と宝厳寺唐門は、秀吉の死後の一六〇三年、彼の墓・豊国廟《ほうこくびょう》の建物を移建したものである。

また、江戸幕府作事方の大棟梁職を世襲した建仁寺《けんにんじ》流の名門を誇った甲良《こうら》家も近江大工であり、中

上—宝厳寺
下—都久夫須麻神社

でも甲良宗広《むねひろ》は秀吉の伏見城の造営に加わっている。さらに秀吉が九州に名護屋城を造営する際には、わざわざこの近江の穴太《あのう》の石工《いしく》を呼びよせ、石垣を築かせるほどのほれこみようだった。秀吉は名護屋城だけではなく、後述する通り、石垣山城の造営の際も、はるか関東まで穴太の石工をつれてきているのであり、いかに重く用いていたかがわかろう。穴太の石工の史料における初見は『明良洪範』の次の記述であろう。

石垣を築にあのふ築と云仕方あり、江州にあのふと云所あり、其所にて古へより石の五輪を切出し、其外都《すべ》て石切の上手多く有所也。夫故信長公天守を建てられし時、同国の事故、あのふより石工を多く呼寄仰付られしより、諸国にても此を用ひしに、次第に石垣の事上手に成て、後には五輪を止て石垣築のみを事としける。以来は諸国にても通名になり、石垣築者をあのふと云習はしける。

この中の江州あのふというのが現在の大津市坂本穴太町のことであり、古くは比叡山延暦寺やその守護神・日吉大社などの土木工事担当の集団であった。そして安土城築城の際、織田信長がこの穴太の石工に目をつけ、石垣造りを担当させたところ有名になったというのだ。

『兼見日記』の一五七七年の条には、

早々召㆓寄穴太㆒、石懸普請、醍醐清滝之御修理也

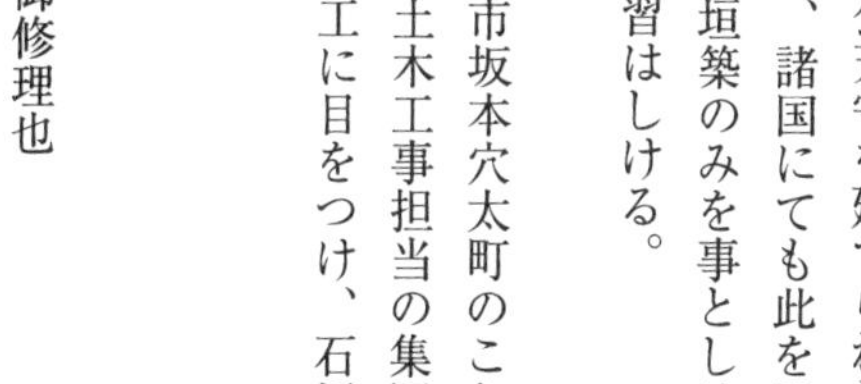

穴太積の例（日吉大社付近）

とあって、すでに醍醐寺の工事を担当しているのであり、比叡山以外にも進出していたことがわかる。

いっぽう、穴太の領主は杉原家次だが、秀吉の正室北政所の叔父にあたり、秀吉から最も重用された家臣として知られ、この家臣を通じて各地の築城に活躍したのだろう。『駒井日記』によれば、穴太駿河、穴太三河、穴太出雲とそれぞれ名乗る者が配下を率いて各地へ派遣されたのである。

その後、江戸時代に入ると、沼田頼輔氏によれば、穴太衆は幕府の城郭石垣担当となり、それらを統率する「穴太頭《あのうがしら》」が設けられ、代々百石を与えられる役職となったという。そして江戸初期にピークを迎える城造りに大きく貢献し、江戸城の石垣なども穴太衆によるものであったとみられる。

秀吉の近江出身者の重用は、別に穴太石工に限ったことではなく、彼の「子飼い」の家臣全般にいえることで、「賤ヶ岳七本槍」とたたえられる片桐且元《かたぎりかつもと》、脇坂安治《わきさかやすはる》、五奉行といわれる中の石田三成《いしだみつなり》、

上一園城寺三重塔
中一園城寺大門
下一西教寺客殿

増田長盛《ましたながもり》、長束正家《なつかまさいえ》など枚挙に暇がない。

　中でも、藤堂高虎《とうどうたかとら》と小堀遠州《こぼりえんしゅう》は秀吉時代だけではなく、家康時代に入っても築城担当者に登用される建築の専門家であり、特に高虎は江戸の都市計画の中心人物として知られ、また遠州にしても江戸幕府作事奉行として数々の傑作を生み出した江戸時代を代表する建築家になった人物である。このように、秀吉配下の武将そのものが、近江大工と深く関係をもっているのだ。

　その他、近江には、伏見城から移された園城寺《おんじょうじ》（三井寺《みいでら》）寺の三重塔や大門、西教寺《さいきょうじ》客殿など、秀吉遺跡も数多く残されている。ここに秀吉と工匠とを結びつける発端があるのではないかと考えるのである。

　一方、秀吉の母は『太閤素生記』によれば、尾張国《おわりのくに》ゴキソ村出身であるといい、小和田氏によればゴキソは御器所であり、木地師《きじし》などの技能集団の地ではないかという。また、『太閤素生記』は秀吉の妻・おねが尾張国朝日村出身と伝えるが、朝日村も木地師の地であるという。さらに秀吉の幼名「日吉丸《ひよしまる》」は、母が日吉山王権現《ひえさんのうごんげん》に祈って生まれたため命名されたというが、この日吉《ひよし》神社は「ワタリ」の守護神であったと指摘するのである。

　確かに、日吉山王権現の神獣は猿であり、猿は秀吉の通称だった上、あの秀吉の重用した穴太の石工は日吉大社の修理役であり、日吉大社が近江大工の信仰を集めたことからみても、単なる偶然ではないと考えられる。小和田氏の指摘は一見偶然が重なったかのように見えなくもないが、近江と工匠の関係から考えれば、にわかに説得力をもってくることがわかるだろう。

　秀吉をめぐるさまざまな伝説の多くに共通しているのは、八歳になった秀吉が放浪の旅に出ていくつかの職業を体験することであり、この放浪がやはり「ワタリ」を連想させるばかりか、さらに注目したいのは、その職業の中にじつに大工があったことである。前に触れたように、秀吉が近江大工ばかりを好んで重用した背景には、前述の近江の技術者集団への弟子入りの体験や、自らの大工の経験があったとしても想像に難くない。

このように伝承を見る限りでは、秀吉はその前半生において、すでに工匠との関係が見え隠れしており、その後、彼が膨大な数の建築の造営にかかわり、「普請狂」とまで呼ばれるようになったその発端が、現在謎のヴェールにつつまれている秀吉の出自にあったとも推測が可能と思われる。

2　萌芽・清洲城割普請《きよすじょうわりぶしん》——ジョイントベンチャー——

「尾張《おわり》の大うつけ」と嘲笑された二十一歳の信長に仕えた秀吉の出発点は、「草履取《ぞうり》り」という最も低い身分であったことはすでに述べた。ある寒い冬の早朝、信長の草履を秀吉が懐で温めておいて、出かける信長に差し出したという有名な話はこの時のものである。『絵本太閤記』によれば「寒季の時節は御草履を己が懐に入れ温め、よろず思し召しにかないける」とあり、他の伝説でも同様の記述となっている。

俗に信長が「鳴かぬなら殺してしまえホトトギス」、徳川家康が「鳴かぬなら鳴くまで待とうホトトギス」と詠むであろう歌を、秀吉は「鳴かぬなら鳴かせてみようホトトギス」と詠むのではないかと言われる通り、彼は知恵と工夫で天下人にまで成り上がったといってよい。秀吉のこういった巧みな工夫は、その後の彼の建築家としての側面にも強く影響することになる。その萌芽とでもいうべきエピソードが、有名な清洲城の割普請《わりぶしん》である。

清洲は、当時東海地方の中枢都市であり、信長にとっても戦略上、最も重要な地点とみなして城が築かれていた。ところが、一五六二年頃、大風で清洲城の塀が百間も倒壊したといい、それを宿老衆が二十日間以上もそのまま放置していたという。そこで秀吉がこれに目をつけ、自らすすんでその修理を引き受けたというのだ。

この時、彼は信長から「御普請奉行《ごふしん》」の役を任せられることとなり、割普請と呼ばれる能率賃金制を導入したという。すなわち、約百間（約一八二メートル）の塀を十の区間に分け、いくつかの大工集団に競争で修理させることによって、極めて短期間で見事に工事を完成させたといわれる。この方法は、現代の建築業界でいえば、まさにジョイントベンチャーにあたるものである。

確かにこのような分担作業は、秀吉の時代以前にも行なわれており、「諸課国」あるいは「造国」といって、一つの建物を複数の国に造営させたり、多数の建物の一つ一つを各国に分担させる方法で、平安遷都の後、初めて内裏が火災にあった時に、すでに二十七の国に内裏造営の分担を命じている。これを機会に朝廷にとり入って立場をよくしたいと、諸国は競って造ったわけである。

しかし、秀吉の場合は内裏の造営とは事情が異なる。内裏の場合は朝

清洲城縄張図（『清洲町史』より）

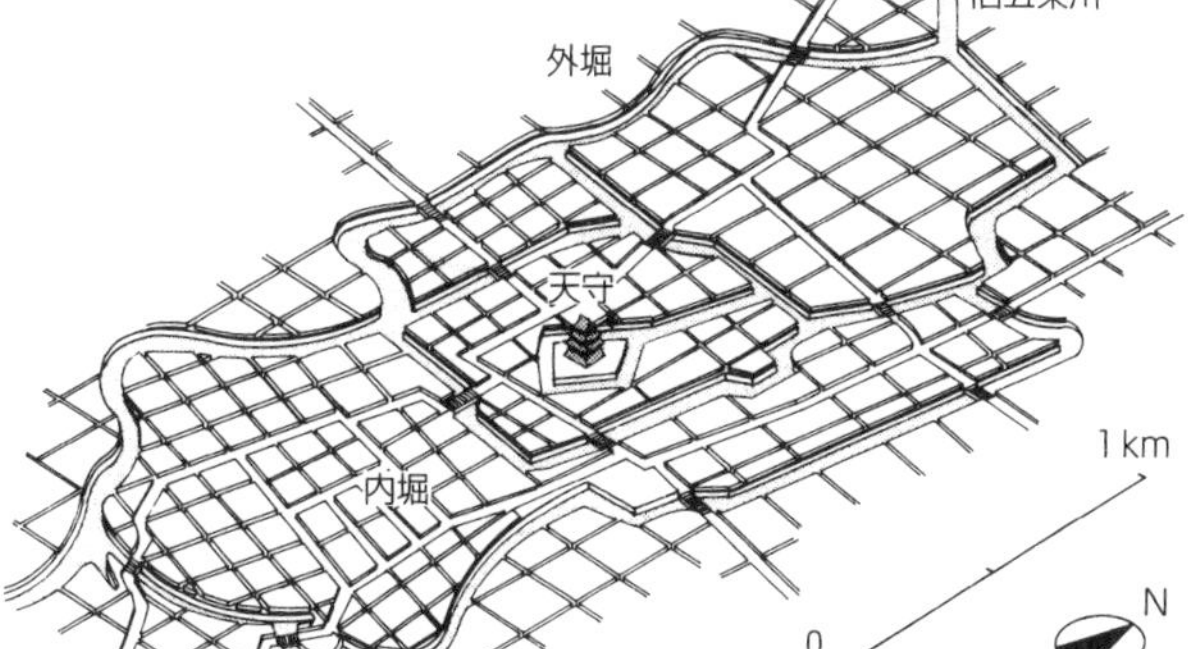

廷と各国との政治的関係があったが、秀吉の割普請の場合は、一足軽が雑兵と呼ばれる荒々しい技術者集団を集めて統率したものであり、技術者集団について熟知していなければ、とうてい成功には至らなかったに違いない。

ここでにわかに思い出されるのが、前述の秀吉の前半生における「ワタリ」と呼ばれる放浪の技術者集団と彼との関連についてである。この清洲城の割普請において、彼の前半生の「ワタリ」の経験が生かされたものとすれば、秀吉のこの奇策も十分に説明が可能であるといえよう。

この割普請の方法を秀吉は、その後の出世劇の中で繰返し用いており、かれの定番の手法となっていくのである。例えば、墨股一夜城の造営でも応用されているし、また天下人となってから造営した大坂城や伏見城についても同様である。

大坂城の造営では、越前・溝江長氏に本役三〇〇人中の一二〇人を負担させ、また毛利氏には一万一七七七人の出動を課している。さらにその他諸大名に分担させ割普請を命じて築城したのである。

一方、伏見城造営においては、大規模な河川工事を行なっているが、河内側を関東の大名、摂津側は関西の大名に担当させ、さらに大山崎側は毛利家に分担させて、みごとに割普請によって完成させたことが各資料からわかる。このような秀吉の割普請は近世においてもしばしば行なわれるようになり、江戸時代には丁場分けと呼ばれて大名に分担させる方法として定着した。ジョイントベンチャーは秀吉が初めて行なったものでこそなかったが、彼が近世におけるそのパイオニアであったことは明らかであろう。

こういった秀吉の工夫に、その後数多くの建築を手掛ける彼の建築家としての才能が垣間見られるといってよいだろう。

なる。それが墨俣城の築城である。

3　墨俣一夜城《すのまたいちやじょう》――ベルトコンベアーシステムとプレファブ工法――

清洲城での秀吉の働きは、当然信長の目に留まることになり、さらに重要な仕事を任されるようになる。それが墨俣城の築城である。

京の都への進出をもくろむ信長は、その途中にある美濃（現・岐阜県）を攻略する必要にせまられていた。ところで、美濃には斎藤龍興《たつおき》の居城・稲葉山城があり、これを手に入れない限り、天下への道は開けない。三四〇メートルの断崖絶壁の山頂にそびえ立つ稲葉山城は、数回にわたる信長の攻めにもびくともせず、かえって信長が敗退の苦汁をのまされることがしばしばであったという。

一五六一年の信長の出兵について『信長公記』によれば、「木曾川、飛騨川大河打ち越え――中略――在々所々に放火、その後、洲股御要害丈夫に仰せ付けられ」とあって、墨俣の地が美濃攻めの重要地点であるとして、既にそこへ城を築こうとしていたことがわかる。この墨俣は「墨股」とも書き、古くは「洲股」、「洲俣」、「洲の又」、「須股」、「すの又」等と書かれているが、ここでは現在の地名の「墨俣」を用いることにしよう。

墨俣は尾張（現・愛知県）と美濃（現・岐阜県）の国境付近にあたり、現在の新幹線の駅名「岐阜羽島」にも使われている羽島郡の中にあった。当時、木曽《きそ》川と長良《ながら》川と揖斐《いび》川の三つの川は、墨俣で合流し、その他多くの川が支流として網目状に流れこみ、大きな中洲をつくっていたため、このあたりは洲股と呼ばれたという。つまり、湿地帯であり、城造りには向かない上、敵地にあたるこの地に、信長はなぜかくもこだわる必要があったのだろうか。それは、まず第一に墨俣が川の合流点として船による交通の要衝であったからだろう。

第二に、この地を美濃路と呼ばれる鎌倉街道が通過している上、中山道、不破の関、伊勢路、北陸道ともつながっているため、陸路においても墨俣は交通の要であったからに他ならない。そのため、古くからこの地は合戦において取り合いになっており、壬申の乱や墨俣の合戦、承久の乱等数々の戦争でうばい合いとなっている。『吾妻鏡《あづまかがみ》』や『太平記《たいへいき》』、『応仁記《おうにんき》』をみても、墨俣をめぐる合戦や交通封鎖の記述が無数に見られるのだ。そして、信長もこの地に城を築こうとする。『絵本太閤記』や『真書太閤記』を信ずれば、信長は当初、佐久間信盛《さくまのぶもり》に墨俣城築城を命じたという。

すなわち、信盛は二十日間の予定で、兵力三〇〇〇名に守らせつつ、人夫五〇〇〇名をつかって突貫工事をさせたというが、わずか三日目に逃げ帰り、信長を大いに怒らせたという。その後、こんどは同じ条件で柴田勝家《しばたかついえ》がその任にあたったが、やはり守りきれず撤退したというのだ。

そこで名乗りを上げたのが木下藤吉郎こと豊臣秀吉だったのである。それでは秀吉は果して墨俣築城に成功したのだろうか。結果を先にいえば見事に成功した。しかもわずか「一夜」にて築かれたと伝説はいうのである。

『墨俣町史』によると、秀吉の造った墨俣城は一五八六年、くしくも彼が太政大臣として天下人になった年、大洪水によって破壊されたという。現在の岐阜県安八郡《あんぱちぐん》墨俣町。長良川と支流に囲まれて、現在も秀吉の墨俣城の跡が残されており、「一夜城跡」の石碑が立てられている。頻繁に暴れる蛇行河川上に建てられていたがために、川の位置や中洲の大きさも当時と大きく異なっているというが、東北に稲葉山城がそびえ建ち、当時を髣髴《ほうふつ》とさせてくれる。

こうしてみてくると、秀吉が墨俣築城に成功したのは事実だとしても、果して城がわずか一夜で造れるものだろうか。しかも、秀吉の前に二人の武将が失敗したという敵地に、いったいどのようにして築いたのであろうか。さらに、その城はどのような様相だったのだろうか。

まず、墨俣城が一夜で築かれたという初見は、江戸後期に竹内確斎《たけうちかくさい》が著わした『絵本太閤記』であり、その後この伝説が広まったと思われる。江戸期の川柳にも「敵の目を　さます智術の一夜城　ただカミ事と敵思い」とあって、紙を貼って一夜で城もどきをつくり、それを敵は「神業」と思ったと歌われている。

同じく江戸後期の『絵本豊臣勲功記』では、七日間で造られたといい、添えられた絵にはかなり大規模で立派な城の姿が描かれており、櫓が十、長屋も十あって、五万本の材木を用いたとしているのだ。また、同じく江戸後期の『真書太閤記』によると、やはり七日で完成したといい、三日目までに材料をそろえて塀を掘り、四日目に石垣を積み、五日目は休息し、六日、七日に工事を行なったとまるで見てきたかのように具体的な記述となっている。

この他、すべての太閤記の原本となったと思われる江戸初期に小瀬甫庵が著わした『甫庵太閤記』によると、一五六六年九月一日から準備を開始し、五日から八日にかけて造営して、計四日で完成したといい、日数を記した文献は以上挙げた文献ですべてである。このように、墨俣城についてはさまざまな説があって一致せず、それが幻の城といわれるゆえんでもあるのだ。

墨俣城が存在しない以上、さまざまな文献や伝説的資料から想像するしか方法はないのだが、近年、墨俣城の当主であった前野家の古文書が発見され、おぼろげながらその幻の城の実像が姿をあらわしつつある。そこで、以下『前野家文書』他をもとにして、その様相を想像してみることにしよう。

まず『前野家文書』の中の「永禄墨俣記《えいろくすのまたき》」によると、信長から秀吉に与えられた兵の数はわずか七十五名にすぎない。秀吉に先行して墨俣築城を命ぜられ、みごとに失敗した佐久間信盛、柴田勝家の二人はそれぞれ兵三〇〇〇、人夫五〇〇〇を与えられたのに、である。ただし、与えられた七十五名は鉄砲隊である上、秀吉自らが、蜂須賀小六《はちすかころく》率いる尾張一帯の野武士二〇六五名を登用することを信長に願い出たからであるという。

これらの武士のほとんどは秀吉自身の人脈をたどって集められた者たちであるが、注目したいのは、そのリストの中に、「大工棟梁方《とうりょうかた》」が二十六人もいることである。すなわち前に触れた秀吉の前半生における技術者集団とのかかわりから、近江周辺の優秀な大工たちを自らスカウトして歩いたというのである。リストには、「山方衆　是は、八曽衆七曽衆含むものなり」ともあり、河田久助、梶田隼人、長江半之丞等の名を掲げ、木曽川上流の材木伐《き》り出しを専門とする山林技術者集団を合計五六五名も登用していることがわかる。さらに、草井、犬山の船頭衆一〇一名の記述もあり、木曽川の上流から材木を筏《いかだ》に組んで運搬を担当する技術者まで雇われていたのである。

一方、『前田家文書』を伝えた前田小右衛門の名と三二名の一族の数もリストにあるが、前田一族は築城のための道具と食料の確保を担当しており、手斧《ておの》、鍬《くわ》、鋤《すき》、かすがいといった鉄製の建設用具を調達している。すなわち、築城にはけっして欠かすことのできない建築技術者集団が、秀吉自らの手によってここにすべて登用されているのだ。

その他、リストには蜂須賀小六、日比野六丈夫《ひびのろくじょうぶ》、稲田大炊介《いなだだいすいのすけ》等、計一〇三三名の野武士らもみえ、その護衛にあたったという。中でも蜂須賀小六は、その後秀吉が最も頼りにした重臣となるのだが、じつにこの記録が秀吉と小六を結びつける初見にあたるのである。

小六と秀吉の出会いは、伝説によれば、有名な「矢作《やはぎ》」の橋の上での出来事になっているが、小和田哲男氏によれば、史実ではないといわれ、実際はこの墨俣築城の頃ではなかったかと推測している。また伝説では、小六は野盗ということになっているが、その初見は一七九七年の『絵本太閤記』であり、さらに一八五二年の『真書太閤記』でさらに野盗説が強化されて、今に至っている。

小和田哲男氏によれば、実際には尾張と美濃の国境付近に住む土豪、つまり土木技術者であったという。『藩翰譜』(新井白石著)によれば、小六の父・蜂須賀正利の頃には現在の愛知県海部郡美和町蜂須賀に領地をもつ土豪であり、小六も『寛政重修諸家譜』によれば、犬山城の織田信清や岩倉城の織田信賢、または稲葉山城の斎藤道三に仕えた土木技術者兼武士であったというのだ。

このように、秀吉と忠臣小六との出会いについても、やはり秀吉の前半世における技術者集団との関係を見てとることができる。それでは、これほどの人材を集めた上で、墨俣城はいかにして造られたのだろうか。今度はその造営過程を『前野家文書』に追ってみよう。

まず、木材の伐り出しにかかったのは、一五六六年の七月頃とみられ、これだけに二ヶ月と、かなりの日数を費やしている。すなわち、木曽川の上流に山林技術者を派遣し、一間半から二間半の長さの木材を合計一万三七五〇本用意させたという。

次に、この材木を筏に組み、木曽川の急流を船頭集団に運ばせ、途中、草井、松倉あたりで川岸に引き上げ、野武士の護衛のもと大工棟梁ら建築技術者らが、これらをすぐにでも組み立てられるように、柱や梁に加工したという。これはすなわち、現在のベルトコンベアーシステムであり、伐採から加工まで一貫した工場生産技術に酷似しているといえ、前掲のベンチャービジネスの例と同様、秀吉の先見性が如実にあらわれているといえよう。

ちなみに、秀吉はこの時、墨俣のある美濃へスパイを送りこんで、この大量の材木調達は北伊勢攻めの準備であるとデマをいいふらさせたといい、情報操作にもぬかりはなかったようである。それでは、その後の彼らの活躍を『前野家文書』の記述にみてみよう。

秀吉の墨俣出陣の準備は、かくしてすべて整った。いざ、出陣の時を待つだけである。

一五六六年九月十二日午前二時。出撃の合図ののろしが闇夜を突いてついに上がった。二一四〇名の秀吉軍はいっせいに墨俣を矢のようにめざす。軍は二つに分けられ、一つは最も大切な大工の棟梁らと、それを守る秀吉率いる鉄砲隊による陸路の一行。途中さらに、後方基地班と築城班に分けられ、築城軍は九月十二日正午すぎに墨俣上陸を果たしている。

一方、残りの一軍は、材木の運搬にあたり、長さ一間半の材木一万三五〇〇本は一二八隻の船で、長さ二間半の材木二五〇本は九四隻の船で、それぞれ水路を、正午過ぎと一八時に墨俣へ到着している。

秀吉は、まず一間半の材木で敷地周辺に柵をはり巡らし、敵の攻撃に備えて城の基地となる土塁を掘りはじめた。斎藤軍は、それを阻止しようとしたが、秀吉軍の鉄砲隊の柵ごしの応戦に泣く泣く退却を余儀なくされている。一八時到着の二間半の材木が筏に組まれて到着するやいなや、土塁上に大工らが槌音高く築城しはじめ、工事は昼夜を徹して行なわれたという。

秀吉軍は、その後の奇襲で、味方に多くの犠牲者を出しつつも、苦心の末ついに十五日の早朝、念願の墨俣城の竣工をみている。すなわち墨俣城完成までの期間は、一夜でこそなかったものの、到着後わずか三日たらずであったことがここに明らかになるのだ。そして、早速信長と一五〇〇の兵がそこへ入城し、難攻不落の要衝であった敵地・墨俣をまんまと手中におさめてしまったのであった。

それでは、わずか三日という短期間で造られた秀吉の墨俣城はいったいどのような様相だったのだろうか。『前野家文書』には簡単な絵図として平面図と立面図がそれぞれ三枚ずつ描かれており、その各部の寸法についてもかなり詳細な記述がのこされている。

これらの描写について、建築史家の内藤昌《ないとうあきら》氏によれば、まずその平面は六十間×百二十間で、周囲に二間幅の濠を開いて、内側に一間位の土居を開いているという。また、南側に大手門、東北角に搦手門《からめて》があり、内部には高櫓が四隅と中央の計五箇所あるといわれる。さらに、長屋が三つと二間と三間の殿様御屋敷が中央にあったという。

これらの内容から察すれば、『絵本太閤記』や『絵本豊臣勲功記』に描かれていたような巨大な規模でこそなかったものの、わずか三日間の「やっつけ仕事」で建てられたとはとうてい思えない、実戦に耐えうるある程度の規模を誇っていたことがわかる。

しかも、すぐにでも組み立てられるように加工した部材を現地で完成させるというやり方は、現代的にいえばまさにプレファブ工法にあたるのは前に触れた通りである。山より樹木を切り出し、筏に組んで水路を交通手段として、移動しながら途中で柱梁に加工し、さらに筏に組み直して現地へ運搬する。そしてわずか三日間で組み上げるという方法は、現代のベルトコンベアーとプレファブの合体とでもいうべき工場生産システムといってよいだろう。秀吉の有名な墨俣一夜城の勝利は、まさに彼の建築プロデューサーとしての才能によって果たされたといってよい。

実はこのプレファブ工法を、秀吉はその後何度も繰返し用いていることがわかっており、彼の建築家としての常套《じょうとう》手段とでもいうべきものであったことがわかる。例えば、一五九〇年の石垣山一夜城をあげてみよう。

この城は、秀吉が天下人となる直前、関東征服のための小田原攻めのおり、急遽築いた城で、墨俣城と同じく俗に「一夜城」として知られている。徳川家康に関東八ケ国を与える約束をした有名な「関東のつれ小便」をしたことでも知られる場所である。

この石垣城も、実際にはわずか一夜にして完成した訳ではなく、実際には五万六〇〇〇人を動員して、約一〇〇日を費やして築かれたという。とはいっても、現在公園として整備されている小田原市早川の現地を訪れてみると、高さ十メートル以上に及ぶ石垣が遺されており、小田原市立

石垣山一夜城復元配置図

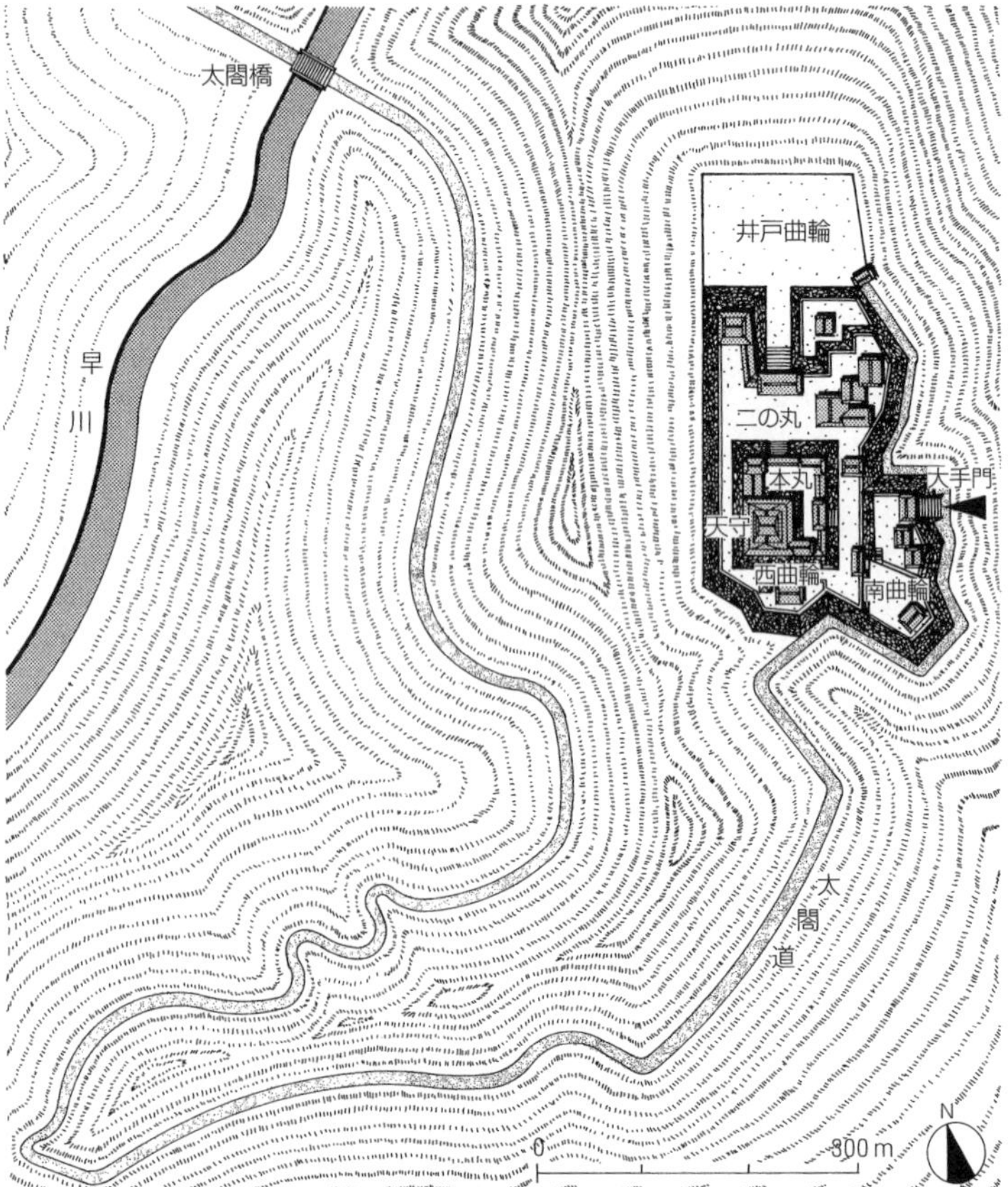

図書館蔵の古絵図を見ると、墨俣城とは比べものにならない程の巨大な城であったことがわかる。五万人以上によって施工したとしても、わずか一〇〇日で完成できるとはとうてい思えない壮大な規模であったことが確認できるのだ。

それでは、これほど大規模な城をいったいどうやって造ったのかというと、やはり、近くを流れる早川を使って、石材や木材をベルトコンベアー方式で近くまで運びこみ、そこから「太閤道」と呼ばれる道路を経て、あらかじめ加工してあった部材を組み立て上げたというのである。その際、やはり秀吉は自らが前半生に「ワタリ」としてすごした近江の穴太《あのう》の石工をはるか関東まで呼びよせて基礎を築かせていることにも注目したい。『小早川文書《こばやかわもんじょ》』によれば、石垣山城の石垣はわずか三五名の穴太者が中心になって築いたものであるという。

穴太の石工たちは前述の通り、比叡山の諸寺院や、日吉大社等の土木建築の御用を勤めていた集団で、その技術の最大の特徴は、加工しない自然のままの石面を用いて、石積みの面を巧みに構成する点にある。つまり、石面を加工する必要がないぶん、期間の短縮をはかるといったプレファブ的な工法であったことがわかるのだ。

また、ただ単にプレファブ方式を採用しただけではなく、敵を驚かせるために完成直後、前面の樹木を夜間に切り払い、一夜にして出現したかのように装ったり、また城の前面の木立に予め白壁を装った白紙を貼って工事を行なったため、一夜城と呼ばれるようになったともいわれ、ここにまた秀吉の建築デザイナーとしての素質、すなわちイベント的空間演出の才能を見出したくなるのである。

一方、このような秀吉のプレファブ工法の手法は、単に城郭にのみ用いられたわけではなく、後に詳しく触れる有名な黄金の茶室にも応用されている。これは、秀吉が茶匠・千利休に造らせたもので、組み立て式で持ち運びが可能な茶室であり、前述の墨俣城のミニチュア版といったものである。

墨俣一夜城を得た信長は、その翌年の一五六七年、念願の稲葉山城を落とすことに成功し、ついに天下への道を手に入れたのである。そして、秀吉もこの墨俣築城の手柄により、信長の重用を得て、さらにその建築家的発想によって自らの運命を切り開いていくことになるのだ。

4　高松城水攻め――ランドスケープの視点――

あの墨俣築城の十三年後、信長の片腕的存在となった秀吉は、今度は三木城を攻めていた。彼は攻めるにあたり、周辺の城をすべて落として三木城の孤立化を計り、四方を固めてあとは敵の降参を待つだけであった。

城内はやや兵糧《ひょうりょう》に乏しくなり、大いに苦しみける（中略）此所に悉く糧《かて》つきて、馬を殺して喰い、あるいはネズミをとって引きさき喰い、壁をなめて飢えを助かる程に、さんざん弱り果て、塀の下、狭間のかげに伏せおりける者多し。

一五八〇年一月、城主・別所長治の切腹で三木城は落ちた。これが有名な秀吉の「兵糧攻め」である。

「今はただ　怨みもあらじ　諸人《もろひと》の　命に変わる　我身と思えば」――長治の辞世である。

三木城攻略に成功した秀吉は、その翌年、信長より今度は鳥取城攻めを命じられ、ただちに山陰にかけつけている。興味深いのは秀吉がこの城を攻める前に、山陰一円の米という米をすべて買い占めていることである。鳥取城内には兵の他、農民などの非戦闘員を含め、四〇〇〇人以上の人々がいたことが功を奏し、秀吉が攻めはじめた時には食料は三ヶ月ももたないほどであったらしい。

そのため三木城同様、城の四方を包囲された鳥取城の中はまもなく地獄絵と化していた。馬やネズミだけではなく、鉄砲で撃たれた味方を、まだ息があるのに手足を切り落とし、奪い合って喰うという惨劇であったという。

一五八一年十月、鳥取城も三木城と同じく兵糧攻めによって落城。「三木の干殺《ひごろ》し、鳥取の渇殺《かつごろ》し、太刀《たち》もいらず」といわれて恐れられた。

そして、そのさらに翌年、秀吉は兵二万七〇〇〇余りを率い、現在の岡山、備中高松城を包囲し、毛利軍と対峙《たいじ》していた。時は一五八二年五月。これだけの兵をもってしてもなかなか攻め落とすことができない。秀吉軍にも焦りが見え出した。建築家秀吉の次なる奇策はいったいどんなものであったのか。

高松城のあった土地の周辺を観察すると、城の南には足守《あしもり》川が流れ、また東、西、北は沼と深田に囲まれており、守るに易く、攻めるに難い天然の要害であったことが一目瞭然である。この難攻不落の城を攻め落

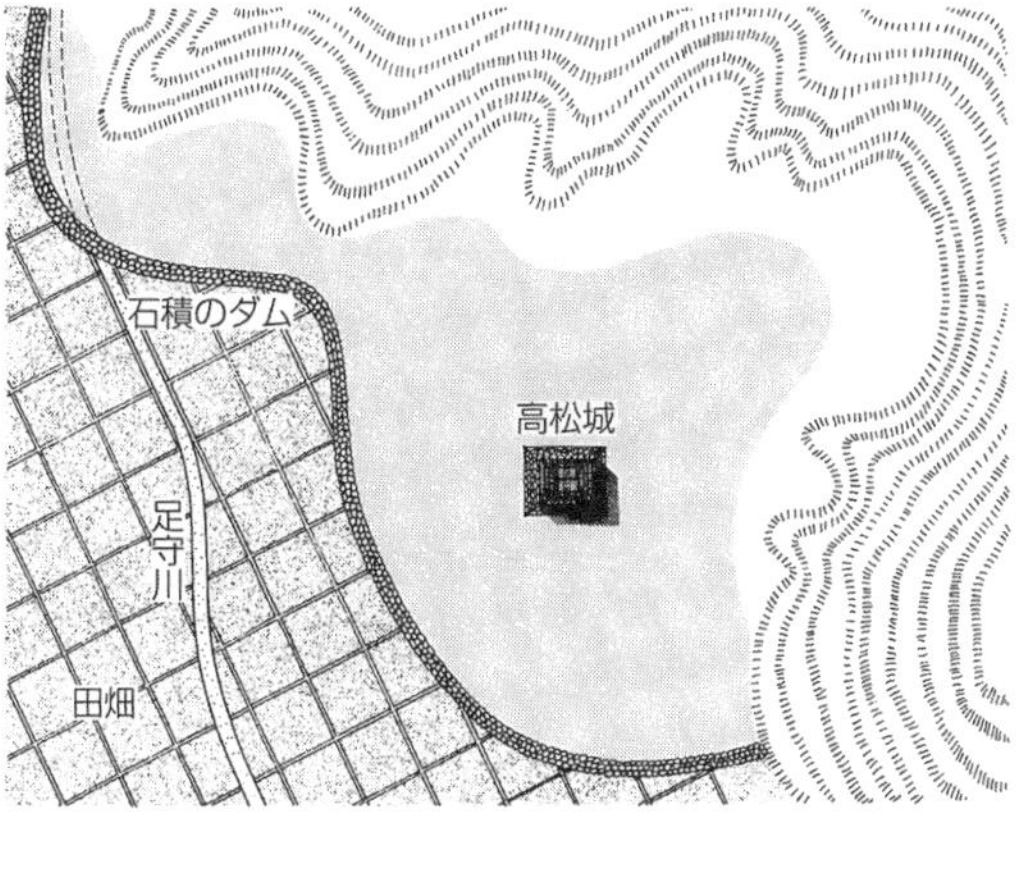

高松城水攻め復元配置図

とすには、いったいどんな策をこうじればよいか。

『黒田家譜』によれば、「此城の形勢を察し見るに、地形ひくくして二方は山近く、中に川流れたれば、せき止めて水攻にするにしかずとて、城の二方三十余が間に堤をつかせらる」とあり、秀吉はなんと足守川を堰きとめ、その水を城の建つ盆地に流しこんで城を孤立化しようと試みたのだ。これこそが、有名な秀吉の「高松城水攻め」である。

城の背後は山、その脇から城にむかって足守川が流れている。すなわち城の正面にダムを築けば、城が水中に孤島のように浮かぶといった寸法である。ところが、そう簡単にはうまくいかない。『黒田家譜』によれば、秀吉は当初石を積んでダムを造ろうとしたが、いとも簡単に流されてしまったという。その後今度は木材で造ろうとしたが、やはり同様に決壊してしまった。ダムの長さは約二八四〇メートル。水圧は極めて強いのだ。

それでは、実際にはいったいどうやって造られたのだろうか。これには二つの説があり、一つは『高松城攻之物語』の内容で、約二〇〇〇人の兵が、手をつないで水中に入り、水圧を弱めたところへ、すかさず土俵を積み上げてたちまちダムを築いたというもの。あと一つは、前掲の『黒田家譜』によるもので、石を積んだ船を鎖のように隙間なくくっつけてつなぎ、さらに舟底に穴をあけて沈没させ、そこへ補強を施したというものである。

どちらにしても、困難極まる大工事であり、『武将感状記《ぶしょうかんじょうき》』によれば、ダムを築くだけで五月九日から二十一日までの十二日間に及ぶ長い工期を必要としたという。また工費も、米六万三五〇〇石、

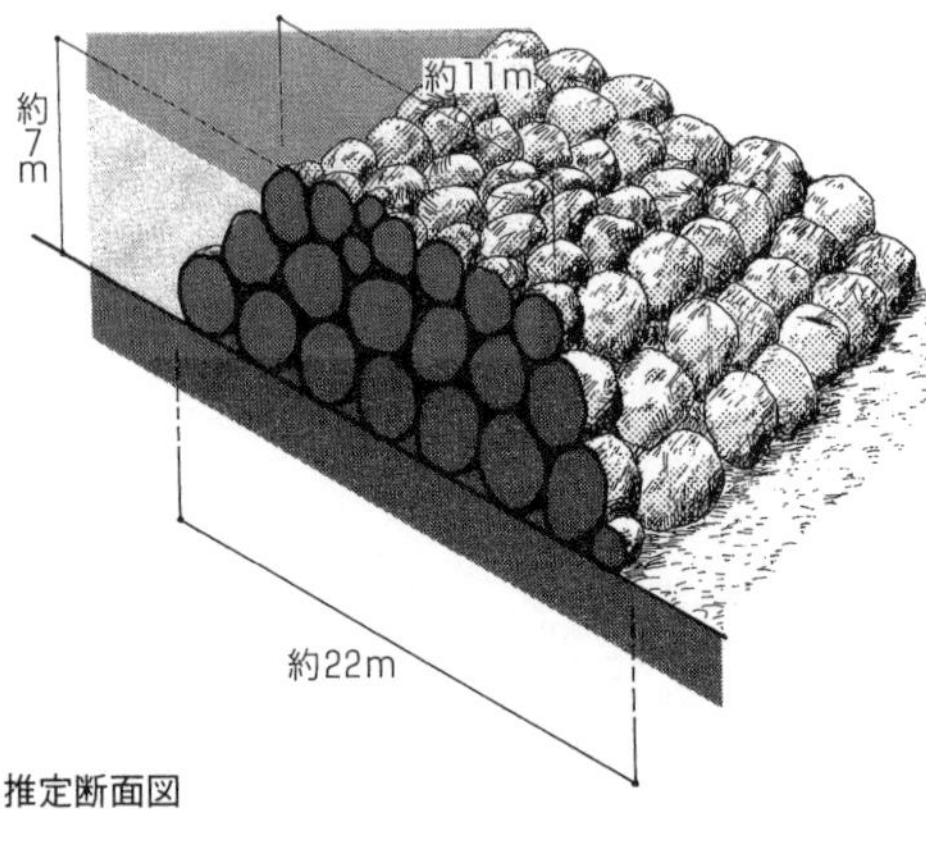

高松城跡ダム推定断面図

永楽銭で六三万五〇四〇貫文という莫大な数字であったといわれ、使用した土俵の数も六三五万個といった途方もない数であったとされている。

それではダムそのものの大きさはどうであったかというと、『続武将感状記』によると、高さが約七メートル、幅が下約二二メートル、上約一一メートルであったといい、これだけの大きさのダムが現在の地形から見て約二八四〇メートルという想像を絶する長さで続いていたことになるのだ。これらの数字はにわかに信じることはできないが、現地を訪れてみると、ダムの東端といわれる「蛙ヶ鼻」に丘があり、前述の数字を裏付ける結果となっている。

これだけのダムの中に、足守川から水がそそぎこまれる。そして秀吉が、果してそれを計算して造ったかどうかは不明だが、時ははからずも梅雨期。雨は数日間怒濤のごとくふりそそき、盆地はたちまち見渡す限りの水で満たされてしまった。

ダムが完成した二日後、毛利の大軍が高松城救援のためにかけつけているが、間一髪でまにあわず、高松城は驚くべきことにはるか一八八ヘクタールの湖の孤島と化してしまっていた。そして、あとは秀吉お定まりの兵糧攻め。孤立した城には物資は届かず、あとは食料がつきて降参するのをただじっと待つだけであった。

物資どころか情報も届かない。六月三日の夜突如、秀吉のもとへ早馬がかけつける。前日、明智光《あけちみつ》秀《ひで》の奇襲により織田信長が暗殺されたといういわゆる「本能寺の変」の知らせを告げたのである。

高松城主・清水宗治《しみずむねつぐ》は当然それを知らない。城内は兵糧攻めによって見るも無残な地獄と化していたに違いない。秀吉はおそらくすぐにでも取って返し、光秀を倒して主君信長のかたきを打ちたかったが、水攻めはあともう一歩のところまできている。どうするべきか。考えたあげく、秀吉はここである駆け引きに出ることにした。すなわち、彼は信長の死を隠したまま、清水宗治の切腹を条件に和議を申し入れた。数奇な運命とはこのことだろう。翌日宗治は自刃、秀吉は信長のとむらい合戦へと走ることになる。

以上が高松城水攻めの顚末であるが、地形をよむことでそこへダムを造るという発想は現代でいえばランドスケープ・アーキテクトの発想であるといってよいだろうか。すなわち、自然環境に人工物を付加することにより、自然の能力を十分に引き出している点において、秀吉が極めて建築家的発想にたけていたことが見てとれるのである。

一方、秀吉は、高松城攻めの三年後の一五八四年にも、現在の和歌山県にあった太田城を水攻めにしている。城の周囲に高さ四～七メートル、全長六キロにも及ぶダムを造り、紀ノ川から水を引き込んだ。またたく間にダムの中は泥の海と化し、城は孤島と化している。なお、一五九〇年の小田原征伐の際にも、武蔵の忍《おし》城を水攻めにしている。あの高松城の惨劇のうわさを聞かされていた太田党の兵は、恐れおののき、わずか一ヶ月余りで秀吉の軍門に下ったという。

後に詳しく触れるが、京都の都市改造に際し、「お土居《どい》」と呼ばれる土盛で都市を囲む発想も、前に掲げた高松城水攻めや太田城水攻めの発想と酷似している。そのことからも、ダム造りはその後、建築家としての秀吉のデザイン手法の一つになっていったといったら語弊があるだろうか。

一方、約三キロにも及ぶダムを戦国時代において、わずか十二日間で構築するその知恵と工夫を秀吉はいったいどこから得たのだろうか。やはりここでもにわかに思い出されるのは、秀吉の前半生における「ワタリ」と呼ばれる技術者集団とのかかわりであろう。前述の墨俣一夜城といい、高松城水攻めといい、秀吉の家臣となった技術者集団なくしては決して実践することは不可能であったに違いない。

秀吉の一生における活躍をよりふかく理解するには、秀吉軍を単なる武装集団とみなすよりも、むしろ秀吉を棟梁とする建築技術者集団と考えた方が、はるかに身近にとらえられるといってもよいのではないだろうか。

かつて、このような建築的な手腕によって権力者となった人物は、数えてみると意外に多いことに気づく。例えば、あの第二次世界大戦におけるドイツの独裁者、アドルフ・ヒトラーである。ヒトラーは一九〇七年から画家をめざしてウイーン美術学校を受験するが、二度失敗しており、その際校長に建築の才能があるからそちらへ進むべきだと勧められ、今度は建築学校を受験するが、やはり失敗したという。

一九一四年のヒトラー自らの記述にも自分の目標は建築画家であると記されており、ドイツ総統になってからの記述にも、もしもドイツが第一次世界大戦に負けていなければ、自分は政治家ではなく建築家になっていただろうとある。またドイツを代表する建築家にはなれなくても、少なくとも一流建築家のひとりにはなれたと自負していたというのだ。しかも、実際に配下に多数の建築家を登用し、いくつかのドイツの都市改造計画をたてさせている。

小山明氏によれば、建築家シューペアには、ドイツの首都ベルリンとして、数十キロに及び、約四〇棟ほどの建築からなる世界最大の都市や、ニュルンベルグに党大会開催のための都市を計画させていたという。また、建築家ギースラーにもナチ発祥のミュンヘンに、巨大な党のモニュメントをもつ都や、ヒトラーの出身地リンツに、ドナウ川の景観を生かした都市をデザインさせ、さらに、建築家クチョフには、港街ハンブルグに世界最大の橋をもつ都市を計画させていたというのだ。

これらのドイツ五大都市改造計画は、すべてヒトラー自らのアイデアをもとにデザインされ、特に首都ベルリンの凱旋門や大会堂等は、彼の若き日のスケッチに基づいて計画されたというのだから驚きである。

これらを計画した建築家の中でも、アルベルト・シューペアは、ベルリン本部の改築やベルリン党大会の会場のデザインでヒトラーに認められ、一九三四年の有名なニュルンベルク党大会の演出を任せられた人物である。彼は、ペルガモン神殿をベースにした、巨大な石造りの会場を造り、タカを頂上にそびえ立たせ、卐の旗を何千もはためかせ、一三〇台のサーチライトでライトアップしたという。

このプロパガンダのための舞台セットとでもいうべき演出は、ヒトラーをいたく喜ばせ、その後、パリ万博ドイツ館、ベルリン首相官邸を担当、一九三七年には建築総監に任命されて、前述のベルリン改造に着手することになるのだ。パリ占領後、シューペアと共にパリを訪れたヒトラーは、ベルリンを美しいパリよりもさらに美しく造ってほしい、と改造を依頼したらしい。

一九四二年には、シューペアは軍需相に任命されて、建築家からついにナチスドイツの主要閣僚となり、そこでも建築的手腕をいかんなく発揮して、軍需資材の生産性の合理化に一役かっている。そして、最後までヒトラーの側近であり続けた人物として知られているのだ。

現代の日本においても、かつて田中角栄が「日本列島改造論」といった建築・土木的思想を旗上げし、内閣総理大臣として君臨した時期があったが、彼も若き頃、建築教育を受けた人物であった。

独裁者や政治家を秀吉と同等に扱うわけにはいかないが、建築的手法を駆使して権力者に成り上がるという図式は、秀吉との共通性を指摘できるのではないだろうか。建築を造ること、都市を造るということは、オーバーにいえば国家を造ることにつながるという観点からみれば、権力者と建築家ははなはだ類似しているといわざるをえないのである。

本章においては、権力者織田信長の配下としての秀吉の活躍を例にとり、彼の建築家的素質と発想をダイジェストで顧みてきた。さて次章以下は、信長なきあと、次期権力者となった秀吉の建築家的側面について、多角的に観察してみたいと思う。

第一章　大坂城と大坂の都市計画

1　姫路城

大坂城造営に着手する三年前の一五八〇年、秀吉は姫路《ひめじ》城の大改築を行なっている。その後、池田輝政《いけだてるまさ》が一六〇一年に大修築をした際に、秀吉の造営した天守は取り壊されたものの、姫路城自体は秀吉遺跡としては珍しく現存しており、世界文化遺産にも登録されている。よって、大坂城を顧みる前に、まず秀吉時代の姫路城の姿を想像してみたい。なぜなら、そこには大坂城を構想するにいたるまでの試行錯誤の痕跡が残されているからである。

『播州姫山歴代』によれば、一五八〇年四月に姫路に入城、『姫陽秘鑑《きようひかん》』には翌年春、三重の天守が完成したと記録されている。また茶人・津田宗及《つだそうきゅう》の『他会記《たかいき》』によれば、姫路城には数寄屋風の茶室があったことがわかり、秀吉の築城した大坂城や聚楽第、名護屋城、伏見城等ほとんどの城に山里曲輪《やまざとくるわ》と呼ばれる庭園があった

姫路城天守

ことから、姫路城にも山里曲輪があり、そこに茶室が建てられていたと推測される。のちの池田輝政による姫路城を描いた「光久寺絵図《こうきゅうじえず》」には、上山里、中山里、下山里の三つの山里曲輪があり、これらは秀吉時代の曲輪の名残りであろう。

現在の姫路城の石垣を見ると、さらに継ぎ足したような稜線や、戦国時代末期の野面積みが散見され、秀吉時代の石垣が今に伝えられていることが確認できる。現に天守の昭和の大修理の際、現天守台の一、二メートル下から、秀吉時代の天守の石垣が約一六メートル四方で発掘されており、礎石についても、東西南北それぞれ六列で発見され、柱間が約二メートルであったことが明らかになっている。

さらに、鎮め物や石垣として使用された多数の五輪塔や石塔が発見されたといい、それらは輝政時代の石垣には全く存在しないことから、秀吉時代のものであることがほぼ明らかになったともいう。

一方、天守の解体修理中に大量の旧部材を再利用した転用部材が発見されたことからも、天守の石垣だけでなく、天守そのものも解体されて転用されたことが明らかであろう。特に秀吉時代の天守と伝えられる乾《いぬい》小天守は、かなりの部分が秀吉時代の部材であることから、単なる伝説ではなかったことになる。

上—姫路城乾小天守
下—姫路城の新旧石垣の継ぎ目

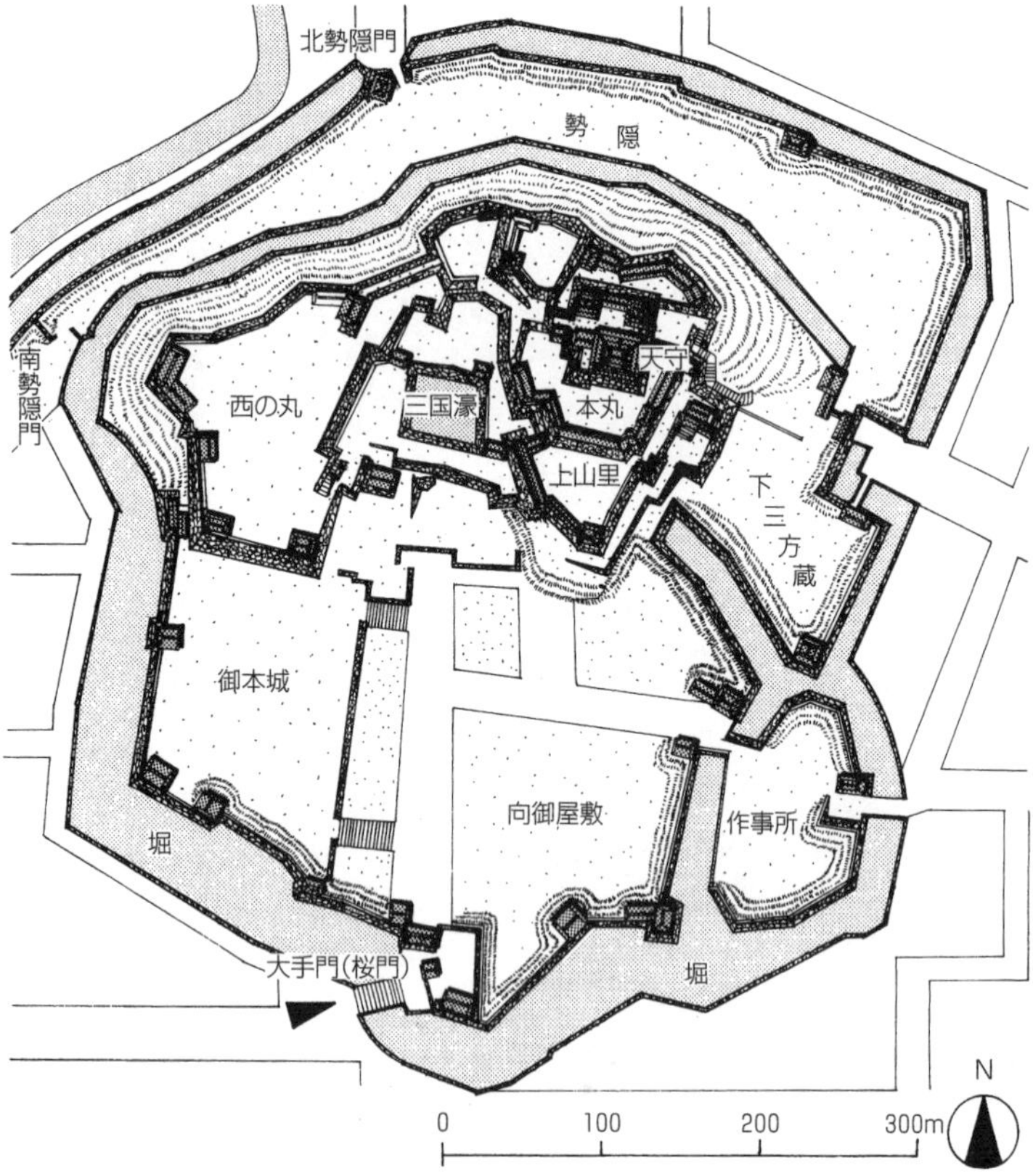
北勢隠門
勢隠
南勢隠門
西の丸
三国濠
本丸
天守
上山里
下三方蔵
御本城
向御屋敷
作事所
堀
堀
大手門（桜門）
N
0
100
200
300m
姫路城配置図

このように、現状の城の中に埋もれたかたちとはいえ、秀吉時代の姫路城が多少でも垣間見られ、当時を忍ぶことができるのである。

2　安土城内の秀吉の住居

信長の死後、天下を制した秀吉は、一五八三年、自らの居城の地を大坂と定め、ここにかつて例のない巨大な城を建立した。この城こそが大坂城であり、天下人となった秀吉による最初の居城であることはいうまでもない。

秀吉の建築家としての側面を知る上で、最も重要なこの大坂城について考察する前に、まず触れておきたいのが、信長が、本能寺の変で没する生前に建てた居城・安土城の城内に与えられた秀吉の住居についてである。

安土城そのものは、信長の死の直後、炎上破壊されており現存せず、現在は遺構のみ残されているに過ぎないのだが、滋賀県安土城郭調査研究所によって発掘調査がすすめられ、また安土城自体の復元案が内藤《ないとう》昌《あきら》氏、宮上《みやがみ》茂《しげ》隆《たか》氏らによって発表されており、その様相は近年かなり克明になりつつある。

安土城の城を描いた古図「近江国蒲生郡安土古城図」（摠見寺蔵）を見ると、山頂に構えられた安土城に至るための山道の要所要所に、信長の重臣たちの屋敷が与えられているのがわかる。中でも、大手道といわれる最も重要な正

安土城跡大手道

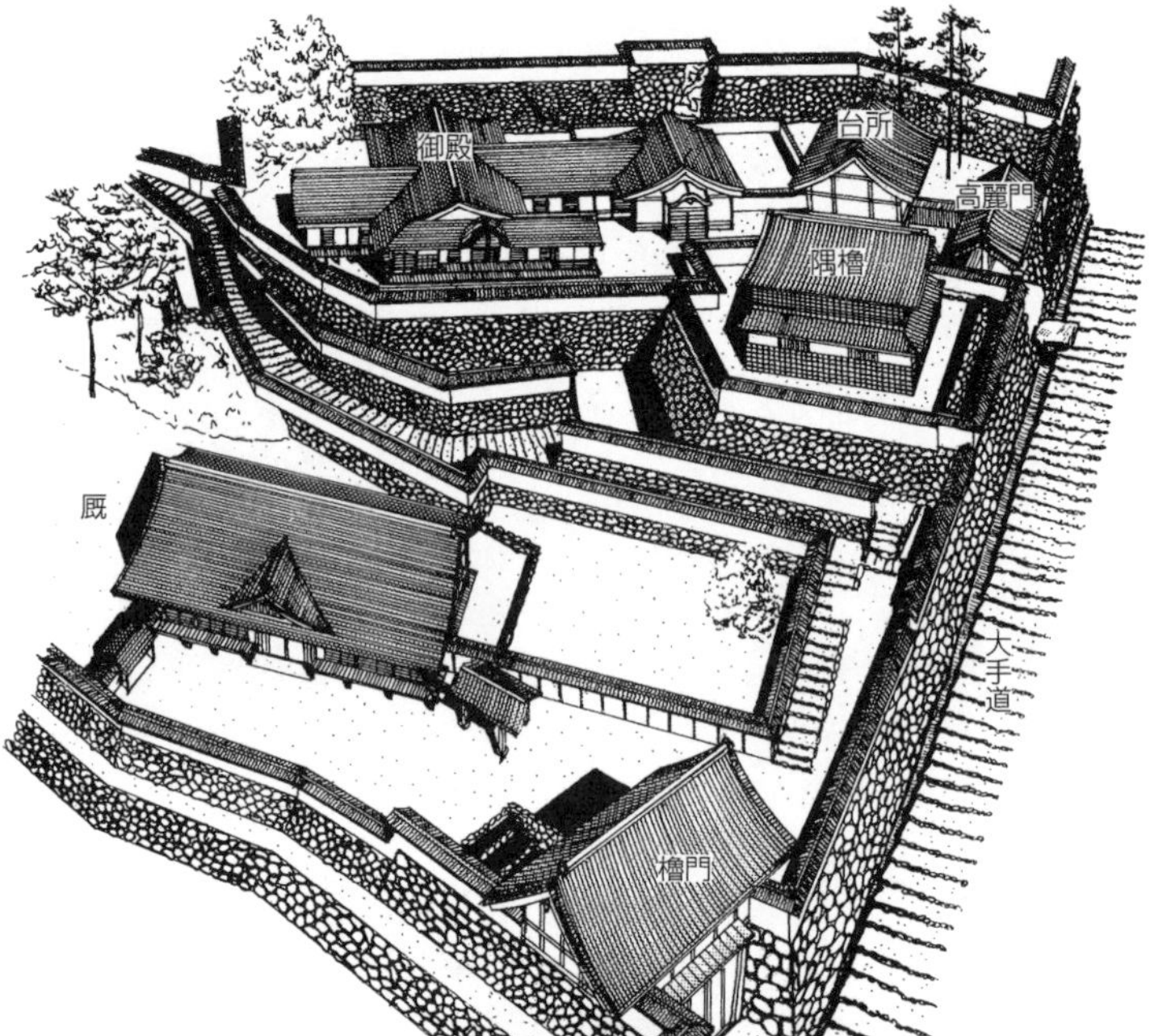

上―安土城秀吉邸復元図（滋賀県安土城郭調査研究所の復元図をもとに作図）
下―安土城秀吉邸跡

面からの、なんと一三〇メートルにも及ぶというまっすぐなアプローチには、当時の信長の重臣・徳川家康、前田利家と並んで羽柴秀吉の名が発見できるのだ。

『特別史跡・安土城跡発掘の成果』（安土城郭調査研究所　一九九五年）によれば、伝羽柴秀吉邸跡の発掘調査の結果、敷地は、前田利家邸と伝えられる遺構とともに、大手道を挟む位置にあり、上、下段の二つに分かれていたという。また、下段には大手道に添って櫓門が建てられ、その内側には厩《うまや》の建物があったとされる。さらに、上段には大手道添いに勝手口があり、その内側に台所と母屋が建ち、これら上下段の間に隅櫓《すみやぐら》があったと推定されている。

これらの遺構から推測すれば、規模こそさほど大きなものではないが、櫓門の他に隅櫓を構えるなど、いざともなれば、すぐさま応戦できるような城の縮小版といってもよい造りになっていたことがわかる。前田利常と共に、秀吉が自らの邸宅をもって、安土城で最も重要な大手道を守っていたことから考えても、秀吉がいかに信長に重用されていたかが忍ばれる。

以上のような秀吉の住居の遺跡は、現在整備されて一般公開されており、訪れて実見してみるのもまた一興だろう。

3　初めての居城・長浜城と都市計画

天下人・秀吉の大坂城を観察する前に、安土城の住居と共にもう一つ顧みておきたいものが、信長が未だ天下人であった頃、初めて秀吉が領地を与えられ、自らが居城として構えた長浜《ながはま》城とその城下町についてである。

琵琶湖の北側の湖岸、現在の滋賀県長浜市は、秀吉の領地となるまで「今浜《いまはま》」と呼ばれた。

その歴史を簡単にひもとけば、南北朝時代の一三三六年、奈良の吉野に朝廷をかまえていた北朝側の京極高氏《きょうごくたかうじ》が、比叡山の南朝・後醍醐《ごだいご》天皇と北陸の新田義貞《にったよしさだ》との交渉を断絶するために、水路と陸路の要衝であったこの地に築城して今浜氏に守らせたのが城構築の初見である。

これが今浜の地名の発祥であるが、その後浅井氏の土地となり、一五七三年に信長の命により秀吉により滅ぼされ、その褒美としてこの今浜を含む十二万石が秀吉に与えられたわけである。ところが、それまでこの地域の居城といえば、小谷城に構えるのが常識であった。にもかかわらず、秀吉がこの今浜に居城を築いたのは、彼自身の信長への進言であったという。

それでは、なぜ今浜に居城を構えたのかといえば、前に少し触れたように、今浜は朝妻港から大津、京へ至る水路交通の要である上、中山道、北国街道へつながる北陸、関東との陸路交通の要であったことが第一にあげられるだろう。

また第二に標高二三〇メートルの山頂の小谷城は、その城下町の発展性が乏しいのに比べて、今浜は平地で町造りに適している上、当時武将たちを悩ませた一向一揆で知られる浄土真宗寺院の集中する地であり、その統合のためであるともいわれる。

さらに第三には、今浜の北東には鉄砲の生産地、国友《くにとも》があり、鉄砲鍛冶職人らの工房が集落を形成しており、これらを支配、掌握するためであるといわれている。このような軍事性、居住性共に優れた土地を選んで居城を建てたところに、秀吉の建築プロデューサーとしての先見の明があったといえるだろう。

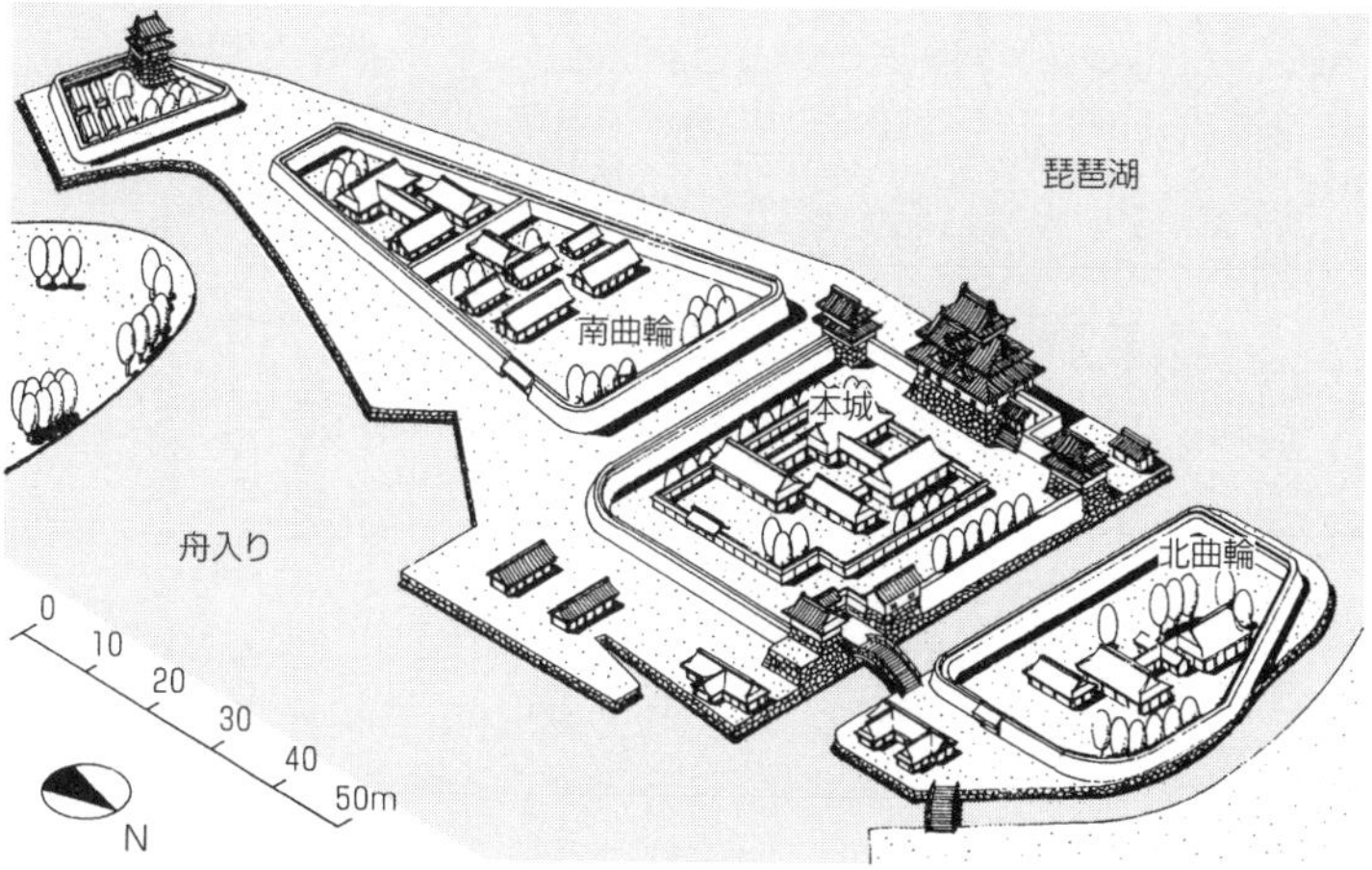

上一長浜城復元図
中一長浜城太閤井戸跡
下一長浜城石垣跡

今浜の地が長浜と呼ばれるようになったのは、秀吉の命名といわれ、その理由は一説には、今浜では今だけの発展となり、縁起をかついで末長く続くよう長浜と名付けたともいわれ、また、信長の名の長を秀吉が頂戴したともいわれている。

それでは、次に長浜城建設にかかわった建築担当者の顔ぶれをみてみよう。

『武功夜話』によれば、まず作事《さくじ》（建築工事）、普請《ふしん》（土木工事）奉行には、それぞれあの墨俣一夜築城で大活躍した前野長康《まえのながやす》と蜂須賀小六《はちすかころく》が任命されたという。また、これに四人の配下が直接担当者としてつけられ、そのひとりが後に徳川幕府の数多くの城を手掛け、あの江戸城とその都市計画や、日光東照宮の縄張りも手掛けた藤堂高《とうどうたか》虎《とら》であったことに注目しなければならない。

高虎は時に十八歳。秀吉のもとで築城と都市計画を学び、その経験を皮肉にも豊臣家を滅した徳川家のために用いることになるのである。

一方、配下の中にあとひとり、小堀新介《こぼりしんすけ》の名があるのも見逃すことができない。この人物こそ、あの寛永期の宮廷庭園建築や茶室建築、あるいは江戸城二の丸庭園を手掛けた徳川幕府作事奉行・小堀遠州《えんしゅう》の父なのである。すなわち、のちの徳川幕府の建築担当の重鎮二人の登龍門が、そろってこの秀吉の初の居城・長浜城であったことがわかるのだ。ちなみに、小堀家跡は現在長浜市内に残されており、遠州もこの地を出生地としていることから、あるいは長浜城築城による建築的影響をうけたかも

上—彦根城西の丸
下—彦根城天秤櫓門

しれない。

工事は、郷村の工、農、商の身分を問わず、総動員で突貫工事で進められ、それでも秀吉にしてはやや長い約一年を費して完成に至ったと思われる。それでは、その様相はいったいどのようなものであったのだろうか。以下、簡単にまとめてみよう。

まず、城の敷地を内堀と外堀で二重に囲んで、攻めにくく造りつつも、それらの水路が城下町の水路交通に利用できるように工夫されていることに注目したい。

次に城の西側に琵琶湖を望み、かつ南北に船が出入りする水路を設け、東にそれらの船が停泊するための舟入りとして、東西南北すべてを水で囲む「水城《みずじろ》」となっているのが最大の特徴であろう。つまり東南の朝妻港とともに、城自体が水路交通の要となる上、水で囲むことによって、攻めにくい城構えとしたのである。次に、南北それぞれに曲輪と呼ばれる家臣の居城を設け、その中央に、三層の天守をもつ本丸が設けられている。これは、小谷城の鐘丸櫓を移建したものともいわれ、一六一五年の廃城後、さらに彦根城の西の丸に移建され、数奇な運命にさらされつつも現存しているのはありがたい。

また、大手門は、あえて本城正面を避け、西北に設けることによって、北曲輪への堀を渡り、さらに本城への堀を渡って入城する仕組としている。やはり、これも敵軍の攻めにくさを考慮しての工夫だろう。なお、この大手門も天守同様、その後彦根城に移され、天秤櫓門《てんびんやぐらもん》として現存し貴重な遺構となっている。

現在、長浜城跡は豊臣の一文字をとって命名された「豊公園《とよこうえん》」として整備されて、一般に公開されており、当初のものとしては、まず本丸跡に残る石垣があげられよう。関ヶ原の戦いの際破壊されたため、今日は石垣の一部だけを残すのみであるが、よく観察すると、石積が秀吉の遺構にはなくてはならない穴太《あのう》の石工による穴太積みとなっていることがわかり、石工たちの活躍が忍ばれる。

次に、もと水の手曲輪にあった「太閤《たいこう》井戸《いど》」と呼ばれる井戸跡がある。今日は残念にも琵琶湖に水没してしまっており、水面に石碑が立てられている。

この他、園内には長浜城を模した天守が一九八五年に建てられているが、学術的に復元したものではなく空想上の姿であり、何もないよりはましだが、やはり多少興をそがれる。内部は長浜市立長浜城歴史博物館として機能しているものだ。

一方、かつて大手門の脇に大通寺があったが、この寺こそが一向宗大谷派の別院であり、入口近くに一向宗の寺院を置くことによって、一向一揆にそなえ、また敵の武将の「仏心」に訴えて攻撃力を弱めようとしたに違いない。

上―大通寺大門
中―大通寺方丈
下―大通寺参道

大通寺はその後、一六〇六年に現在地に移っているが、長浜城の追手門はこの寺の台所門として、また殿館は方丈含山軒として現存し、秀吉時代の狩野派の障壁画も所蔵している。現在、長浜で最も大きい寺で、境内は約二万三〇〇〇平方メートルあるといわれ、阿弥陀堂、含山軒、蘭亭などほとんどの建物が重要文化財に指定されており、一見の価値があろう。

また、この大通寺の参道を軸に城下町を構成し、それと交叉するように南北の北国街道を通過させて、人や物が集まるよう巧みに都市計画されているのも注目される。城下町は、京都の町割りと同じく碁盤の目状になっており、東西七丁、南北十丁であり、城下町としては大規模なものであるといえよう。町名だけでも五〇はあったという。

この長浜の町割りの最大の特徴は、完全な十字路で全体が構成されていることであろう。すなわち、通常戦国時代の城下町は、T字型等の不規則で複雑な町割りにして敵に攻められにくく造るのが常套手段であるが、長浜においては、機能的で、そしてなによりも先まで見通せる都市景観を重視して、単純な格子状の町割りを採用しているのである。ここに秀吉の都市プランナーとしての先見性を指摘することができる。

一方彼は、もと居城のあった小谷の城下町のすべての職人、商

長浜城下町配置図

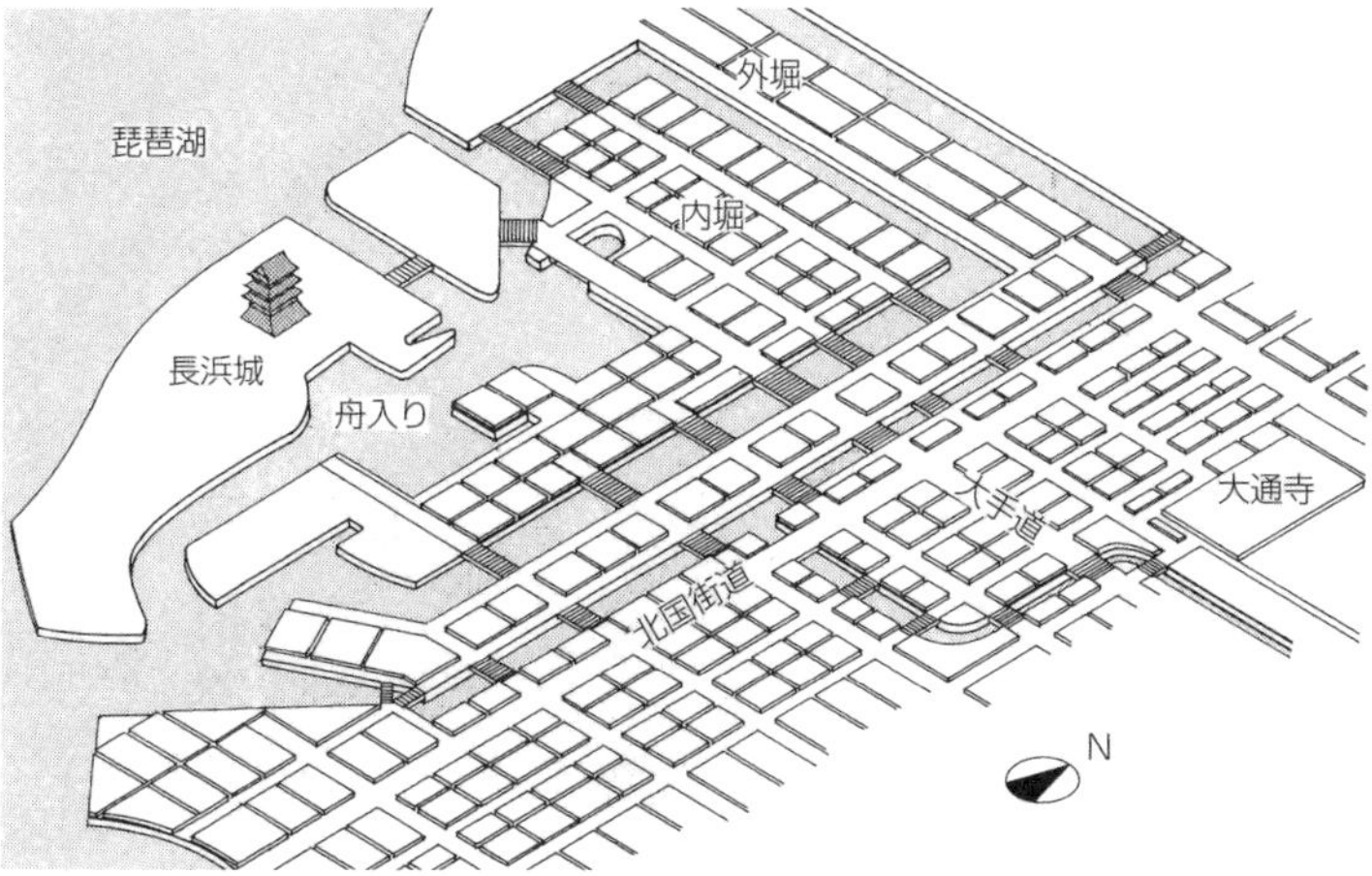

人に対して長浜へ移転することを強制している。また、それでは足りなかったのか、周囲の川道、平方、箕浦の商人らにも長浜へ移ることを命じており、長浜城下町はこうして人工的につくり出されたことがわかるのだ。それは、現在の町名にも現われており、小谷城下から移転した人々は郡上町、伊部町、呉服町、箕浦町などとして、出身地をあらわしているといわれる。

　さらに、小谷城下から数多くの寺院を移しており、前述の大通寺の西の天台宗の知善院、あるいは真言宗の妙法寺などが現存している。これらの移転者には、三〇〇石の地租免除と信長考案の楽市楽座の制度の権利を与えられたため、自らすすんで移転してきたという。一方、秀吉は税を徴集するための「検地」を長浜ですでに行なっているが、これは天下人になってからの「太閤検地」の前例といえる。

上―日吉神社（長浜）
下―豊国神社（長浜）

　このように見てくると、秀吉の初の居城・長浜城において、既に後の大坂城等の築城手法や城下町の都市計画の、さらには税徴収の萌芽が見られるといえるだろう。

　なお、長浜城は、前述の一五八一年の高松城水攻めと時を同じくして、本能寺の変で信長を倒した明智光秀に占領されてしまう。秀吉がその後、山崎の戦で信長のあだ打ちとして光秀を破ったのは、同時に長浜城を取り戻す行為であったともいえよう。

しかし、この長浜の地は同年次の権力者を決定するための尾張清洲会議で柴田勝家のものとなり、再び秀吉によって取り戻され、その後家臣への褒美として転々とするというように、数奇な運命をたどることになる。そして秀吉の死後、ついには豊臣家滅亡をねらった大坂冬の陣の準備のための一六〇三年の彦根築城の折、前にも触れた通り、長浜城は解体移建されて廃城になり、残酷にも城下町だけがあとに残されてしまったのである。

その後、街を守るものがなくなった不安からか、日吉神社と豊国神社が守護神として建てられている。

日吉神社は、平安京で鬼が出入りするといわれて忌み嫌われた鬼門（東北の方位）の鎮守とされた比叡山の守り神・日吉大社から一八一〇年に勧請されたものである。そのため、神社は長浜町のちょうど東北に位置しており、今なお鬼門を守り続けているのだ。

また、豊国神社は、秀吉の死後、神として祀ったもので、江戸時代には、徳川幕府によって弾圧をうけ取り壊されたが、秀吉の神像は代々秘かに町役人の家で受け継がれたという。その後、一七九三年に「えびす宮」の建築許可をうけ、奥に神像を安置して密かに祀っていたと由緒書きにはある。

この豊国神社の位置を地図上でみると、長浜城跡のちょうど東北に位置していることがわかり、やはり城跡の鬼門の鎮守としての役割りをもたされていることがわかる。

4 聖地・石山本願寺

一五八三年、信長の後継者の地位を手に入れた秀吉は、京都の大徳寺で信長の一周忌を済ませ、六月四日、ついに自らの本拠となる城造りのために、大坂入りを果たした。

当時大坂は、波静かで最も安全な船路といわれた瀬戸内海に面し、貿易を行なうのに極めて好都合であった。また、海へ流れ込む淀川を遡れば、京の都を経て、琵琶湖に至ることが可能な水路の要《かなめ》であり、大和川をたどれば奈良へ継ぎ、さらに陸路で関東とも結ばれる交通の要衝として古来栄え続けてきた土地である。

特にその中でも、中心を占める上町台地は、淀川がいくつにも分かれて流れ込み、北と東は急斜面に囲まれる天然の要害の地形をなしていた。そのため、この地は古代から聖地として常に重視されてきた所で、四世紀には早くも大和朝廷に所属し、三種の神器の一つである玉を制作する「玉作部《たまつくりべ》」と呼ばれる集団の居住地であったといわれる。現在、玉造《たまつくり》稲荷神社及び難波・玉造資料館が近くにあり、当時を忍ぶことができる。この玉造稲荷神社は、聖徳太子の信仰したことでも知られ、また秀吉時代には大坂城の守護神として豊臣家の崇敬厚く、現在の石鳥居も一六〇三年、秀頼より寄進されたものという。また五世紀の仁徳《にんとく》天皇の高津宮《たかつのみや》もここにあり、現在は高津神社としてその位置を伝えている。さらに、七世紀の難波宮《なにわのみや》もこの土地の南に隣接していたといわれ、現在その遺構が公園として整備されている。この他、森の宮遺跡などの古代遺跡が厳然として今日に残っている。いっぽうそのほど近くの四天王寺《してんのうじ》は、数多くの寺院を各地に建立した聖徳太子の建てた寺の一つであり、太子もこの地をいたく気に入っていたらしい。

戦国時代には、一向一揆で有名な浄土真宗門主・蓮如《れんにょ》がここに石山本願寺を建てて本拠としている。蓮如が門徒たちに送った手紙である「御文《おふみ》」をみると、一四九八年十一月二十一日付の文章の中に、

摂州東成郡、生玉の庄内、大坂という在所は、往古よりいかなる約束のありけるにや、さんぬる明応第五の秋、下旬のころより、かりそめながらこの在所をみそめしより、すでにかたのごとくの一宇の坊舎を建立せしめ

とあって、文献上初めて「大坂」があらわれるという。この大坂とは、淀川支流の大川に架かる天満橋の東付近より現在の大阪城へ向けて昇る法円坂であったという。すなわち大坂という地名の名付け親こそが蓮如であったのだ。

彼は一四九六年より、「大坂坊舎」と呼ばれる寺院の造営に着手、これが石山本願寺である。石山の名については、蓮如の孫が書いた『反故裏書』に大坂坊舎について

上一玉造稲荷神社
下一高津宮跡（高津神社）

其始より種々の奇瑞不思議等これありとなん、まづ御堂の礎の石も、かねて土中にあつめをきたるが如し。

とあることから、後に述べるように、この一帯がかつて聖地として数多くの建築が建てられ、礎石が土中から続々掘り出されたため、この名がついたものとみられる。そして、この寺跡に秀吉は大坂城

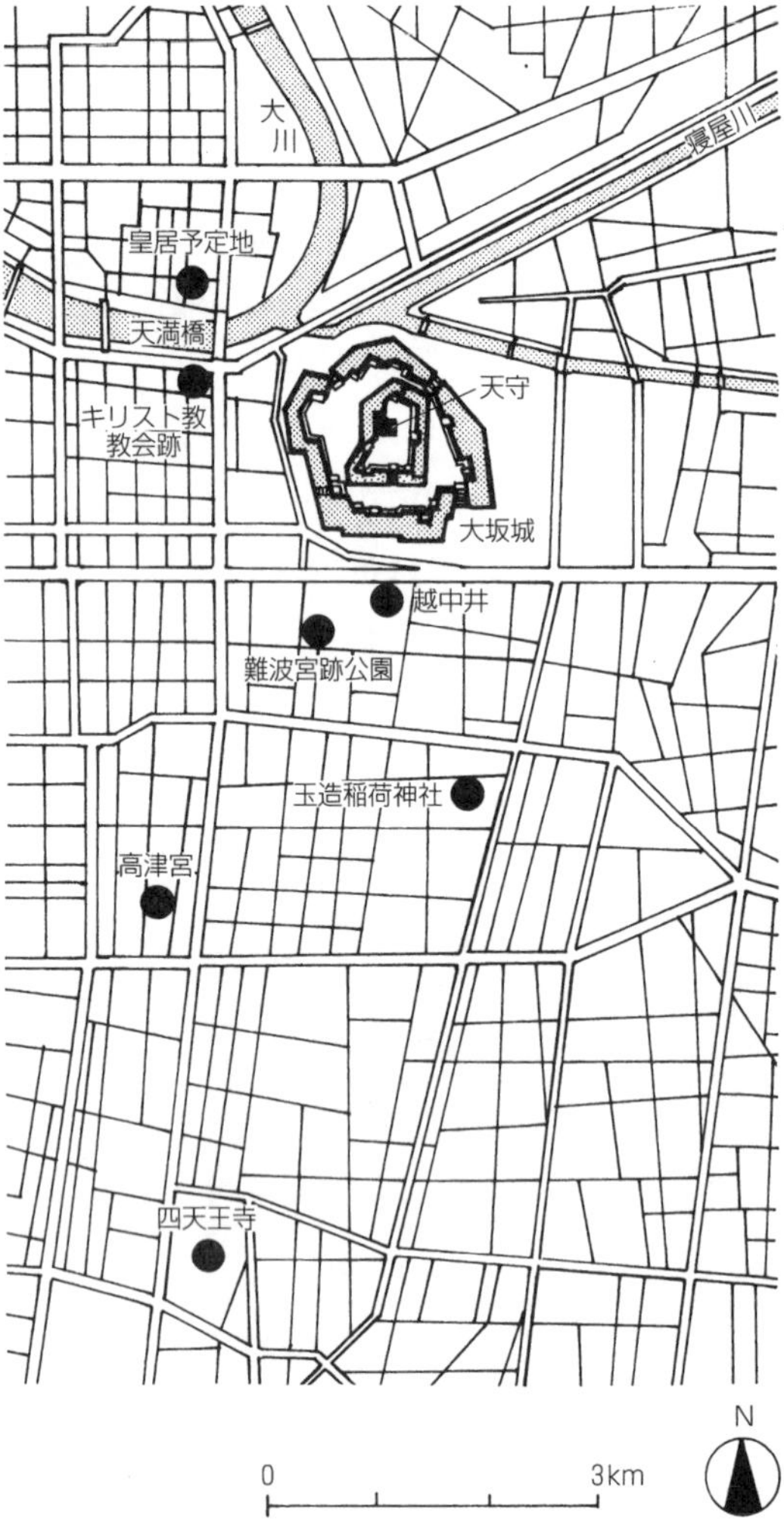

大坂城周辺配置関係図

を造営することになるのである。

この寺の正確な所在地については、難波宮（東区法円坂）の発掘で大きな成果をあげた山根徳太郎氏が一九五四年に「法円坂説」を提唱し、また一九七七年には岡本良一氏が「大坂城本丸付近説」を発表、以後二説が併存しており、決着は未だついていない。しかし、法円坂一帯の発掘では、本願寺の遺構が全く発見されておらず、大阪城内からは焼土が発見されていることから、後者の説をとる研究者があとをたたない。また近世の文献上においても、一六七五年の『葦分船』に「今の城のうち」とあり、一七〇一年の『摂陽群談』にも「今金城の地を云ふなり」とあって、すべて大坂城跡を指し示している。さらに、幕末の『摂津名所図会大成』にも「今の金城の地なりといふ」と記され、一致した所見を示しているのだ。

その他、「蓮如井戸」というのがかつて存在したが、一七三二年の『浄照坊来歴』に「大坂御堂といふは（中略）大坂御城大手のあたりにありし御堂なり。其ほとりに今にいたりて井戸あり。蓮如井戸といふ」とあり、やはり大坂城内にあったとされている。このような記録からみても、現在の大坂城の位置に本願寺があったとするのが有力であろう。

それではいったいそれは、どのような様相を呈していたのだろうか。これについても数多くの説があり、山根徳太郎氏説（内田九州男『よみがえる中世2　本願寺から天下一の大坂』一九八九年）、伊藤毅氏説（『近世大坂成立史論』一九九七年）、仁木宏氏説（『古代・中世の政治と文化』一九九四年）、藤田実氏説（『大阪の歴史』第四七号、一九九六年）、天野太郎氏説（『人文地理』第四八巻第二号、一九九六年）などがあり、それぞれやや異なるのだが共通しているのは、参集する門徒によって寺内町を形成しており、土塁《どるい》、堀を巡らしたほぼ城郭といってよい姿であった点である。

その後、石山本願寺の聖地に目をつけた織田信長は、この一向宗の本拠地を明けわたすよう要求した。『信長公記』には、大坂の地を次のように激賞している。

大坂は凡日本一の境地なり、その子細は奈良・京都程近く、殊更淀・鳥羽より大坂城戸口まで舟の運び直にして、四方に節所を拘へ、北は賀茂川……白川・桂川・淀・宇治の大河の流、幾重共なく二里三里の内、中津川・吹田川・江口川・神崎川引廻し、東南は二上が嵩《たけ》・立田山・生駒山・飯盛山の遠山の景色を見送り、麓は道明寺川・大和川の流に、新びらき淵・立田の谷水流合い、大坂の腰まで三里四里の間、江と川とつゝひて渺々と引まはし、西は滄海漫々として、日本の地は申すに及ず、唐土・高麗・南蛮の舟、海上に出入、五畿七道之に集り、売買利潤富貴の湊なり。

この記述ひとつみても、信長が将来全国支配を行なう際の拠点として、この地をいかに重視しているかがうかがえよう。大坂は次期権力者たちのまさに羨望の土地であったことがわかる。

また、石山本願寺はその地の利だけでなく、その構えについても傑出していたとみられ、イエズス会宣教師の報告によれば水を満たした濠が三つもあったといわれ、『陰徳太平記』には、

石山の城には柵・逆も木を五重に付、其内に経り五間許りの隍《からぼり》を深く穿、其後又総堀あり、櫓々に鉄砲を配り、諸所の門・塀裏役所々々を不レ外、兵卒を増て置

とあり、完全に城郭化されていたものとみられる。寺というよりも城に近いものであったことがわか

り、『言経卿記』にも「本願寺城」とも「大坂之城」とも呼ばれていたことが記されている。その上、『信長公記』によれば、

大坂もこう津・丸山・ひろ芝・正山を初めとして、端城《はじろ》五十一ケ所申付、楯籠《たてこもり》、構え内にて五万石所務いたし

といい、周辺に数多くの支城を構えてより守りを堅固なものにしていたことがわかる。

このように見てくると、信長の苦戦は目に見えていたようにも思われるのだが、それでも信長はこの石山本願寺をどうしても手に入れたかったのである。

本願寺側は信長の要求を拒否し、約十一年にも及ぶ戦争の末、一五八〇年天皇の仲介で講和し、ついに寺を信長に明け渡してしまったのだった。『本願寺文書』などによれば、あらかじめ準備をしてあったらしく、八月二日に本願寺門主教如が退城するのと同時に本願寺側が自ら伽藍に火をつけたという。土地は渡しても城は渡すまいという本願寺の執念を感じずにいられまい。『信長公記』によれば、「余多の伽藍、一宇も残さず夜昼三日、黒雲となって焼けぬ」といい、蓮如から八十五年間もの間、この地を本拠とした石山本願寺は、信長の手に入る寸前に一宇残らずことごとく灰と化したのである。大坂を十一年目にやっと手に入れることができた信長は、はじめて本願寺と敵対した時、まさかこれほど長くかかるとは夢にも思わなかっただろう。一向宗の恐ろしさをまざまざと見せつけられたに違いない。またこの聖地の要害としての堅牢さを再確認したことであろう。

ちなみに本拠を失ったはずの本願寺教団は、その後衰退していくどころか、かえって江戸時代には、

膨大な末寺を集める日本最大の宗派となった。同様に、信長の焼き討ちにあった比叡山の天台宗が、それを期に衰退の一途をたどっていったこととあまりにも対照的であろう。いったいこれはどうしたことであろうか。

ここで注目したいのは、石山本願寺引渡しの条件の一つに「諸末寺とその寺領をもと通りに保障する」という一項があることである。つまり、本拠地を捨てるかわりに、その他のすべての末寺を救うことによって、かえって宗派の発展をうながすことに成功したのだろう。

石山本願寺を手に入れた信長は、丹羽長秀《にわながひで》に城を守らせ、天下統一のための本拠として本格的な築城にそなえている。秀吉は、明智光秀との決戦の手紙の中で、石山本願寺跡は信長の後継者に渡されるべきであり、それまで厳重に守るようにと述べている。つまり、本能寺の変で信長が没した際、すでに秀吉の念頭には、自らが天下人になって大坂築城を実現する決心があったことが明らかになるのだ。秀吉の大坂城と石山本願寺との関連について、宣教師ルイス・フロイスの『日本史』には次のように記されている。

> 信長は六か年の長期にわたって城を包囲したあげく、有利な形で講和をむすんだ。そして、仏僧らは、すべての財産・婦人・家臣をともない、栄華のまま城からはなれ、船で雑賀におもむいた。街、寺院、宮殿、城郭などはただちに破壊され、一屋ものこることなく灰燼に帰した。(中略)築前殿は当地を選び、ここに新しい都市、宮殿および城郭をきずくことにした。

信長や秀吉といった時の権力者たちは、なぜかくも石山本願寺の地にこだわったのだろうか。それはやはり、この地が前に触れた水陸交通の要衝であるといった機能的側面だけではなく、元来、高津宮や難波宮等の都城がおかれた聖地であったからだろう。そして、当時最大の宗教勢力を誇った一向宗の蓮如も、この場所の意味を十分熟知した上で、ここに本拠を構えたに違いない。後に詳しく述べるように、本願寺と秀吉は、はからずもこれを緑に深くかかわりをもつことになるのだ。

それでは、この聖地を得た秀吉は、いったいどのような城をここに築いたのか、以降、詳細に観察してみたい。

5　大坂城

築城

一五八三年六月三日、秀吉は大坂入りをしている。しかしすぐには城造りに着手せず、およそ二ヶ月ばかりの間、いったいここにどんな城を建てるのか、構想を練っていたようである。その結果、まずは石山本願寺の遺構を利用して急場をしのぎ、少しずつ新築して強化、拡大する方針を打ち出したものとみられる。そして八月七日、いよいよ念願の大坂築城の準備に取りかかり、秀吉の重臣で近江・瀬田城の城主・浅野長吉（長政）により秀吉とかかわりの深い穴太の石工や近江大工などの近江職人らへ、夫役負担を免除するかわりに大坂城の造営に動員する命令を出している。これが秀吉の大坂城に関する最初の記録である。

次に彼は、河内《かわち》千塚《せんづか》（現・大阪府八尾市）の良質の石に目をつけ、それを運ぶための道をまず造るようにも命じている。その結果、八月二十八日、諸大名のひきいる人足がいっせいに石を掘りはじめ、次々に運び出したのであった。河内千塚以外にも生《い》駒山《こまやま》や御影《みかげ》（現・神戸市）、八幡《はちまん》などから石を曳いたという。そして九月一日、ついに秀吉は大坂城造営に着手、家臣にも付近に屋敷を造るよう命じた。

京都・吉田神社の神官・吉田兼見《よしだけんみ》の日記によれば、造営工事がはじまり、河内路に出てみると、村や山に石取りの人足や奉行が数千人も目撃されたという。またキリスト教宣教師フロイスの報告によれば、

最初は二、三万人を以て工事を始めたが、竣工を急ぐので、遠方の諸侯に自ら来るか、又己《おのれ》に代って、其子をして家臣を引率して建築に従事せしむることを命じた。今は月々工事に従事する者五万に近い。又他の諸国の領主達には、其城の周囲に大なる邸宅を建築することを命じた為、一人のパードレが同地より通信する所によれば、諸人皆彼を喜ばせんと欲して少しも彼の命令に背かず、約四十日の間に七千の家が建った。

といい、築城工事にかかわった人数は、最初月二、三万人、年末にはなんと五万人近かったという。

こうした突貫工事が開始して約二ケ月後、秀吉は、『常順寺文書《じょうじゅんじもんじょ》』によれば、次のような手紙を書い

上—現在の大阪城天守
下—大阪城乾櫓

ている。「大坂事、五畿内之廉目能所に候之間、居城相定、念を入普申付、悉出来候之事」すなわち大坂城の普請が二ケ月で完了したというのだ。いかに秀吉をもってしてもわずか二ケ月でこれだけ大規模な城を完成できるわけはない。そこでこの手紙を読み込んでみると、既に家康や小田原の北条氏まで降参したととれることまで書かれており、すなわちこの手紙は秀吉得意の情報攪乱のための文書なのであろう。

そして、工事開始から一年半たった一五八五年四月二十七日、本願寺の使者が大坂城を訪れた際、はやくも秀吉は天守に案内しており、この時既に大坂城は完成していたというから驚きである。一方、城と同時に城下町の建設も急ピッチですすめられており、兼見は、八月三十日に秀吉に対面した後、家臣の屋敷の建設地を見物し、その巨大さに瞠目している。また築城を開始した九月一日には、平野の住民が天王寺に強制的に移任させせられ、旧本願寺の堀が埋められていくのを目撃している。

平野は古来、富裕な人々の街として知られたが、フロイスの報告によれば「大坂の商業と繁栄のために、彼等にも移住せんことを求めた」という。このような強制移住は、他にも多数行なわれたとみられ、安土町、伊勢町、雑賀町、淡路町、阿波座、土佐座などの町名はその名残りだろう。また、同業者どうしの町も形成されたとみられ、唐物町、瓦町、博労町、塩町、藍屋町などの町名としてそれをとどめている。

一方、キリスト教宣教師の一五八三年の報告によると、秀吉が「他の諸国の領主たちには、その城の周囲に大いなる邸宅を建築することを命じたため、一人のパードレが同地より通信するところによれば、

越中井跡

諸国皆彼を喜ばせんと欲して少しも彼の命に背かず約四十日の間に七千の家が建った」という。また、城の南側にあたる玉造《たまつくり》にも細川、前田、鍋島、浅野、蜂須賀などの築地塀を巡らす大名等の武士の住宅が着々と建てられていったものとみられる。現在、玉造稲荷神社の近くに「越中井《えっちゅうい》」と呼ばれる秀吉時代の遺構が残されているが、これは越中大名・細川忠興《ほそかわただおき》の邸宅の台所の井戸の跡といわれる。この他、備前島には宇喜多、木津、石田、また札之辻には毛利、今宮には伊達、天満には黒田、その他中之島には藤堂などの大名の邸宅が建てられたとみられる。

本丸のしくみ

それでは、次に秀吉の大坂城はいったいどのような様相であったのか観察してみたい。

『柴田退治記』の一五八三年十一月の条には、「大坂の普請は、まず天守の土台なり」とあることから、まず最初に完成したのが本丸であったことがわかる。

秀吉の直営で建築を担当したのは大工頭・中井《なかい》正吉《まさきち》であり、中井率いる法隆寺大工が造営にあたったとみられる。興味深いのは、正吉の後継ぎ正清《まさきよ》は、後に徳川家康に最も重用された大工であり、家康の伏見城、二条城、駿府城、久能山東照宮、日光東照宮など、家康にかかわる重要な建築のほとんどの造営を担当した人物である。

おそるべきは、大坂夏の陣の大坂城攻めの前年の一六一三年、正清は大坂城の隠密として入り、秘かに平面図を作成したということである。また、豊臣家を滅ぼすきっかけとなった有名な鐘銘《しょうめい》事件においても、鐘銘と棟札の写しを家康に送りつけているのだ。すなわち、父・正吉が造営した大坂城は皮肉にもその子・正清によって、豊臣家と共に破滅することになるのである。この中井家に伝わる

「本丸図」によってそのしくみを以下観察してみることにしよう。

まず、水堀が北から東西に伸びて本丸を囲っているのがわかる。本丸はいうまでもなく城全体の中枢で、ここに美しい天守があったとみられる。南側に正面入口である大手門を開き、二の丸に通じている。また、南から西南へは、空堀が屈曲しながら伸びている。これらの堀に囲われて、さまざまな曲輪が展開しているのがわかる。

中央の詰《つめ》の丸曲輪《まるくるわ》には、天守と奥御殿《おくごてん》があり、奥御殿に秀吉や母、北政所《まんどころ》、そして諸大名の人質三〇〇人の生活のゾーンにあてられていた。それを囲む中の段帯曲輪には、表御殿と呼ばれる家臣との対面の場や、食料を保管する米蔵があり、執務のためのゾーンにあてられていた。それら全体の大きさは、およそ東西二〇〇メートル、南北五三〇メートルという巨大さであった。

これらの本丸の下から旧本願寺の遺構とみられる中世期の出土があることから、秀吉の大坂城はおそらく石山本願寺の縄張りを踏襲しているのではないだろうか。もしそうだとすれば、奥御殿のゾーンが一の曲輪、表御殿のゾーンが二の曲輪、米蔵のあたりが三の曲輪に相当するのだろう。屈曲した堀の形は、一四九六年に蓮如が造営した山《やま》科《しな》本願寺と酷似しているといわねばならず、一考

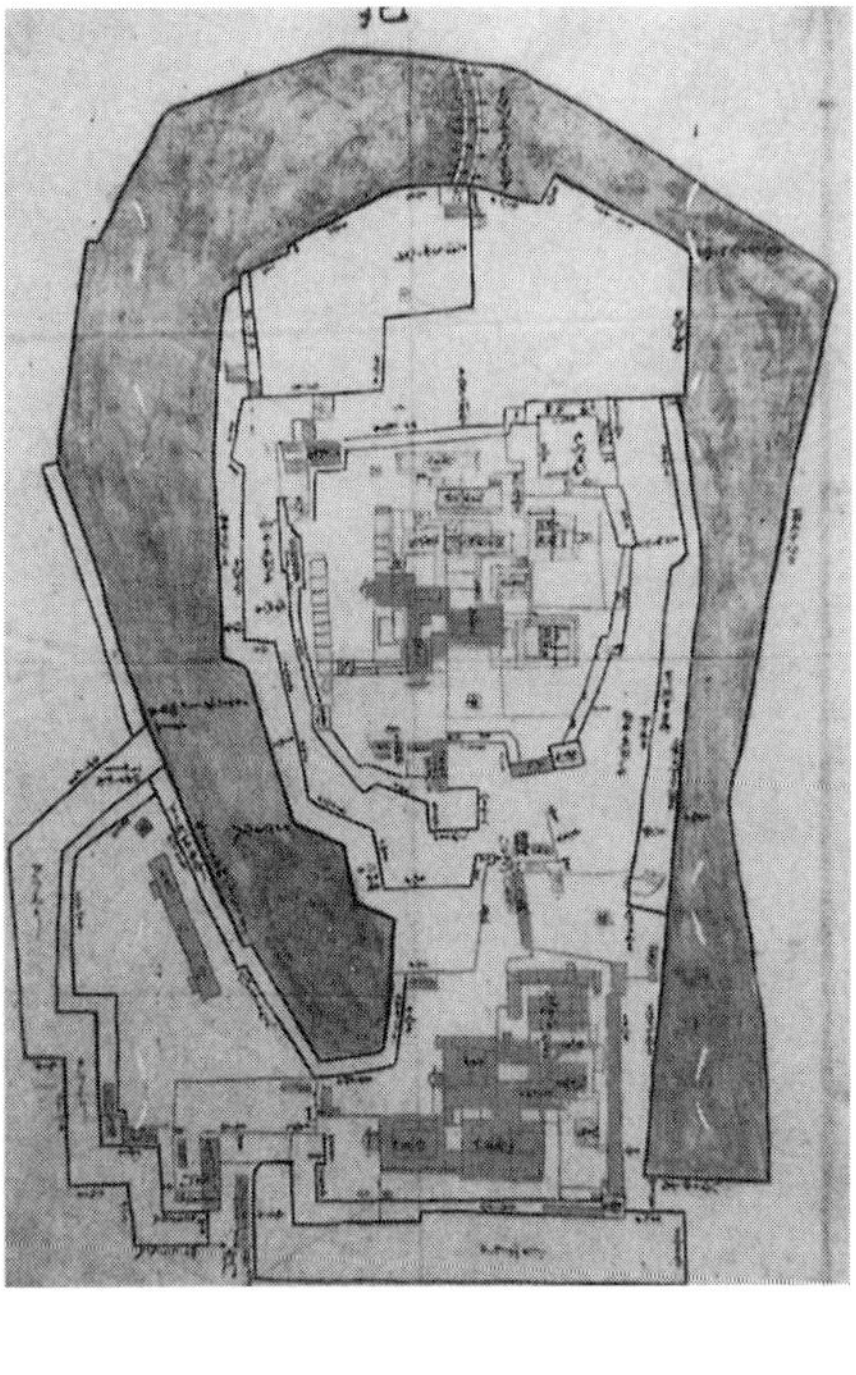

本丸図（中井家蔵）

を要するといえよう。

前掲のフロイスの『日本史』によると、天守は八層であり、最上階は展望台となっていたという。また、各階には、金銀の織物やヨーロッパ風のカッパ、西欧風のベッド、黄金の茶室などが所狭しと並べられ、外部の屋根瓦にも金箔が用いられ、絢爛豪華であったという。現に大坂城跡から多数の金箔押瓦が出土しており、またこの天守を描いた大坂城図屏風（川上家蔵）を見ても、フロイスの記述通り、金箔に光り輝く姿が確認できるのだ。

同じくフロイスの報告によって本丸の様相をさらに詳細に観察してみよう。


筑前殿はまず同所（大坂）に甚だ宏大な城を築き、其中央に甚だ高い塔を建て堀・壁及び堡塁を設けた。堡塁は各々塔の如く入口に大小の門あり、門は鉄を以て覆うてある。是は其住居で又最も親しい役人及び使用人の居所である。此処に其財宝を貯え又弾薬及び糧食の大なる家を建てた。右は悉く旧城の壁及び堀の中に築かれたが、古い部分も皆改築して、堡塁及び塔を附し、其の宏大・精巧・美観は新らしい建築に匹敵している。殊に重なる塔は金色及び青色の飾を施し、遠方より見え一層荘厳の観を呈している。此新城の中庭に一の庭がある。我等の庭園に相当し、其構造は巧妙で、天然石・四季の緑樹其他多くの自然物を備えている。又甚だよい位置に数個の座敷があり、

上―大坂城図屏風
下―大坂城跡出土の金箔押瓦
（大阪市教育委員会・大阪市文化財協会所蔵）

料理場の用をする。又茶の湯の美しい家があり、之に接して庭園があり、其緑をもって美観をそえる。庭園の他方にある一の高所に甚だ美麗な座敷の黄金をもって飾ったものがある。此処より緑の野及び美しき河を眺められる。此座敷は多数の絵を以て飾り、其中に天然物や日本及び支那の昔の歴史画がある。

この中で「右は悉く旧城の壁及び堀の中に築かれた」というくだりは、まさしく当初大坂城が石山本願寺の遺構を利用して建てられたことをあらわしているといってよいだろう。

山里曲輪

前掲のフロイスの報告の後半の庭園の記述は山里曲輪《やまざとくるわ》についての描写であり、秀吉の休養の場所にふさわしい造りになっていたことがわかる。

この「山里曲輪」の名称については、当時より用いられていたが、秀吉の茶堂・千利休が茶ノ湯の精神として「侘び」の心を

花をのみ　まつらん人に　山里の　雪間の草の　春をみせばや

という藤原家隆《ふじわらのいえたか》の歌に託したといい、たぶんこの歌の山里を名称に用いたのだろう。

秀吉は大坂入城から一ケ月跡の一五八三年七月には早くも初の茶会を開き、その後も城中でしばしば茶会を開いていることが『津田宗及茶湯日記《つだそうきゅうちゃのゆにっき》』その他からわかる。これらがどこで行なわれたのかは不明だが、同日記によれば、

天正十二年正月三日朝、山里の御座敷開、秀吉様野御会初也。宗易・宗及

とあり、一五八四年の正月に、山里曲輪の茶室開きが千利休、津田宗及同席の上、秀吉により行なわれたことがわかる。

ところが同日記の同年十二月の条にも「大坂山里の御座敷にて始而御会也」とあり、もう一度茶室開きをしているのだ。これはいったいどうしたことか。おそらく二度目の記述では、茶室の露地などについての記述があるので、最初の茶会ではいまだ未完成の状態であり、その後露地まで整備されたため、もう一度茶室開きを行なったのだろう。

この他、大坂城には桜の馬場があり、また本丸正面の大手門を「桜門《さくらもん》」と呼んだという。後述する醍醐の花見に代表される通り、秀吉は桜が大好きであった。『駒井日記』によれば、山里曲輪でも多数の侍女とともに花見をしたというから、桜がさき乱れていたのだろう。

ところが、この山里曲輪がその後皮肉にも、豊臣氏滅亡の際、秀頼、淀殿以下二十数名の自害の場所となるのだ。この悲劇の曲輪と二之丸をつないだのが「極楽橋」であるといわれ、金沢城に例があり、死者を極楽へ導いてくれるという阿弥陀如来を安置する御堂へわたる橋であるといわれ、いいかえれば「三途《さんず》」の川の橋だろう。すなわち大坂城の場合も本願寺の阿弥陀堂への通路であったとみられる。

第三章の醍醐の花見の項で詳しく触れるが、庭園は他界にふかくかかわっており、秀吉はどこかそれを熟知していたふしがあるのだ。

いっぽう本丸について宣教師の報告に「三、四〇人もの者が二、三時間ものあいだ、酒杯を交わす

ことのできる部屋もあった」と記されているが、これは一五九六年に明国の使節を迎えるために増築された「千畳敷御殿《せんじょうじきごてん》」であろう。『日本西教史』には、

畳千枚を敷《しか》るるほどの広大美麗なる会同館を建て、この畳は細く美しき草筵にして長さ四尺ばかり幅これに半ばし、金あるいは絹の縁をつけ、格子形を置きたり。木材は尽く良品を用い、その内に入れば只金色の光りさん然たるを見るのみ。

と絶賛されているのだが、この建物は同年起きた大地震で破壊され、明の使節の謁見も別の建物で行なわれたという。

しかし、『義演准后日記《ぎえんじゅんこうにっき》』の一六〇〇年の条を見ると、「道場は千畳敷の御殿なり、広大結構難レ及二言詞一、去年則時立」とあり、一五九九年には再建されたことがわかる。前の「大坂城図屏風」を見ると、天守の南、本丸の南端に南北によこたわる巨大な建物があるが、これが千畳敷御殿とみてよいだろう。

　ところで本丸の天守の階高については諸説があり、「大坂城図屏風」では五層に描かれているのだが、一五八六年の『宗麟日記《そうりんにっき》』の記述には「橋数以上九つ」すなわち九層であると記されている。また同年の『土佐物語』の記述でも「九層高く聳え」とされ、一五八八年の『天正記』の記述では「七重也」とし、一五八七年の『兼見日記』にいたっては「八重ばかりか」と曖昧な表現となっている。前述のフロイス『日本史』は八層としているのであり、じつに五層から九層まで全く一致しないので、定説をもたず今日に至っている。

ちなみに、一九三一年に建てられた現在の大阪城天守では外観を五層、内部は八層と階高に関する諸資料の混乱をそのまま露呈したような造りとなってしまっているのだ。

その後、秀吉はこの大坂城をさらに強化するために、一五八六年から、彼にしては珍しく八年にも及ぶ年月をかけて、本丸の周囲にさらに二の丸を増築している。すなわち、二重に堀を巡らしたのである。二の丸の水堀は、幅約七二メートル、高さ約二七メートルにも及んだという。また、一五九四年になると、巨大な城下町全体を堀で囲み、城門で守る「惣構え」が築かれている。その規模は、なんと二キロ四方にも及んでいたとみられ、東は現在のJR環状線、西は阪神高速一号環状線、南は谷町七丁目のあたりまでのみこんでいたという。『大坂城縄張図』(西ヶ谷文庫蔵)などを見ると、その壮大な規模が現実のものであることを確認することができる。

大坂遷都計画

以上見てきたように、大坂城及びその都市計画は、史上類のない最大規模を誇っていたことがわかる。思えば、秀吉のそれまでの活躍は、すべて彼の機動力、いいかえれば彼のニックネームともなっている猿にも似た身軽さを最大限に引き出した結果であった。

例えば墨俣一夜城の造営の早さにしても、高松城水攻め直後、信長のあだ打ちのためにわずか六日間で京都へ戻った「中国大返し」にしても、その機敏な動きが身上であったといえるだろう。そのためか、彼自身の居城の造営についても、前に触れた長浜城のように短期間の工事による比較的小規模なものが多い。にもかかわらず、秀吉は大坂にまるでふかく根をおろすかのように長い年月と情熱をそそぎ込んで町造りに没頭したのである。

秀吉の構想の中で、果して大坂城はどのように位置づけられていたのだろうか。

前にも掲げた一五八三年の宣教師の報告によれば、「都の壬なる内裏および都の寺院をここに移さんとしている」という。また、徳川家康の家臣・本多忠勝《ほんだただかつ》の一五八三年九月十五日付の手紙にも「来春は京都をも大坂に引き取るべきの由候」とあり、これらの記述からみて、秀吉は京都から大坂に都を移す、いわば「遷都計画」をもっていたことが明らかになるのだ。すなわち、天皇の住居である内裏や寺院のみならず、政庁としての大坂城や諸大名の屋敷、さらに貿易を行なう商人の町を大坂に集中させて、新たな都を造ろうとしていたのである。

林羅山の『豊臣秀吉譜』によれば、秀吉はこの頃、将軍足利義昭《あしかがよしあき》の養子になって将軍職を継ごうとしたが、将軍自身の反対にあって実現しなかったという。つまり、源頼朝《みなもとのよりとも》が養子として将軍職を継いで幕府を開き、首都を鎌倉へ移転したのと同じように、秀吉も大坂に都を築いて将軍になろうとしていたとも考えられるのである。しかし、結局、将軍になることはかなわず、遷都計画は未然に終わった。

一方、秀吉は石山本願寺跡に大坂城を建てたため、本願寺に対してはそのかわりに一五八五年、大川を挟んでその隣りに天満寺内町と呼ばれる土地を与えている（五四ページ図参照）。この辺りは中島と呼ばれ、本願寺が移

大坂皇居移転予定地（推定）

転するまでは全くの手つかずであったという。その場所は、現在の南天満公園から、大阪天満宮や大蔵省造幣局にかけての付近であるとみられる。『宇野主水日記』によれば、「中島天満宮の会所を限て、東の河縁まで七町、北へ五町也――中略――まず以て当分は七町と五町也。元の大坂寺内より事他広し」とこの敷地について述べられ、大坂城の地にあった時よりもむしろ広くなったことがわかる。

ところが、この中島の開発は『中井家文書』によると、本願寺移転の二年前の一五八三年には、茨木城主中川秀政《なかがわひでまさ》によってすでに行なわれていたというのである。この二年間の空白はいったい何を示しているのだろうか。

前に秀吉の大坂遷都計画に触れたが、その際、天皇の内裏を移転する予定があったことがここでにわかに思い出されるのである。つまり、他にこれほどまとまって温存された土地が、大坂の中に全く見出せないことから考えて、おそらく秀吉はこの中島に内裏を移そうとしたのであろう。内裏を移すにはかなり大きな敷地が必要であり、そのためこの地を二年間温存してきたが、結局実現できず、本願寺に与えたに違いない。

本願寺の天満寺内町

江戸時代には大坂に「寺町」と呼ばれる寺院だけで形成された町がじつに一一箇所もあったという。これらがいつ頃造られたかについては、一六九八

大坂の寺町（現状）

年の『蓮門精舎旧詞』と呼ばれる浄土宗寺院一一八寺の創建と移転年のリストによってある程度知ることができる。

これによると、まず天満東寺町と八丁目寺町、八丁目中寺町の三つの寺町が大坂の城下町と同時に建設されたことが明らかになる。また、他の寺町についても、いくつかは江戸期に入ってから造られたものもあるが、そのほとんどが、秀吉の大坂の都市建設時に同時に造られていることがわかる。

それらの配置復元図を見て目をひくのは、前項で触れた本願寺の天満寺内町が、他の寺町に比べて極めて大きいことであろう。のちに詳しく観察するが、秀吉が聚楽第の城下町として京都の町を大改造する際、やはり本願寺に土地を与えており、秀吉がいかに本願寺を重用しているかがうかがえよう。

秀吉の主君信長は、本願寺を焼き打ちにするなどことごとく対立したにもかかわらず、第四章で触れる通り、秀吉は本願寺の一向宗を信仰すらして、自らの死後を託すことになる。一五八五年に彼が本願寺へ中島の天満寺内町を与えたことには既に触れたが、その建設の際にも、秀吉自らが出かけていって縄張りを指揮したといわれる。

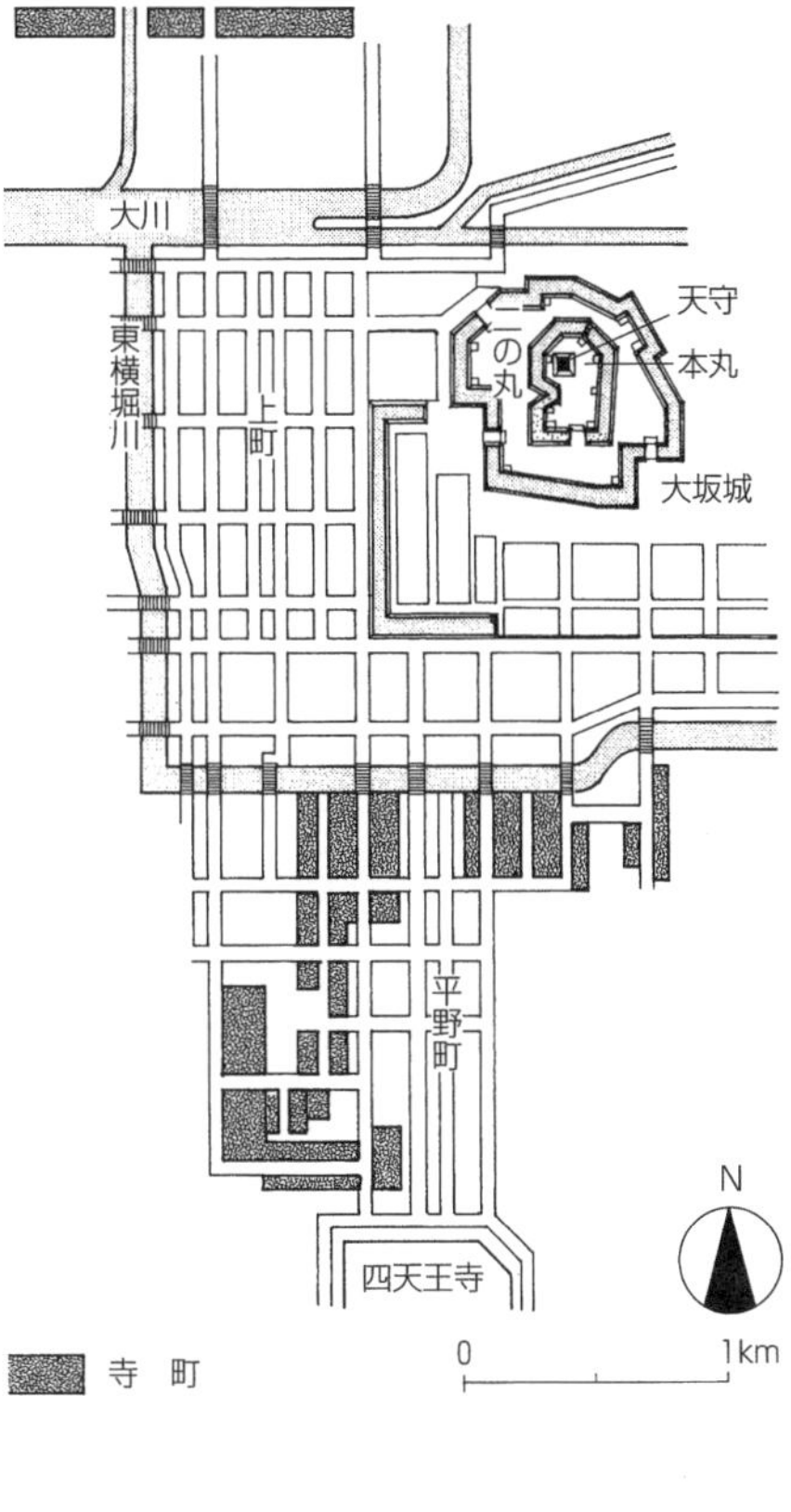

大阪の寺町配置復元図
（内田九州男氏復元による）

『宇野主水日記』によれば、一五八六年四月には秀吉の命で川に堤防を築き、氾濫に備えている。また、六月から八月までは本願寺にとって宗教的に最も重用な御影堂《みえいどう》の建設が行なわれ、一応の体裁が整っている。しかし、堀をつくることは許されず、また一説には、寺内に秀吉の隠密がいたといい、信仰しつつも、秀吉はやはり一向一揆を恐れていたにちがいない。現に、一五八九年、秀吉への謀反の意志をもつ浪人が寺内より発見され、かくまった町人六十数人が、京都の六条河原で処刑され、彼らの家どころか、町ごと焼かれたという。

そのため、秀吉は六条に及ぶ寺内掟を本願寺に通知している。ところがその一方、楽市楽座制として税を免除したり、あるいは五〇〇石を本願寺に与えたりと、これまでに増して手厚く扱ったために、いつのまにか本願寺は完全に秀吉のコントロール下におかれるようになってしまった。秀吉が「人たらし」といわれるゆえんであろう。

秀吉の町づくり

前にも触れた寺町の構想は、その後、徳川家康の江戸の街にも応用され、近世都市計画の定番となっている。

一方、近世都市計画における最大の特徴が「町割り」と呼ばれる各町の配置方法であろう。大坂の都市建設において、当初から計画された平野町の一八八六年の実測図を見ると、谷町筋と上本町の間に二つの道があり、これらを挟むように、幅約二一六メートル、奥行約三六メートルの細長い屋敷が並んでいたことがわかる。また、間口約一〇八メートルが一町の単位となっており、道に対して南北に一二町分並んでいたことがわかる。この地割りこそ、大坂の町割り全体のルーツと考えられ、またさらに近世の町割り全体のいわば発祥とでもいうべきものなのである。秀吉の先見性の高さがここにおいてもうかがえる。

次に城下町全体に視野を拡げてみると、上町を中心として、大川を挟み一丁目から八丁目までの町を造り、八丁目は寺町として、南から攻められた際に、信仰心を利用して力を弱める働きがあったと思われる。また、寺町に挟まれた南北二つの町を南の四天王寺まで伸ばし、その東西も寺町で囲い、四天王寺の門前町と城下町を連結したのである。さらに四天王寺からは、住吉、堺への街道脇に民家を並べて連結させ、堺の港から物資が町に流れ込むように計画している。

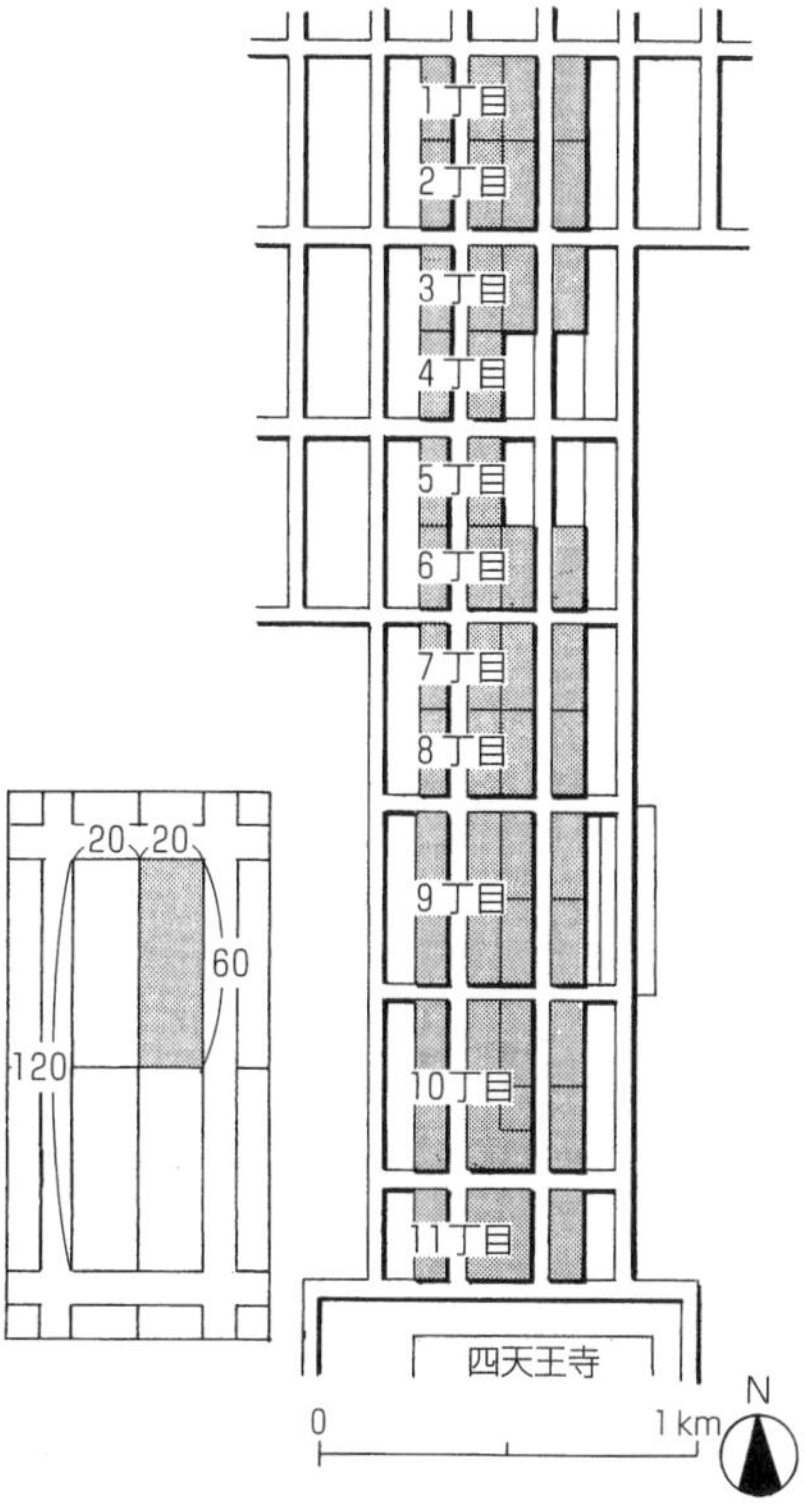

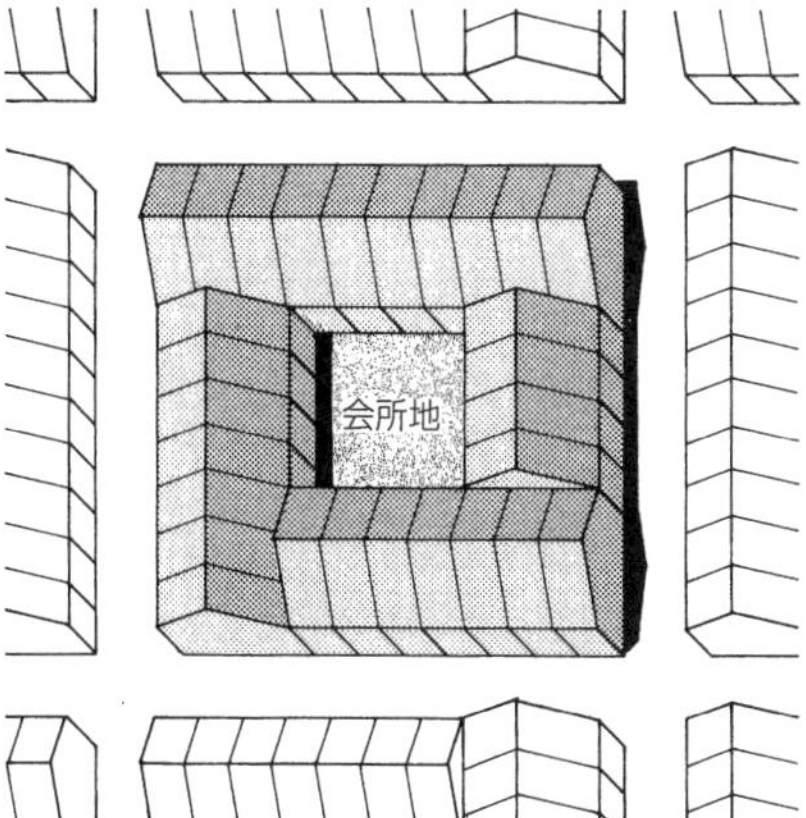

上―大坂の町割り配置図
下―江戸の町割り配置図

その後、大坂が「天下の台所」と呼ばれる一大商業都市へと急激に変貌をとげたのには、これらの秀吉の都市計画の優秀さがあずかっているといってもよいだろう。

三の丸増築と船場《せんば》の町づくり

大坂の都市計画は、その後、「惣構え」、すなわち一五九四年に町全体を城壁で囲んで防御したことでほぼ完了したかに見えた。ところが、秀吉は自らが死をむかえる一五九八年、突然病いをおしてさらなる大坂の防衛にのり出している。それは、たぶん秀吉にかわって大坂城主となった一粒種・秀頼のためだろう。現に、秀吉は遺書に「かえすがえす秀頼の事頼み申しそうろう」と書き残し、死の床でも諸大名に忠節を誓わせているほどであり、秀吉亡き跡の息子のゆく末を心配しての大坂城の強化対策に他ならない。

その後、大坂冬の陣における徳川軍の攻撃に対しても、秀吉がこの時増築した三の丸と呼ばれる第三の堀と城壁が強力に威力を発揮し、この時徳川から和睦を申し入れた条件の中に、三の丸の取り壊しを要求する条があった程である。この条件をのんだがために、大坂城は豊臣家最後の砦となってしまうのだが、死の床にいた秀吉の不安は、見事に的中していたことがわかるのだ。

キリスト教宣教師パシオその他の記録によれば、最後の大坂城増築の概要はおおよそ次のようであったとみられる。

1、三の丸と堀の増築による防衛力の強化。
2、大名の人質をおく大名屋敷の建設による秀頼への忠節の保証。
3、城下町の増築と住民の強制移住による町の活性化。

三の丸は、城壁も堀も大坂冬の陣の和睦《わぼく》条件をのんだためにことごとく壊され、もはや現存していないが、「大坂冬の陣配陣図」等から、その様相をある程度知ることができる。

本丸、二の丸、三の丸はすべて厳重に固められ、堀に架かる橋口には城門が設けられて出入りを管理したという。『当代記』によれば、城門は浜の橋、高麗橋、平野町橋、淡路町橋、備後橋、久宝寺町橋、久太郎町橋、本町筋橋、安堂寺町橋、鰻谷町橋、天王寺口、高津口、平野口新堀、南方堀つめ口、玉造口、京口の小橋、中の渡、福島口、天王寺より平野口、天王寺より南の口、天王寺より小坂水所、大和口、福島川口と合計二十三も設けられていたといわれる。

前掲の宣教師の記録によれば、三の丸の長さは約三里（一一・七キロ）もあって、そこの住民は「船場」と呼ばれる新たに造られた城下町へ強制的に移転させられたという。また、船場は直線的な街路をもち、最も高価なヒノキ造りで高さが統一された町であったといわれる。

一方、この船場について最も注目すべきは、「太閤下水」として現存する下水道の完備であろう。これは、日本の都市の歴史にあらわれるはじめての下水道設備であり、秀吉の都市プランナーとしての先見性がここにもうかがえる。この下水道は、その後、江戸の都市計画にもそのまま試みられ、日本の都市計画の定番の一つとなっていくのである。

それでは、三の丸の増築の際、秀吉はなぜかくもこの船場の地にこだわったのだろうか。その直接的原因は、一五九六年に大坂をおそった大地震に他ならない。つまり、この地震で、重要な大坂の貿易港・堺は壊滅状態となり、復興にかなりの年月を要したために、それに変わる新たな港町として、船場が計画されたのだろう。現在船場は大阪最大の卸問屋街として知られ、秀吉時代の貿易港の名残りをとどめている。

その後の大坂城

一五九四年、秀吉は「夢のまた夢」という辞世を残してこの世を去り、その後大坂城は、息子秀《ひで》頼《より》の居城となったが、一六一四年から一五年にかけての大坂冬の陣と夏の陣の戦いで、大坂城は徳川方に徹底的に破壊されてしまう。以後、徳川時代となるのだが、徳川幕府はまず、家康の孫・松平忠明《まつだいらただあきら》に灰燼に帰した大坂の町の復興計画に任じている。また一六一九年には、家康に継いで将軍となった秀忠自ら大坂城再築を指揮している。

まず一六二一年に二の丸の東、西、北の堀を修築、また一六二五年には本丸の造営、さらに一六二九年には二の丸南堀が完成し、約十年の歳月を要して完成したという。その結果、豊臣時代の二の丸は完全に新造され、本丸も新しい本丸の地中深く埋没されてしまい、再築というよりもむしろ新造というべきものであった。

秀吉の大坂城の痕跡すら全く残さない徹底したこの新築工事は、徳川幕府の豊臣滅亡へのなまな

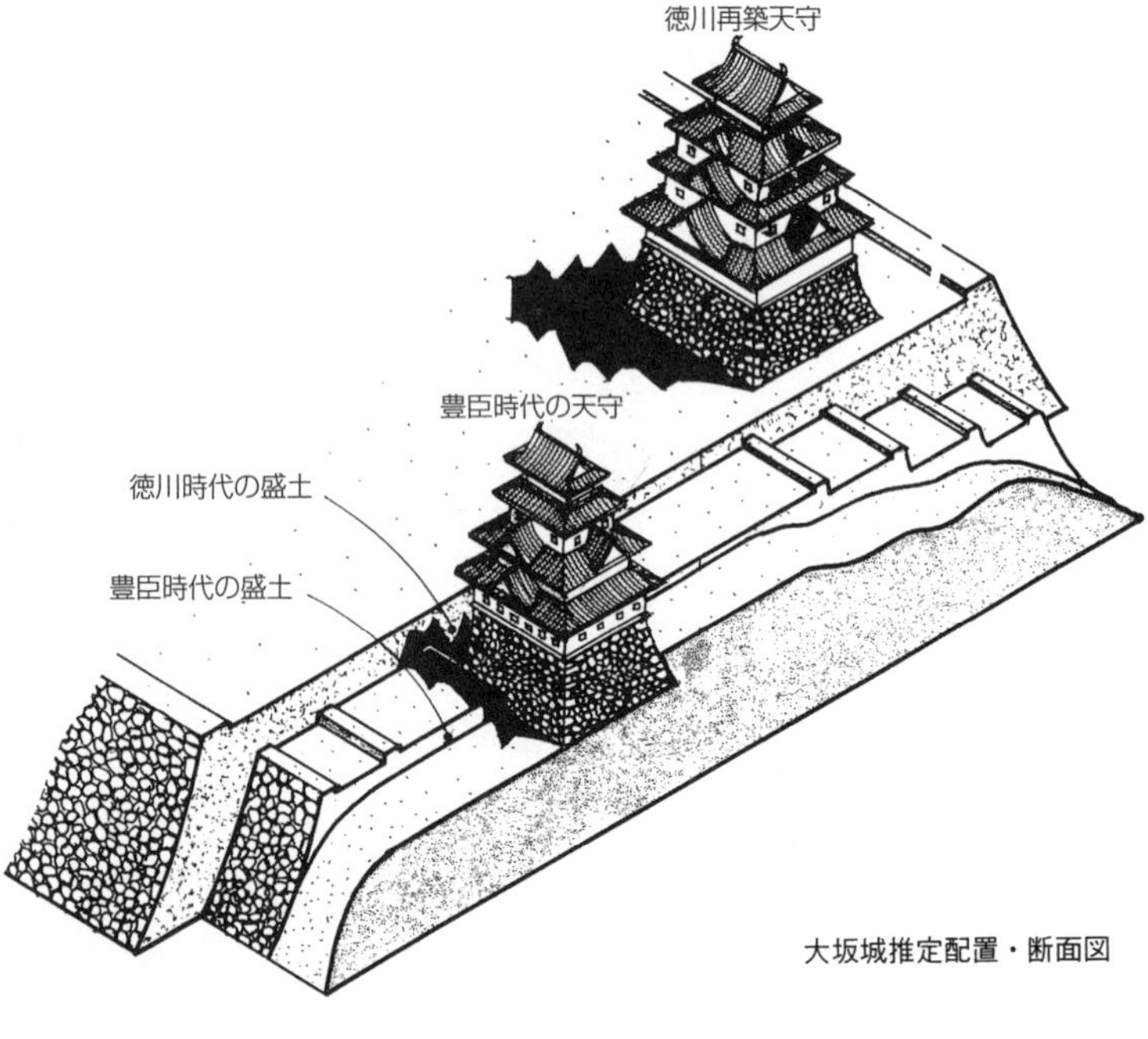

大坂城推定配置・断面図

ましい執念を感じさせるものといえよう。ちなみに、徳川時代の大坂城の石垣に用いようとして運搬中、重すぎて運ぶことができなくなり、使用を断念した「残念石」と呼ばれる巨石が大阪周辺に三箇所残されているのは興味深い。

6　秀吉と西欧文化

一五四九年にフランシスコ・ザビエルが日本にはじめてキリスト教を伝えて以後、キリスト教宣教師らがぞくぞくと日本に上陸し、布教活動を行なっている。

一五七六年、宣教師たちは織田信長の保護をうけ、「南蛮寺《なんばんじ》」と呼ばれる教会堂や「セミナリヨ」あるいは「コレジヨ」と呼ばれる西欧の先端文化を教える学校が信長の居城・安土城や京都に建てられ、多数の日本人キリシタンが西欧文化を学んだといわれる。信者の数も飛躍的に増大し、最盛期の秀吉の時代になると、なんと人口の一割以上にあたる約一〇〇万人にも達していたというのだ。

一五八二年、信長が本能寺の変で死去すると、安土の教会も破壊され、布教も全盛期に比べれば、一時かげりがさしはじめたが、やがて今度は秀吉の保護によって、大坂に教会を築くことになったという。しかし、資金不足から新築するゆとりがなく、キリシタン大名・高山右近《たかやまうこん》のすすめで岡山の教会を大坂に移建することにした。そのため、宣教師オルガンティノが秀吉に願い出ると、ある場所を測量させて教会のために与えたという。その場所が現在のどの地点であるかについては、宣教師フロイスの次の記述がある。

大坂では最良の場所の一つであり、（秀吉が）述べたとおり、多くの諸侯が求めたが、彼が誰にも与えなかったところであった。その（地所の）一方は川に沿い、非常な高台となっていて、背後の三方は切り立ち、堅固で、あたかも城塞のような地形をなしていた。どの場所からも大坂の美しい優雅な眺望がきき、もとより多くの良き鳥の（囀りが聞こえる）場所である。

　フロイスは、この記述に続いてその広さが約六〇ブラサ×五〇ブラサであるとしており、一ブラサは約二・二メートルであることから、約一二〇メートル×一〇〇メートルの土地を与えられたことになる。

　また、フロイスの記述には、そこに建てた教会から大坂城築城の石を運搬する船が見えたといい、それらの条件と一致する場所を地図上で探してみると、現在の天満橋のたもと、京阪電車天満橋駅と松阪屋大阪店の地に限られてくる（五四ページ参照）。すなわち、秀吉は大坂城の城下町に教会を建てさせていたことが、ほぼここに明らかとなるのだ。この地が前述の皇居移転予定地と大川（旧・淀川）を挟んで天満橋の対岸にあたっている点にも注目したい。

　一方、秀吉は自らの家臣がキリシタンになることをはじめは許していたらしく、財務担当の小西《こにし》立佐《りゅうさ》や書記の安威五左衛門了佐、側室の松の丸殿や秘書のマグダレーナ（日本名不明）等、側近の多くはキリスト教に入信していた。また、配下の武将にも数多くのキリシタンがおり、高山右近の他にも、軍司であった黒田如水《くろだじょすい》、有馬晴信《ありまはるのぶ》、池田教正《いけだのりまさ》、蒲生氏郷《がもううじさと》、小西行長《こにしゆきなが》、内藤如安《ないとうじょあん》、牧村長兵衛《まきむらちょうべい》その他

安土セミナリヨ跡

多数の入信者があった。なおキリシタンにならないまでも、古田織部《ふるたおりべ》や細川忠興《ほそかわただおき》、神子田半左衛門等、キリシタンと交渉のあった人物が数多い。さらに、大坂城内の女性をキリシタンではなくとも、カタリナとかマリアといった西欧名で呼ぶのがならわしであったと聞く。

それではその大坂城内の光景はどうであったかというと、一五八六年五月四日、フロイスを含む宣教師約三〇名が目撃している。また、そのわずか十九日後の五月二十三日には、大友宗麟《おおともそうりん》が同じく城内を目にしているのだ。フロイスによれば、一〇着から一二着のヨーロッパ風の紅色の外套（カッパ）があったといい、また非常に豪華な、ヨーロッパ人が見てもびっくりするような華麗な組み立て式のベッドがあったという。

このベッドに関しては、大友宗麟が大坂城から堺へ戻ってのちに記した手紙に、「寝所を見せ候ハんとて（中略）御寝所之台、長さ七尺程横四尺程もこれ有るべく候哉、高さ壱尺四、五寸程、しとねには猩々緋、御枕ノ方には黄金にて色々ノほり物」と記録されており、長さ約二・一メートル、幅一・二メートル、高さ四二センチほどのシングルベッドであったことがわかるのだ。

この他、椅子やテーブルあるいはジュータン、くつ、ズボン、ワイングラスにワインボトルまで目撃されており、大坂城の内部はじつに西欧風のインテリアであったことが明らかになる。

一方、大坂城の外においても、フロイスによれば、ポルトガル船の中で宣教師が西欧料理やワインで秀吉をもてなし、ポルトガル語を教えたといい、これは茶人・神谷宗湛《かみやそうたん》にも目撃されている。

フロイスによれば「現在まで日本人がとても嫌っていた鶏卵や牛肉などの食品」を「太閤自身が大いに好むようになった」ともいう。また、朝鮮出兵のために名護屋城に秀吉がいた時にも、家臣に南蛮服を着させたため長崎の仕立屋は大忙しとなり、それらの衣服を帰省の際家臣が持ち帰ったため、京都や大坂でも大流行したという。現に、高台寺所蔵の「綴織鳥獣文陣羽織」と呼ばれる秀吉の愛用した羽織を見ると、ペルシャ製の敷物を転用した輸入品であることがわかるのだ。

さらに、一五九一年にヨーロッパから帰国した四人が秀吉を訪れ、クラボ・ハーブ・リュート、リベカ等の西洋楽器を演奏しつつ、ヨーロッパの歌を披露したところ、彼は三回も繰り返し演奏を命じ、その後楽器を手にして演奏者たちを質問ぜめにしたという。

フロイスによると「日本人にとっては、われわれのすべての楽器は不愉快と嫌悪を生ずる」といわれた当時の日本において、秀吉は逆に強い好印象を示していることがわかる。このように見てくると、秀吉は西欧の衣食住の文化全般を、自らの生活に積極的に取り入れていたといえよう。

秀吉は後にバテレン追放令を発布するのだが、その第四条をみると、布教は禁止するが貿易は今後も続けると記されているのがわかり、彼はキリスト教は禁じこそはしたものの、西欧文化そのものに対しては禁じるどころか、むしろ奨励していたふしがあるのだ。

後に詳しく触れる通り、聚楽第に輸入品のソテツが植えられていたり、この聚楽第を移建したと伝えられる西本願寺飛雲閣には「黄鶴台《こうかくだい》」と呼ばれるサウナがあったり、秀吉の伏見城から移したと伝えられる同じく西本願寺の白書院と飛雲閣の書院、あるいは聚楽第の大広間に同時代ヨーロッパ建築において大流行したパースペクティヴ（遠近法）のテクニックが用いられていたりと、大坂城のインテリアと同様に、彼の手掛けた建築や都市全般に当時の先端技術ともいうべき西欧文化の影響が指摘できるのは興味深い。

秀吉は一五九八年に没するのだが、その死の二週間前に、宣教師でもあり、秀吉の通訳でもあったジョアン・ロドリゲスを自らの枕元に呼んで、「もはや再びあなたと会うことはない」と感謝を述べ、贈り物をしている。彼はキリシタン禁令こそ出したものの、それは禁令にも書かれているように、モザンビーク、フィリピン、ゴア等に継ぐスペイン・ポルトガルの軍隊による日本植民地化計画が見え隠れしていることに気がついたからであり、日本が西欧諸国に劣ることがないよう、本心はむしろ、西欧文化の導入を強く望んでいたといってもよいだろう。

7　大坂の町づくりとヴィスタ

以上、観察してきたように、秀吉は当時の日本における最新モードとして西欧文化に強い興味を示し、自らの生活の中にも大幅に取り入れていたことはいうまでもない。中でも彼の居城・大坂城の内部は、ベッド、イス、テーブル、ジュータンといった西欧風のインテリアになっていたことに注目したい。

秀吉は「普請狂」といわれるほどに建築に力を入れたのだから、衣食住の中でもとりわけインテリアに西欧文化を導入したとしても決して不自然ではなかっただろう。

それでは大坂城の城下町へは、果たして西欧文化を取り入れようとはしなかっただろうか。西欧のインテリアが伝えられていたとすれば、当然同時代のヨーロッパの街並についても同時に伝えられていたはずであり、それが実践されたとしても不思議ではない。

都市計画史家の宮本雅明氏によれば、大坂の城下町はヴィスタ（見通し線）の手法を用いて計画されているという。すなわち、「大坂三郷町絵図」及び「大坂冬の陣配陣図」をもとにした大坂城下町の復元図を見ると、城下から約二二メートルの高さにあり、本丸東北隅にそびえる秀吉時代の大坂城の天守を、正面に見通す街路を二本見出すことができるという。

まず一本は上町から下町まで一直線に伸びる高麗橋通りで、一五九四年の新設であるといい、高麗橋は京都へ向かう京街道の船場口にあたり、かつ高札場が設けられた最重要街路である上、それ以南の諸街路と基軸をやや振らせてまでして強引に設けられたものであるという。

次に二本目は、京橋を始点として東北の京都へ伸びる京街道で、その一部野江町から天守を見通すことができるというのだ。京橋の位置に「城見」という地名が現在残っているのもその名残だろう。また、その後再建された徳川時代の城下から、約二九メートルの高さの本丸上に、約五九メートルの高さでそびえ建っていた天守についても、御霊神社が鎮座する平野町からのヴィスタを得る絶好の位置にあったという。

この旧・京街道は、現在京阪電車の線路となっている上、軸線上に大阪城ホールが建ち、その効果を確認するのは困難だが、途中京阪野江駅ホームからの眺望が大阪城方向へ開かれていることから、ある程度その効果を予測することが可能である。また、このヴィスタの街路付近には「蒲生《がもう》」の地名

上—高麗橋筋から大坂城跡をみたヴィスタの効果
下—京阪電車野江駅からみたヴィスタの効果

があるが、これは、秀吉の家臣でキリシタン大名であった蒲生《がもう》氏郷《うじさと》が工事を担当した名残りであり、氏郷によって西欧手法が取り入れられたのではないかとも考えたくなる。

このヴィスタとは、いうまでもなく目の前が奥まですっきりと見通せるしくみであり、この大坂城が造られた時期と重なる西欧のルネサンス・バロックの時代に誕生、発達した手法である。

その歴史を簡単にまとめれば、まず芸術家でもあり建築家でもあったミケランジェロに端を発するといわれ、その初見はフォルネーゼ邸であり、建物と屋外を結びつけるヴィスタを計画している。また、建築家のパラディオは一五六〇年ころ、トリッシーノ邸において左右対称の中心に細長いコロネードを造り、家の主軸を自然へ延長することに成功している。さらに一五九〇年頃には、建築家ルンギがボルケーゼ邸において、左右対称の庭園と川へのヴィスタを完成させたといわれる。

これらのヴィスタの手法は、ルネサンス・バロックの整形式庭園を代表する意匠として広く用いられ、特にフ

大坂城城下町復元図に見るヴィスタ（宮本雅明氏による）

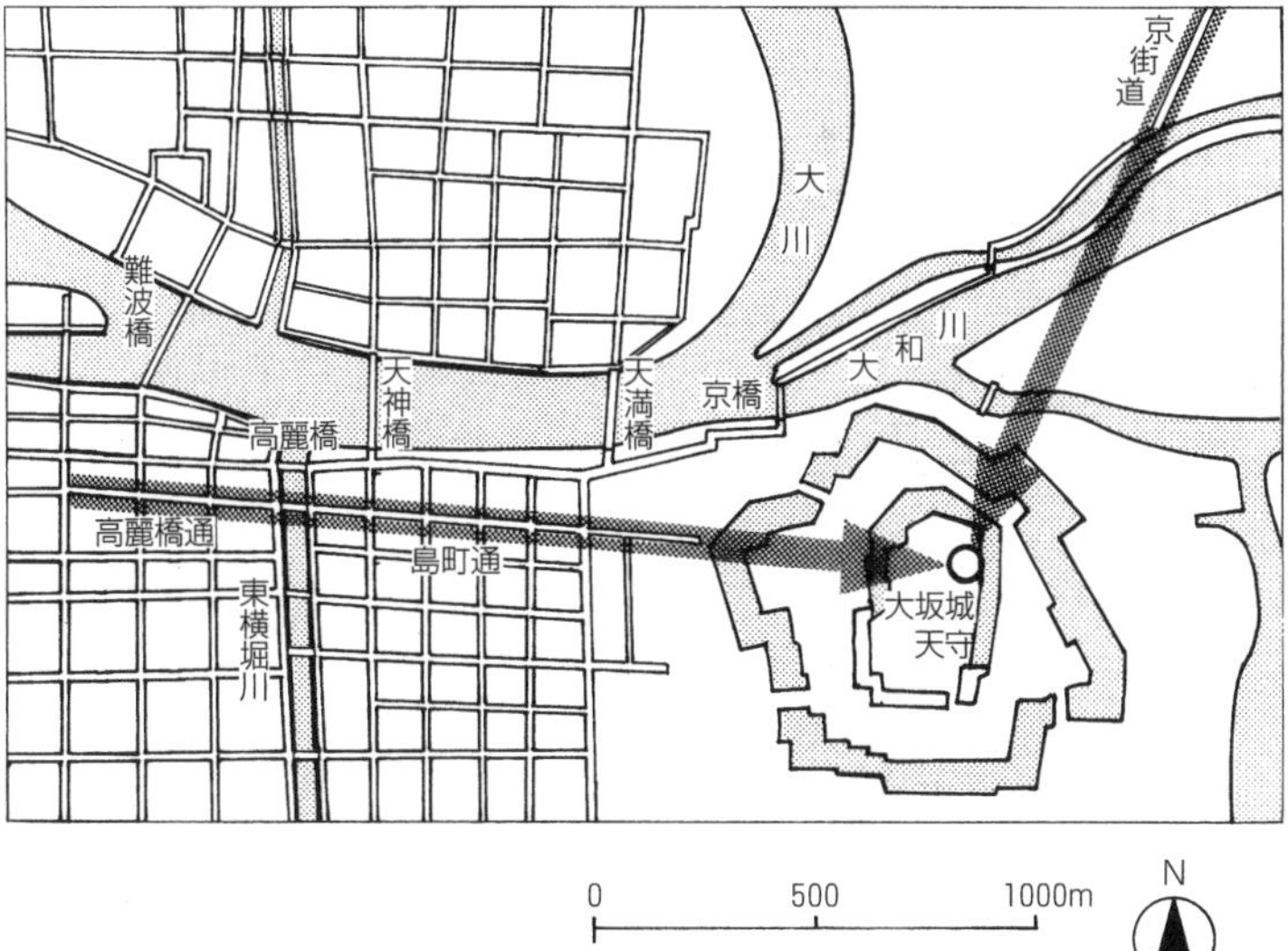

ランスの造園家ル・ノートルが多用したことで知られている
また、イタリアやフランスの都市空間において、広場の中心に置かれた噴水や彫刻、あるいはオベリスクをアイポイントとして放射状に街路を配すヴィスタの手法が多数試みられているのだ。

このようなヴィスタの手法が、秀吉の大坂の都市計画において、西欧文化の影響とは全く無関係に突然、発想、実現されたと考えるよりも、むしろ西欧文化の摂取に余念のなかった秀吉によって、同時代ヨーロッパのヴィスタの手法が採用されたと考えてまずさしつかえないだろう。

秀吉は、その後同様のヴィスタの手法をさらに発展したかたちで、京都の居城・聚楽第を造営した際、その城下町にさらに応用しており、ヴィスタは彼の都市計画の常套手段の一つとなっていった。

聚楽第と京都の都市改造については第二章で詳しく観察するが、ここでは多少話が前後するかもしれないけれども、聚楽第におけるヴィスタの手法について少し触れておきたい。

秀吉は、一五八六年の聚楽第の造営とそれにともなう京都の都市改造に際して、「二階建町屋建築令」を出している。

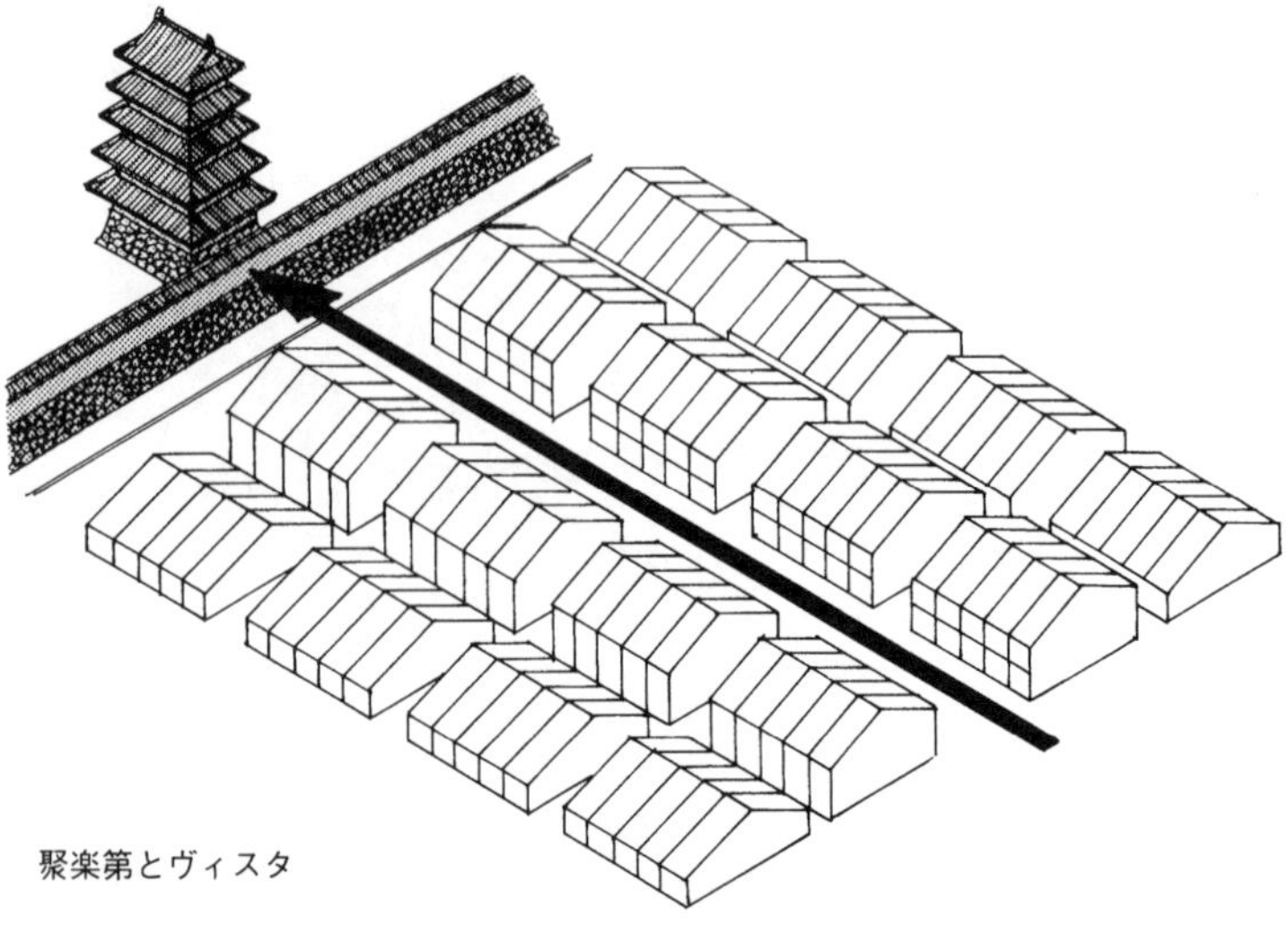

聚楽第とヴィスタ

すなわち宣教師ルイス・フロイスによれば、「彼は市に平屋の家が一軒として存在することを許さず、すべての家屋が二階建とされるよう命じた」という。

確かに聚楽第造営以前の京都を描いた「町田本洛中洛外図屏風」や「上杉本洛中洛外図屏風」を見ると、二階建町屋は全く存在しないのにもかかわらず、聚楽第造営以後の「舟木本洛中洛外図屏風」には一部二階建町屋が見られ、すべての町屋が二階建てであったかどうかはともかく、一部が二階建てにされたことはほぼ間違いない。「聚楽第図屏風」などの町屋を見ても、その大手筋の周辺にのみ二階建町屋が発見できるのみである。

前にも掲げた宮本雅明氏によれば、聚楽第の大手筋の両側の町屋を二階建てにしていることの他、伏見、京都間の道の両側の町屋を二階建てにしていることから、主軸となる道筋のみ二階建てにしたのではないかと考察されている。つまり、聚楽第をアイポイントとするヴィスタの効果をより高めるために、その大手筋の両側の町屋を二階建てにしたという。そしてヴィスタの強調だけではなく、主要道路である伏見・京都間にまで、その手法を応用したふしがあるのだ。

その後、秀吉によって取り入れられた西欧のヴィスタの手法は、近世城下町建設の定石となっていったと考えられる。宮本雅明氏によれば、同様のヴィスタの手法は、仙台城、萩城、広島城、鳥取城、久保田城、三原城、近江八幡城、徳島城、高山城、岡山城、会津城、水戸城、熊本城、米子城、高知城、江戸城、駿府城、彦根城、津山城、佐賀城、米沢城、弘前城、津城、福山城、二条城、洲本城、姫路城、その他数多くの城下町に応用されたといわれる。

また、建築史家の桐敷真次郎氏によれば、江戸市街地の主要街路が、富士山や筑波山、湯島台の突端、芝増上寺境内の丘陵、愛宕山、上野忍ヶ丘、神田山などの山々、そして一部は江戸城天守などを望むヴィスタの手法によって計画されたという。さらに、徳川家康の駿府城の城下町においても、富士山と天守を正面に望むヴィスタの手法によって計画されたものとしている。そして、これらの近世のおびただしい数の都市計画にみられるヴィスタの手法の発端こそが、秀吉による大坂城における西欧都市の手法の導入によるヴィスタの手法ではないかと考えられるのである。

このように見てくると、秀吉の大坂城は、まさしく近世都市計画のパイオニア的存在といってよい。建築家としての秀吉の面目躍如といったところであろう。

第二章　聚楽第と京都の都市計画

1　北野大茶ノ湯と黄金の茶室

秀吉は、一五八六年からの京都の居城・聚楽第の造営とちょうど重なるように、有名な茶匠・千利休に命じて「北野大茶ノ湯《きたのだいちゃゆ》」と呼ばれる茶会を催している。利休と秀吉の葛藤については、つとに有名だが、聚楽第造営について触れる前に、まず秀吉と茶道のかかわりについて観察を試みたい。

千利休は、信長に七年間茶堂としてつかえたが、本能寺の変の信長の死後、秀吉の茶堂になっている。秀吉の造営した山崎城や大坂城、あるいは聚楽第などほとんどの城には、家臣の屋敷が造られていたが、ここで注目したいのは、それらすべてに利休の屋敷も造られていたことである。

また、大坂城や聚楽第内の茶室は、利休にとって自分の居間のよう

千利休画像
（表千家不審庵所蔵）

に使うことが秀吉から許可されていた上、山崎城の場合は後に詳しく触れるように、城下に秀吉の命によりあのわずか二畳の茶室「待庵《たいあん》」を造らせており、秀吉もまた利休を傍らに置いて茶ノ湯を楽しんだのであろう。そして聚楽第の構築とともに、天下人になった証しとして、その権力を誇示する一大イベントとして催されたのが、北野大茶ノ湯だったのである。現代風にいえば、企画秀吉、演出利休、場所は京都北野神社の森、日時は一五八七年十月一日より十日、内容は大茶会とでもなろうか。

その様相を描いたものに「北野大茶湯図」(北野神社蔵)があるが、左上に関白秀吉、利休、宗久、宗及の計四つの茶席が見える。『多聞院日記』によれば、その他千五、六百の茶屋があったといい、その規模の大きさが偲ばれよう。現在、北野神社を訪れると、北野大茶ノ湯跡の石碑及び茶会に用いた井戸が「太閤井戸」として残されており、当時の情景をある程度思い描くことができる。

特記したいのは『北野大茶湯之記』によればこの茶会の際「金之御座敷《きんのおざしき》」があったことで、これが有名な秀吉の黄金の茶室である。これは前述の大坂城内で宣教師コエリョや大友宗麟に目撃された黄金の茶室そのもので、宗麟は「其後、金屋之御座敷、御見せ候、三畳敷・天井・壁其外皆金、障子の

上—北野神社大茶ノ湯跡石碑
下—北野神社太閤井戸

骨迄も黄金、赤紗にてはり申候、見事さ、結構不レ及レ申」と記録している。

また、一五八六年に内裏でこの茶室を組み立て茶会を催した際の様子を記した『宗湛日記《そうたんにっき》』によれば、床を備え、敷居、鴨居、柱などすべて金箔を施し、畳は猩々皮、縁は金襴萌黄小紋、畳床は越前綿であったという。さらに入口は四枚の腰障子で出来ているが、その骨と腰板は金で赤い紋紗が張られ、入口の外には三尺の簀子縁があったという。

一方、一五九二年にも、肥前名護屋城内に組み立てられた黄金の茶室が宣教師に目撃されており、それによれば、点前座には黄金の台子に黄金の道具が飾られていたといい、さらにこの茶室は、解体して数個の箱に納めることが出来る組立て式であったことが記録されている。

この黄金の茶室は、その後行方不明となっており、豊臣滅亡とともに灰と化したと思われるが、現在、熱海のＭＯＡ美術館や伏見桃山城に復元されたものがあり、当時の姿をうかがうことができる。いかにも秀吉らしい成金趣味とでもいうべきこの黄金の茶室は、おそらく利休に命じて造らせたものであろうが、興味深いのは同じ北野大茶ノ湯に、利休が出品した茶室が畳二畳の草庵茶室であったことである。

草庵茶室とは、後に詳しく述べる通り、「侘《わ》び、さび」といった利休の茶の概念を具現化した簡素な茶室であり、豪華絢爛な秀吉の黄金の茶室とは、対極に位置するものであった。『北野大茶湯之記』によると「畳二畳、但、侘者は、とち付（つぎあて、つくろいの意）にてもいなはきにても苦しかるまじく事、着所之義は、次第不同たるべし」と利休の「侘び」の精神についてもこの時すでにはっきり記されているのだ。

ここに、利休と秀吉の美意識の葛藤を見て取ることができるのだが、この問題について以下西欧のマニエリスムといった視点からさらに詳細に観察してみよう。

2　茶ノ湯と西欧文化

第一章で、秀吉と西欧文化のかかわりについては少し触れたが、当時のキリスト教布教とともに、日本にもたらされた西欧文化の影響は、単に秀吉に限ったことではなく、ありとあらゆる事象に関係したとみられる。特に茶ノ湯西欧文化の影響については、従来、数多くの先学によって繰り返し指摘されてきたのだが、一般にはあまり知られていない。よって、ここに簡単にまとめておきたい。

まず、広く知られているのは、茶ノ湯の作法とキリスト教の儀式の奇妙な符合についてであろう。

第一に利休の考案したという「すい茶」と呼ばれる茶の飲み廻しが聖餐式のそれと似ているという指摘、第二に利休の時代のすい茶に出された「ふのやき」と呼ばれる丸く薄い麩菓子が、ミサでワインを飲み廻した後、丸く薄いパンを口に入れるのと似ている点である。第三にすい茶の茶碗は袋に入っているが、カリスといわれるワインを入れる聖杯も革袋に入っている点であろう。

利休の弟子・古田織部《ふるたおりべ》が考案した織部焼の中には「織部高脚向付《おりべたかあしむこうづけ》」と呼ばれるものがあり、これは間違いなくカリスの形を模したものである上、さらに織部の弟子の遠州の愛用した茶碗の袋に、アルファベット紋様のヨーロッパからの輸入品の布を用いたものがあり、西欧と日本の偶然の一致とは考えにくいのだ。ちなみに「小代十字紋象嵌俵型鉢」という茶碗などは、明らかに十字架が描かれ、また古浄味作の「十字釜」など、共にミサに使用されたという説まであるという。

第四に廻し飲みされた器をぬぐう布についても、茶碗は茶巾でぬぐい、カリスは聖布でぬぐうのだが、どちらも白い布で湿らせて使い、さらにそれをきちんと折りたたんで用いる点が酷似しているという指摘である。現に元上智大学教授のピーター・ミルワード氏によれば、利休がキリスト教のミサからヒントを得て、茶ノ湯の飲み廻しを考案したのではないかと推測されているほどだ。

秀吉が一時養子にした八条宮智仁親王《はちじょうのみやとしひとしんのう》の息子・良尚法親王《りょうしょうほっしんのう》は、自ら住する曼殊院の仏教の儀式に入信の洗礼道具を応用したといい、実際、寺にはカリスとワインボトルが現存している。良尚は茶人としても有名だが、果してミサの儀式を茶ノ湯に応用しようとは考えなかっただろうか。

ここで注目したいのが、当時世界有数の国際貿易港であった堺と茶道のかかわりについてである。

日本でのキリスト教布教の発端は一五四九年のザビエルの来日であるが、茶道の起りもそれと同時期に村田珠光《むらたじゅこう》が茶の作法を考案したものといわれ、両者は日本においてほぼ同時に出発したことになる。その後、信長、秀吉等の天下人が茶道を武士のたしなみの一つとして家臣や大名に奨励したために、領主や文化人のほとんどが茶ノ湯をたしなむようになり、それとちょうど重なるように日本のキリスト教布教の最盛期を迎えたのである。

茶道の考案者・村田珠光《むらたじゅこう》は日本最大の貿易港・堺の出身であったため、その茶の弟子にも堺の豪商が多く、珠光の後継ぎ、武野紹鷗《たけのしょうおう》も堺の商人であった。

カリス（上）とワインボトル（下）（曼殊院所蔵）

そして、この堺の経済力に目をつけた信長と堺はしだいに結びつきを深め、信長も茶道にのめりこむようになり、同じく堺の商人で紹鷗の弟子であった今井宗久《いまいそうきゅう》、津田宗及《つだそうきゅう》、そしてかの千利休を茶堂としたのである。一方、当時堺は最大の国際貿易港であり、そこにはポルトガル船が出入りし、その交渉には宣教師が間に立ったといわれ、堺の商人と宣教師はごく親しい位置にあったことをここで忘れてはならない。

宣教師たちも、長崎より京都へ布教に訪れる際は、必ず堺へ上陸し、また京で戦乱が起こると必ず堺へ避難している。ここに堺を通じた茶道とキリシタンの結びつきが見てとれるであろう。

例えば、利休と同じく紹鷗の茶ノ湯の弟子であり堺商人であった日比屋了珪《ひびやりょうけい》、万代屋宗安《もずやそうあん》らはれっきとしたキリシタンであった。了珪は、一五六一年に宣教師ガスパル・ビエラの洗礼によって家族全員で入信したといい、フロイスによれば、一五九一年、了珪宅を教会に改造・転用したといわれる。また、同年の記録によれば、既に堺には百人の信者がおり、さらに一五八五年には、堺全体を望む十字架を掲げた教会があったという。

さらに一五八九年の記録では、堺の君主が家臣や市民と共に入信したといい、この君主は誰を指すのかといえば、一五八三年のフロイスの記録に秀吉の最も信頼する側近のキリシタンとして「かれの財宝一切と堺の町の支配を委任した」ジョーシン＝小西立佐《こにしりゅうさ》とその息子で「海の司令官」であるアゴスチニヨ＝小西行長《こにしゆきなが》の名を掲げていることから、君主というのは、紹鷗の茶の弟子であった小西立佐であったことが明らかだろう。

このような堺の商人による茶ノ湯とキリシタンの関係は、その後の利休と秀吉の関係によってさらに結びつきを深めることになる。

第一章において、秀吉の家臣の多くにキリシタンがいたことは指摘したが、果して利休とキリシタンの結びつきはどうであっただろうか。

前述のように、利休の兄弟弟子とでもいうべき茶人のほとんどがキリシタンになっている。それでは、利休はキリシタンかというと、大正期の山本秀煌著『西教忠談』や長富雅二他著『ザベリヨと山口』ではキリシタンであると断言しており、特に後者は「父子共熱心なる切支丹である」と述べ、利休とその娘がキリシタンであったことが秀吉の気にさわり、自刃に至ったと推考している。

しかし、西村貞著『キリシタンと茶道』では、キリスト教と利休の関係を述べつつも、キリスト教が姦淫と自殺を禁じていることから、キリシタンではないと結論づけている。現にキリスト教宣教師の報告書の中でも、利休がキリシタンであるという記述は一言もないばかりか、フロイスによれば「宗易は関白に嘲笑されないように自殺した」と記されているのであり、キリシタンであった可能性は低いと言わざるをえない。

それでは近年それが定説化したかというと、山田無庵『キリシタン千利休』では、南蛮屏風絵図中のキリシタン老人が利休である、といった新しい切り口から利休＝キリシタン説を復活させており、未だ一致点を見出せないのだ。

利休＝キリシタン説の是非はともかく、利休の娘・お三はあの万代屋宗安に嫁いだ正真正銘のキリシタンであった上、利休の「七哲」と呼ばれる高弟のほとんどが、キリシタン大名であった点に注意しなければならない。

七哲の顔ぶれについては文献によって異なるが、高山ジェスト右近、蒲生レオン

千利休を描いたともいわれる南蛮屏風
（神戸市立南蠻美術館所蔵）

細川三斎の印

氏郷、織田ジョアン有楽、黒田シメオン如水、牧村レオン兵部、瀬田掃部《かもん》などすべて入信者である。また、古田織部は利休と同様、自殺していることから入信者でこそなかったが、前に少し触れたように、織部の焼物の意匠には西欧文化の明らかな影響がみられ、またキリシタンであった中川《なかがわ》秀政《ひでまさ》・秀成《ひでなり》兄弟の後見人を引きうけ、娘を秀政に嫁がせるほどのキリシタン保護者であったことは明らかであろう。

　その他、細川三斎も入信こそしなかったものの妃は有名なキリシタン細川ガラシャであり、子供も全員入信している上、三斎自身もポルトガルのカッパ風の高い襟とボタンのついた衣装や、ローマ字の印を好んで使った人物であった。

　以上のような事情から見ても、利休＝キリシタンの是否にかかわらず、彼がキリシタンに関係していたことは明らかであり、キリシタンを通じてもたらされる当時の先端モードである西欧文化に、創造者利休が全く何の興味も示さなかったとははなはだ考えにくいといえよう。筆者は、前に茶ノ湯の作法への西欧文化の影響の可能性を著わしたことがあるが、やはり茶道に何らかの西欧文化の影響があったと見てまずさしつかえないと考えている。

　ここで一点付記しておきたいのは、一五八七年に秀吉と利休によって大茶会が開かれた北野の地にその十九年後の一六〇六年、キリスト教会と墓地が造られていることである。もっとも一六〇〇年には、すでに上京と下京にそれぞれ一箇所ずつイエズス会による教会が建てられていたのだが、さらに上京教会の付属教会として北野に設けられたのである。

　一六〇六（慶長十一）年度のキリスト教宣教師の年報には「今年は信者を葬る墓地が改善された。必要な時には墓地でミサをあげられるように、立派な礼拝堂が作られた。すべてはこのために信者が出した寄附によって作られた。このようにして墓地は非常に便利に役立ち、異教徒が多く教化される」とある。また『時慶卿記』一六一六（元和二）年正月十八日の条には、「大久保相模守上洛、ダイウス門徒被レ拂、晩ニ北野邊在之寺ヲ被二焼捨一」とあることから、一六一六年には閉鎖こそされてはいたが、それらがまだ北野にあったことが確認できるのである。

さらに大きな手がかりは、一九一七（大正六）年から一九二二（大正十一）年にかけて、京都市内で発見された八基の慶長年間の銘のあるキリシタン墓碑の内、なんと七基までがこの北野西の京から発見されているという事実である。

しかも、そのうち三基発見された延命寺が、後に北野天満宮に合祀された「ほととぎすの天満宮」の正面にあたり、また一基は北野天神七保御供所すなわち成願寺から発見されているのである。

以上から考えて、北野天満宮の周辺一帯がキリシタンの教会及び墓地であったことが明らかとなるのだが、利休らによって北野大茶ノ湯が開かれたこの地にくしくも教会施設がつくられたのは、果して偶然の符合であろうか。西村貞氏は『茶道とキリシタン』の中で、キリスト教と天神信仰の結びつきを指摘している。また、その結びつきが北野大茶ノ湯を発端にしている可能性を考察されている。じじつ、北野天満宮には、一説に隠れキリシタンが信仰したとされるキリシタン（織部）灯籠が現存している。西村氏によれば、この灯籠はもともと前述のキリシタン墓碑の発見された「ほととぎすの天満

北野天満宮のキリシタン（織部）灯籠

宮」にあったものであるというのである。

やはりこれらの符合は、単に偶然の一致と考えるよりも、むしろ茶ノ湯とキリシタンの結びつきを示唆しているように思われる。確証がないので、断定こそ避けなければならないが、一考を要するといえよう。

3　待庵《たいあん》を巡る対決

話が多少前後するが、秀吉は大坂築城の直前の一五八二年、主君織田信長が本能寺の変で打たれたかたき打ちとして、明智光秀を京都・山崎の地で破り、そこへ城を構えた。

山崎の地は、桂川、宇治川、木津川の合流点として水上交通の要であり、古代の壬申の乱や中世の南北朝時代に最大の争点となり、応仁の乱の頃には既に城が築かれている。そして、秀吉はこの地を決戦地として明智軍をけちらし、光秀は坂本へ逃げ帰る途中、農民の襲撃を受けて露と消えたのである。

現在、宝寺の三重塔の背後の天王山に、秀吉の山崎城の遺構が残され、東西約二五〇メートル、南北約二〇〇メートルを四つの曲輪で囲んでいたことがわかり、建物の礎石や石垣、井戸等が残されている。秀吉はこの城を壊す直前に、ついに天下人となり大坂城の造営を行なったのであり、反面この時期、秀吉が最も慢心していた時期といえるのではないだろうか。現に、この時既に秀吉は、有名な朝鮮侵略を計画しており、先に触れたように黄金の茶室を造らせるなどして、物欲、権力欲にも余念がなかったのだ。そして、ちょうどこの頃、秀吉は千利休に命じて山崎城下に茶室を造らせている。

この茶室こそが、「侘《わ》び」を具現化した草庵茶室の代表作という妙喜庵《みょうきあん》・待庵《たいあん》である。利休の造った現存する唯一の茶室といわれ、現在、国宝に指定されている。

その室内は、利休一畳、秀吉一畳の合計二畳の極小の空間で、二人の一期一会の茶ノ湯のための、厳しい対決の空間といってよい。壁は藁を混ぜた民家の土壁を模したもので、その極小空間とあいまって極めて質素なものであり、一説には、慢心する秀吉を茶道指南として利休が戒めるために造ったともいわれている。

そこで、ここでは秀吉の建築家としての側面、及び前述の茶道と西欧文化といった視点から、この待庵のもつ意味について少し考えてみたいと思う。

まず待庵以前、利休は果してどんな茶室を造っていたかというと、利休の本邸である堺屋敷の茶室は、『細川三斎御伝受書』によれば、四畳半に一間床を構え、入口は一間半に四枚障子で、床は張付壁であったという。また同じ茶室について『荒木道薫会記留書』には「座敷四畳半　床あり　縁あり」と記されている。すなわち、利休にとって最も重要な本邸の茶室は、四畳半で、入口が待庵のようなにじり口ではなく、縁側から障子戸を開けて入る形式で、さらに床は待庵の藁入り土壁ではなく紙を張った上、大きさも待庵のような小さなものではなく、一間として人一人分に相当する大きさを持っていたことがわかる。

山上宗二《やまのうえそうじ》の伝書によれば、京都や堺では利休の師・武野紹鷗の四畳半を写し建てたとあることから、利休もまた師の四畳半を継承したのだろう。現に堺の四畳半の他にも、東大寺四聖坊の利休の四畳半が起し絵図等で伝えられているが、やはり紹鷗の四畳半の写しである。

そして一五八二年、山城城下にわずか二畳の茶室に次の間と水屋がそれぞれ一畳ついただけの妙喜

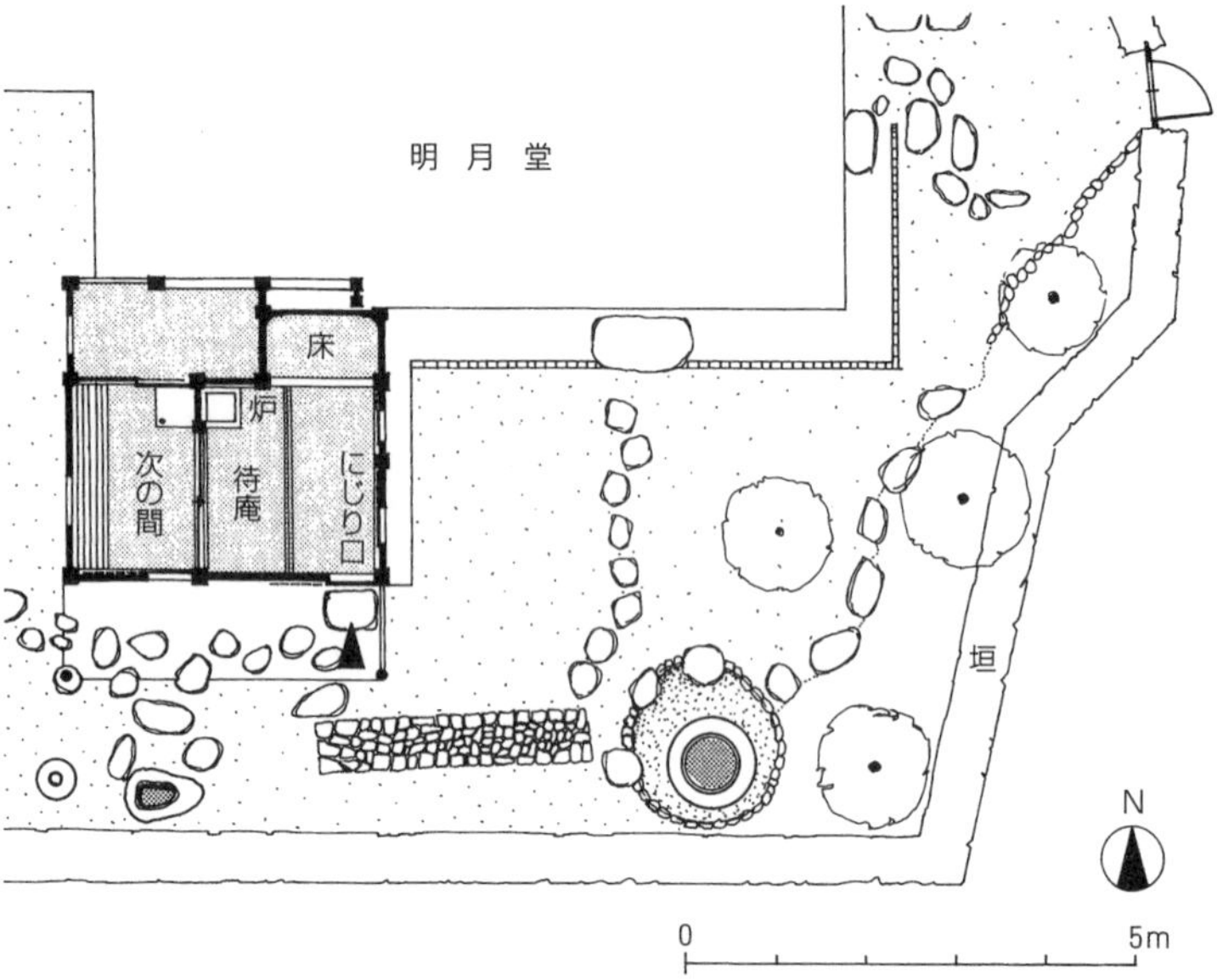

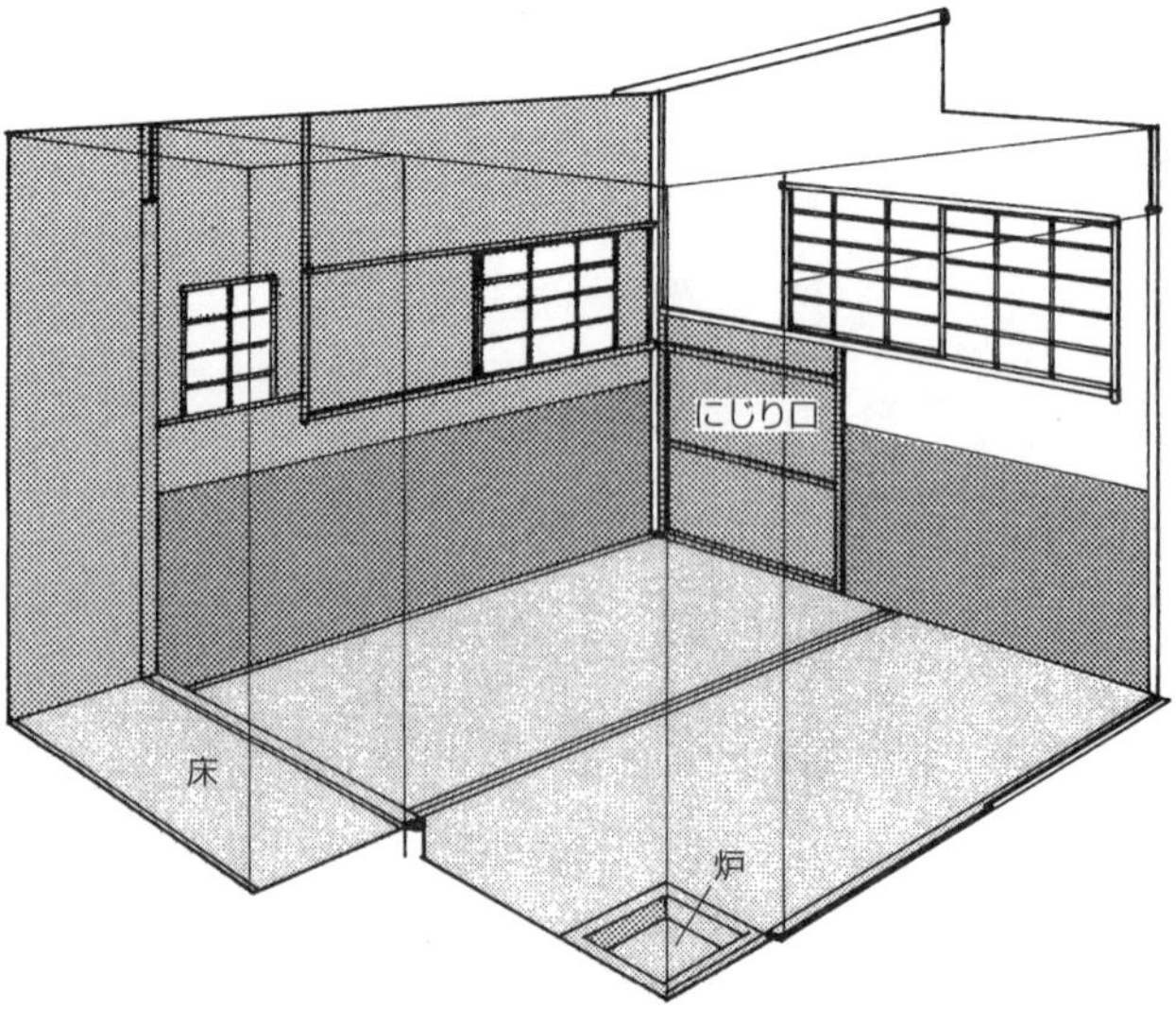

上—妙喜庵待庵平面図
下—妙喜庵待庵室内アクソメ図

庵・待庵を構えるのである。

それでは、待庵以降の利休の茶室は、いったいどういったものだったのだろうか。

ここで注目したいのは、前述の堺本邸の四畳半の茶室を、待庵造営の翌年の一五八三年になっても利休は茶会に使っていることである（『仙茶集』他）。また、利休は「書院台子」を「栄華結構の式」とし、四畳半を茶の「法式の根本」とまで言い切っているのだ。さらに、前述の一五七七年の北野大茶ノ湯においても四畳半の茶室を用いているし、さらには、後に述べる京都の居城聚楽第の茶室も四畳半であったことがわかる。

その他、一五八三年から一五八五年頃に造られたと見られる「不審庵《ふしんあん》」も創建当初は、四畳半であったといい、当時は茶室の模範とされていたという。

『数奇屋次第』によれば、その後も堺、京の茶室の主流はあい変らず四畳半で、さらに所持するならば二畳であるといい、世間も利休も、茶室は四畳半と認めていたふしがある。もっとも、利休はこの他、三畳の茶室も造ったといわれ、前に触れた秀吉の黄金の茶室も三畳敷であり、また『宇野主水日記』によれば、大坂城内にも三畳の茶室があったことがわかり、さらに『宗湛日記』によると、一五八七年の箱崎陣所にも三畳敷の利休の茶室があったという。これらの三畳敷は、二畳敷へと進化する過渡期の例とみてよいだろう。

それでは、茶人たちの模範となったという、武野紹鷗の四畳半の茶室とは、いったいどのようなものだったのだろうか。

まずそのルーツを探れば、武家の住居形式である書院造りから発展したという。紹鷗の茶室の特徴の一つが「床の間」であるが、これは書院造りの「上段の間」、すなわち身分の高い者が坐る座にさ

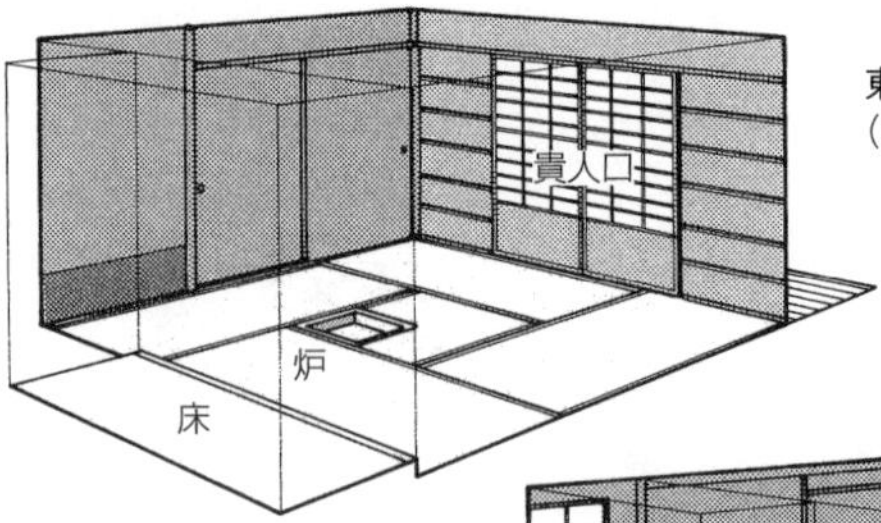

東大寺四聖坊茶室復元図
(中村昌生氏による)

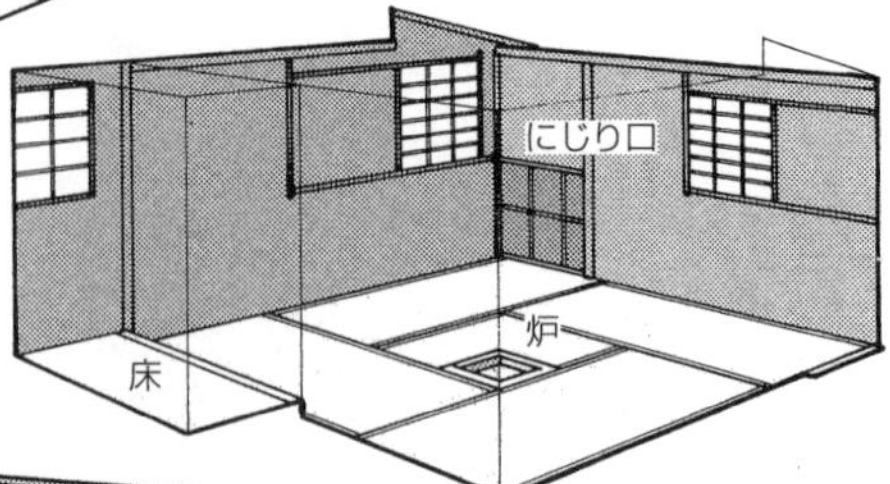

北野大茶ノ湯茶室復元図
(中村昌生氏による)

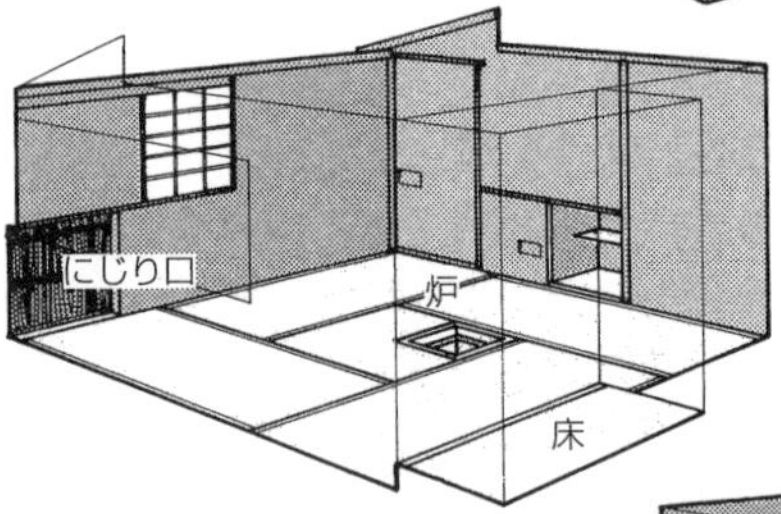

聚楽第茶室復元図
(中村昌生氏による)

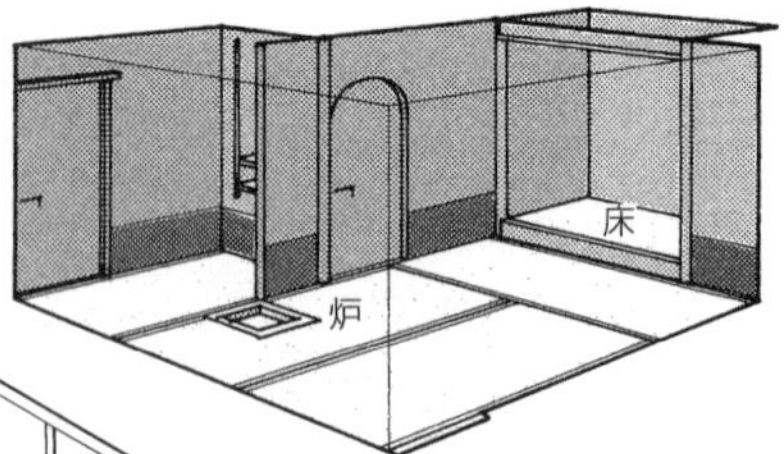

三畳茶室復元図

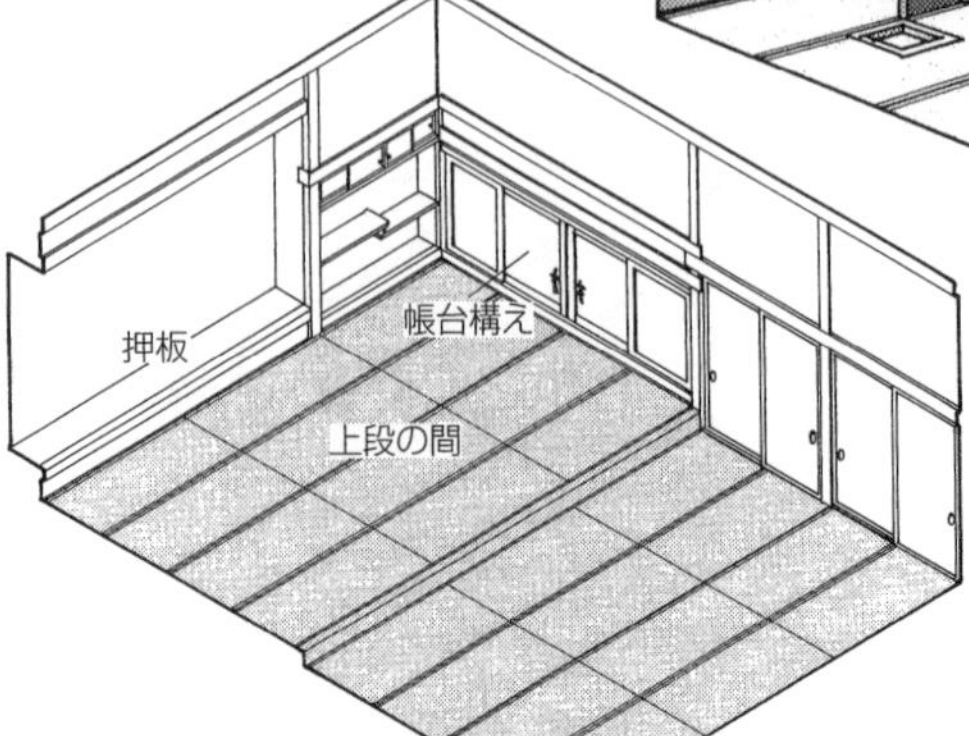

書院造りの例

らに段差をつけた「押板《おしいた》」と呼ばれる、武士の権威を誇示する為の名物（唐物、輸入品）を飾る場所から発展したものといわれる。

また、にじり口ではなく、縁側から中へ入る紹鷗の茶室の入口は、書院造りの「式台《しきだい》」と呼ばれる身分による、段差のついた縁入口から発展したもので、現在の「玄関」の段差に、その名残りが見られるものである。つまり、床にしても、縁入口にしても、武士の封建社会が生み出した身分差別の産物から発達した意匠であるといいかえることができる。

同様に、紹鷗の茶室の壁は、土壁ではなく紙を張った張付壁《はりつけかべ》である上、塗りがまちと呼ばれるかまちを塗装する方法であるが、これらも武家社会の対面や、とりつくろいを尊ぶ書院造りの影響であるといわれている。

それに対して、利休の草庵茶室の実験ともいうべき待庵のコンセプトはいったいどのようなものであったのだろうか。一言でいえば、書院造りの否定とでもいうべきものであったのではないかと考えている。

まず、待庵の特徴である極小の床の間であるが、これは紹鷗の一間幅の床に対して間口と奥行、高さがすべて約半分に縮小されたものである。すなわち、武士の権威を誇示するような横絵、長絵等の掛軸を置けなくして、そのかわりに花の一輪掛け等の掛け物を重視しているのだ。

また、床の張付壁をやめ、藁や牛の糞入りの民家の質素な壁としているのも、名物よりも、もてなす心を重視したためであろう。さらに「室床《むろどこ》」と呼ばれる隅柱を壁に塗り込んだ造りとしているのは、極小の床を視覚的に広く見せる工夫であるといわれる。

次に、紹鷗の縁入口を廃して、にじり口と呼ばれる、はいつくばって入る入口としたのも、書院造りからの訣別に違いない。すなわち、身分差別による段差、すなわち式台から発達した縁側を取り去り、かわりに土《ど》間《ま》庇《ひさし》といった中間領域を設けたのだろう。

この縁入口から土間庇への発展の過渡期の例が、大徳寺真珠《しんじゅ》庵《あん》庭《てい》玉軒《ぎょくけん》の内露地であり、さらに障子戸を廃し、直接潜りを設けたのが、待庵のにじり口に他ならない。この土間庇の中間領域は、その後茶室の露地へ発展していくことになる。

一方、武士も町人も、身分に関係なく、はいつくばって入るにじり口の発生とともに、土間庇に「刀掛け」が造られることになる。はいつくばって入るために、武士は刀が邪魔になるので設けられたというよりもむしろ、武士の象徴とでもいうべき刀を茶室から廃すといった書院造りの否定に相通じるものであろう。現在、待庵には刀掛けがないが、一八三七年の河井家蔵の待庵

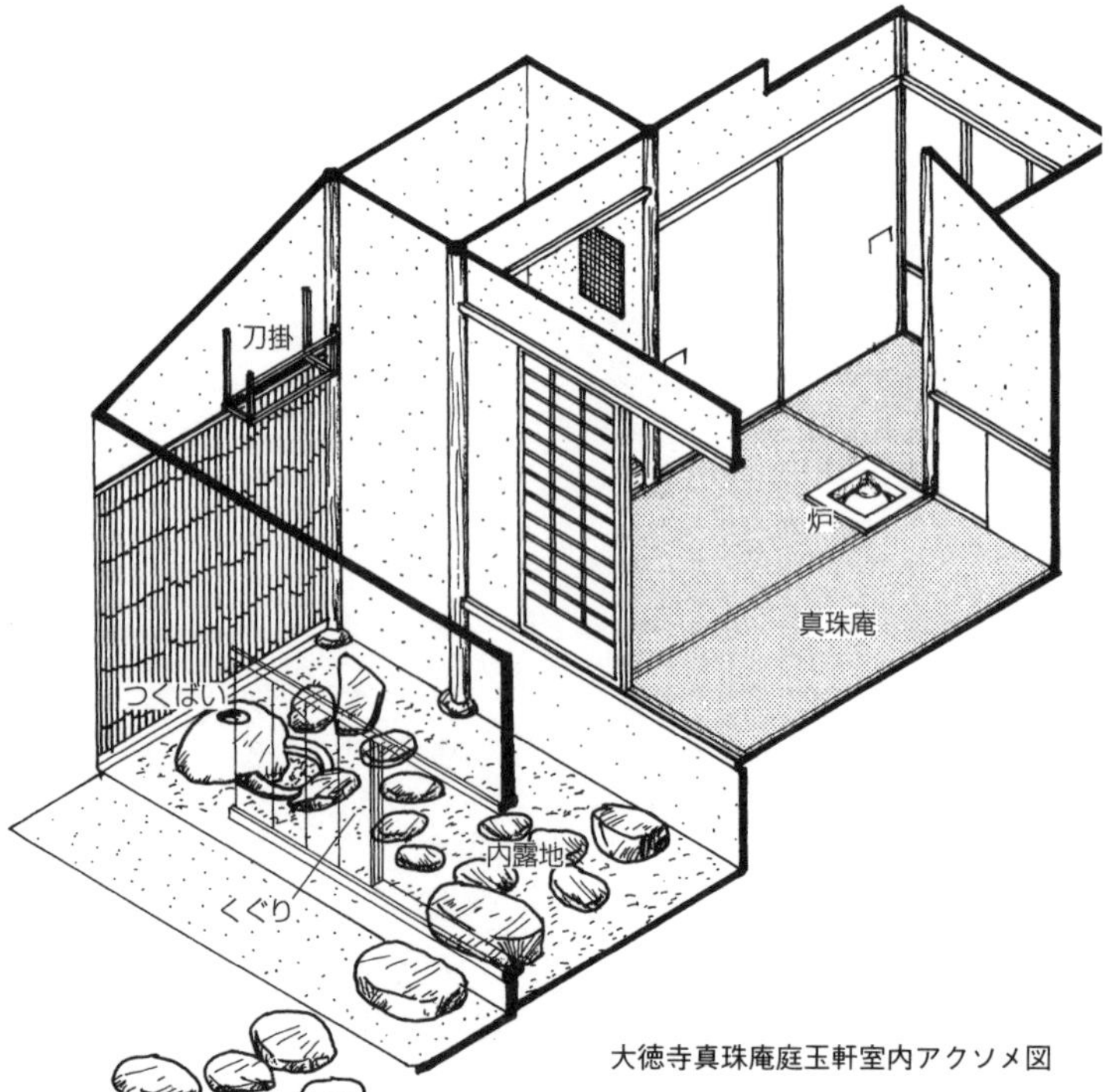

大徳寺真珠庵庭玉軒室内アクソメ図

の図には刀掛けが描かれ、その発祥とでもいうべきものであったことが確認できるのだ。

その他、二畳の極小空間についても、同じく利休が考察した一畳より小さい台目畳と共に、おそらく台子（道具入れ）を使えなくする目的があったと見られる。すなわち、名物を台子に飾る権威の誇示を否定し、直接畳の上で手前を行なうためであろう。その代わりに、道具置場として考案されたものが、より簡素な釣棚であり、高価な道具をあえて隠す位置に設けられるのが常であるという。

また、茶室の極小化にともない、隅炉や中柱付炉が考察されるが、これは一般的な民家のいろりや大黒柱等を導入したもので、武家の書院造りの否定につながるものといえよう。

以上のように、利休が待庵を通して行なった行為は、すなわち書院造りの否定に他ならなかったのである。そして筆者は、待庵にはさらにもう一つのねらいがあったのではないかと考えている。

ここまで観察してきた通り、秀吉には建築家とでもいうべき側面があったことは十分お分かりのことであろう。

また、前章で触れた通り、秀吉はキリスト教布教を通じてもたらさせた西欧文化を、自ら貪欲に摂取しており、建築についても例外ではなかっ

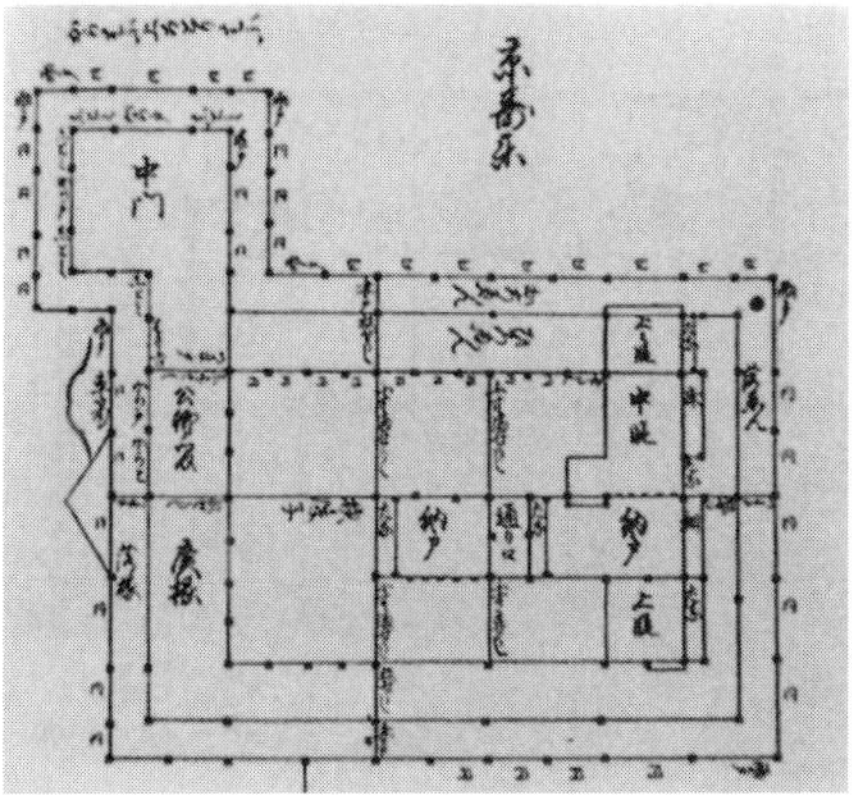

上一聚楽第図屏風（三井文庫蔵）のソテツの描写
下一「匠明」聚楽第大広間平面図（東京大学蔵）

た。現に、大坂城の内部は、西欧風のインテリアで満たされ、その城下の都市計画にも、同時代ヨーロッパの都市に顕著なヴィスタの手法を導入していることは、すでに触れた通りである。

同じく秀吉は聚楽第《じゅらくだい》の都市計画にも、ヴィスタを取り入れたことは述べたが、後述の「聚楽第図屏風」を観察すると、そこには宣教師が初めて日本にもたらしたソテツの植栽が描かれているのである。

また、『匠明《しょうみょう》』掲載の聚楽第大広間平面図を観察すると、まず目を引くのは、日本初の雨戸が設けられていることであろう。この雨戸というのもヨーロッパでは常套手法であるが、日本においては、聚楽第の後、二条城や日光東照宮へ受け継がれていく西欧の影響と見てまず間違いないといえる。

そして、この平面図でさらに注目したいのは、奥行方向の柱間を観察すると、床の間のある上段から順に二間、三間、三間、四間と間隔が広くなっている点である。

このような兆候を他に探してみると、秀吉が最晩年の一五九八年に、自ら手を下して造営した醍醐寺《だいごじ》三宝院《さんぼういん》表書院があり、同じく床の間のある上段一の間から、二間、三間、四間と間隔が広くなっており、さらにここでは奥行が等差数列となっているのである。この三宝院には『義演准后日記』によると、後に詳しく述べるように、西欧庭園独特

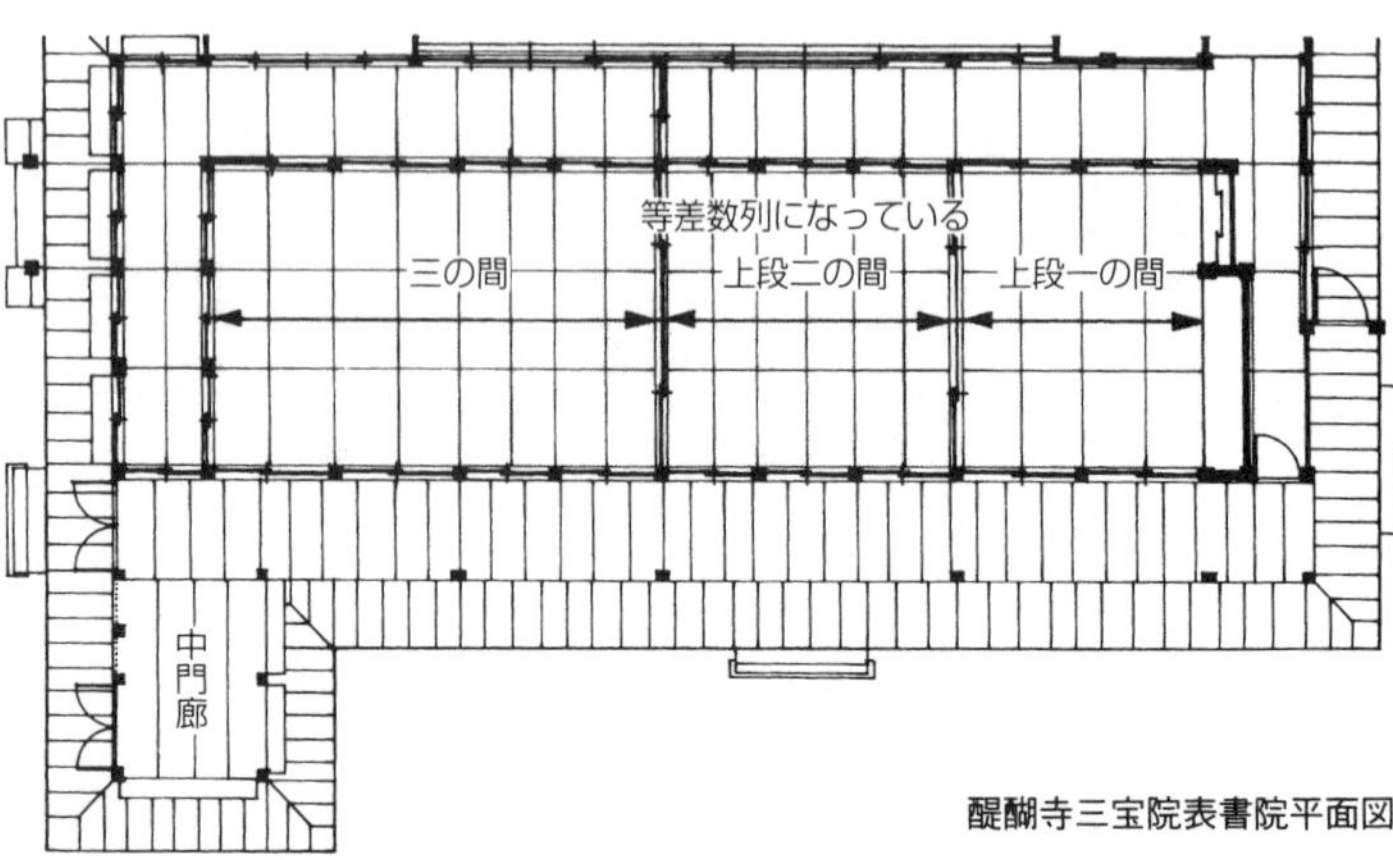

醍醐寺三宝院表書院平面図

の手法である花壇やソテツの植栽があったといわれ、いかにも西欧好きな秀吉の遺構にふさわしいものである。

また、秀吉の伏見城の遺構といわれる西本願寺白書院対面所を見ると、やはり上段の間手前から一・五間、一・五間、二間、二間、二間と間隔が広くなっており、さらに同じく秀吉の聚楽第の遺構といわれる西本願寺飛雲閣の書院では、床の間のある上段の間より一・五間、二・五間、四間とやはり階差数列で間隔が広くなっているのだ。

ちなみにこの西本願寺には、後述する通り、やはり秀吉の遺構として二つの能舞台があるが、その橋掛りの高さが先細りとなっている上、平面的にも斜めに架けられているため、結果的には西欧手法であるパースペクティヴの手法がここにも指摘でき、鏡の間にはギヤマン（ガラス）の鏡があり、また飛雲閣にも黄鶴台というサウナやキリシタン灯籠がある上、さらには書院にも、椅子やポルトガル船、ソテツの板絵のある引戸や虎渓の庭というソテツの庭があって、やはり西欧好みの秀吉が見え隠れしているのだ。

従来、地震国である日本の木造建築において、力学的ばらつきがないよう柱間を一定にするのが常識とされてきた。にもかかわらず、秀吉の関係する書院造りの実例のほとんどは、柱間に変化が見られるのだが、なぜこのようなタブーを侵して、構造的アンバランスに陥ってまで、柱の間隔を変える必要があったのだろうか。

ここで一つ思い当たるのは、前述の数列が、同時代西欧ルネサンス・バロック期に初めて発見された、当時の先端知識であったことである。ちょうどこの時代、ヨーロッパではハレー彗星が初めて観測され、それが惰円軌道を描くことが明らかとなり、それが即座に建築物の意匠に取り入れられ、カ

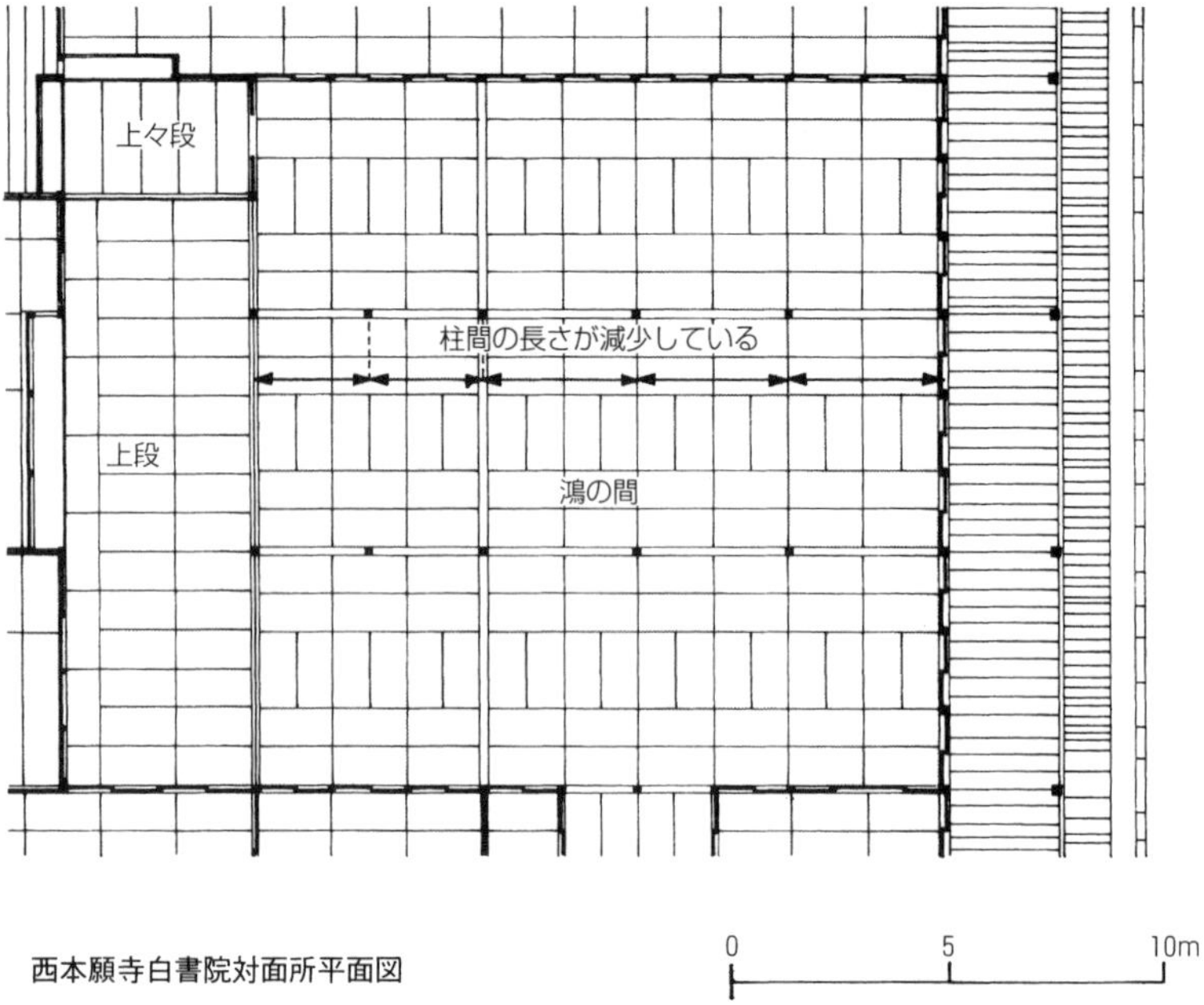

西本願寺白書院対面所平面図

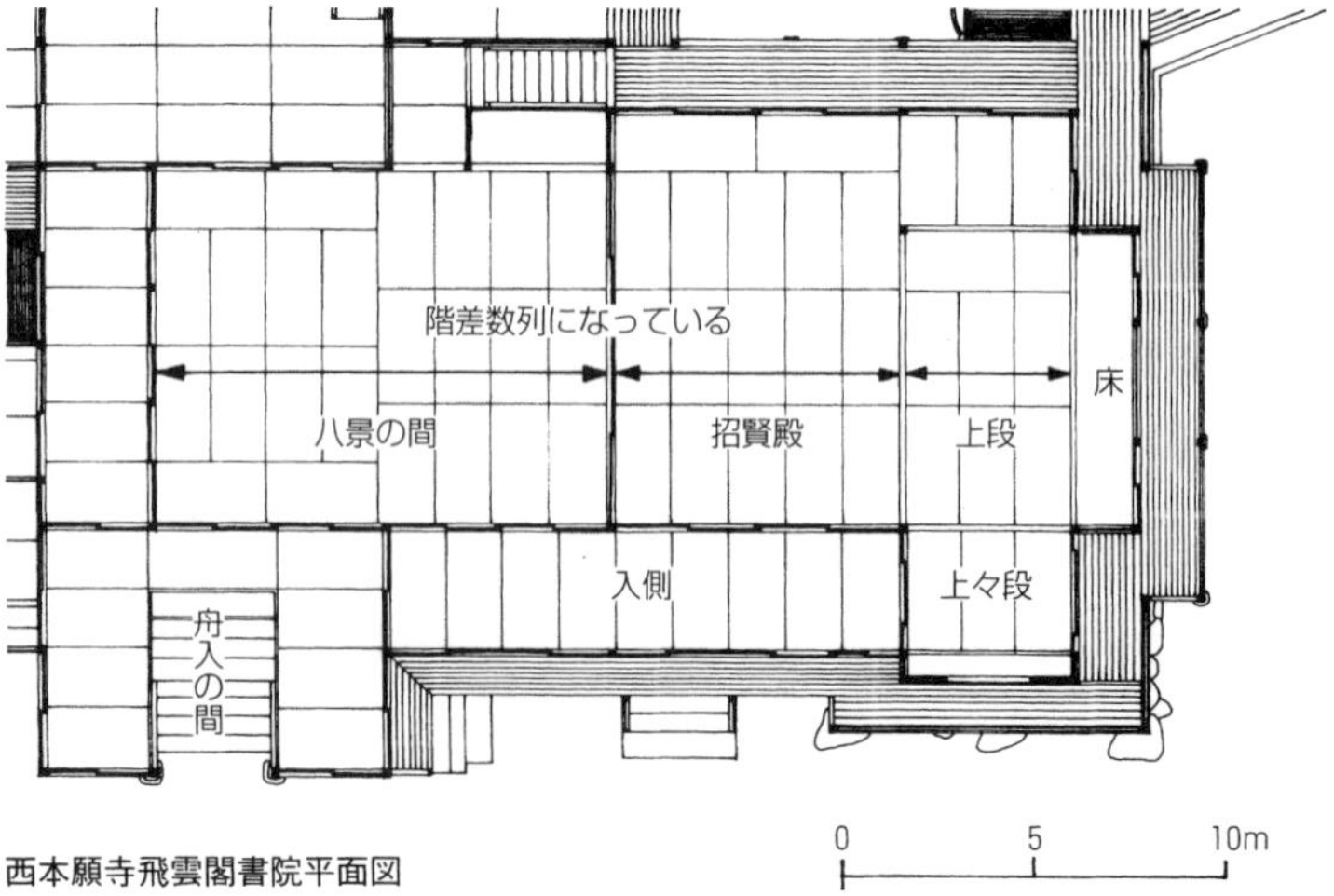

西本願寺飛雲閣書院平面図

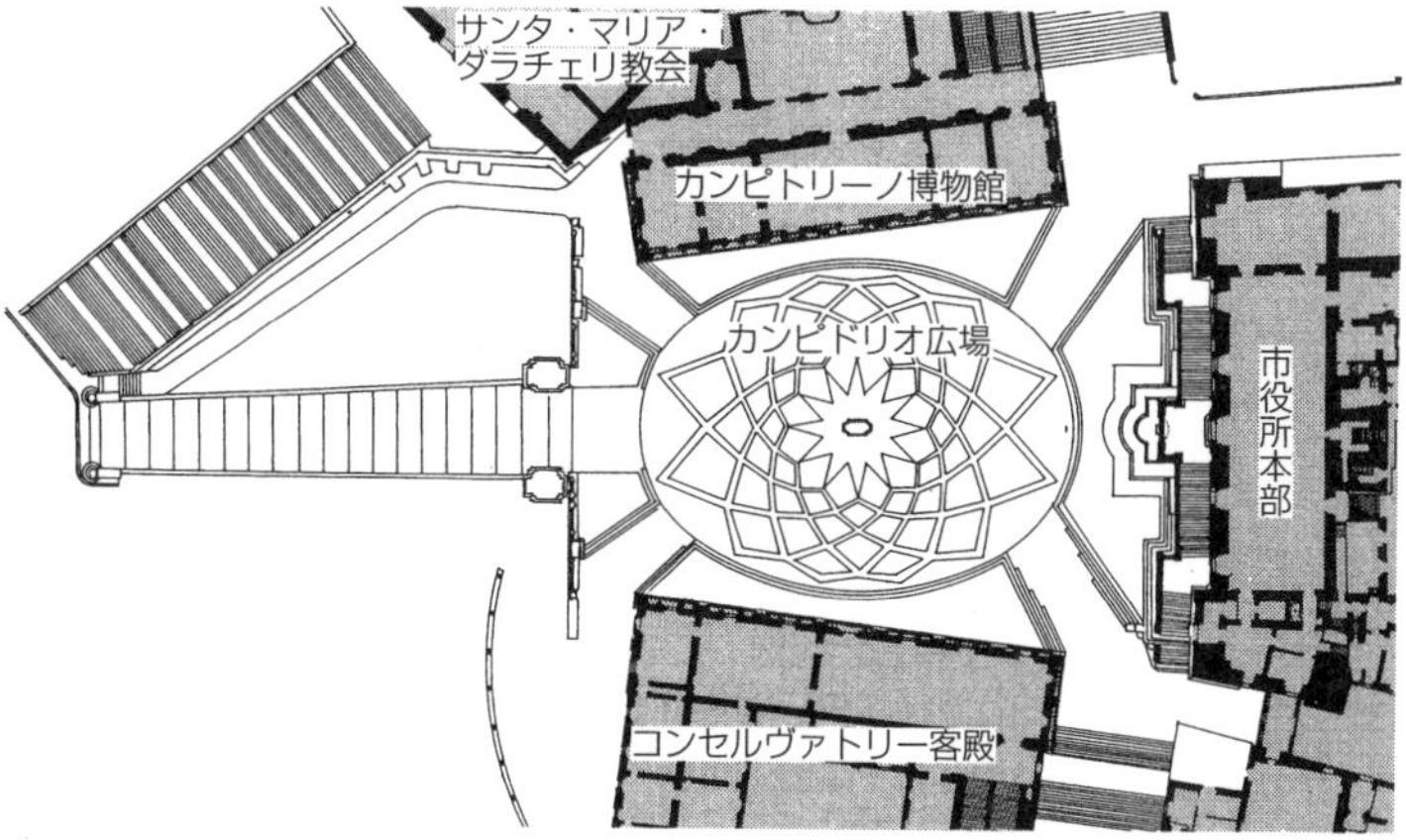

カンピドリオ広場平面図

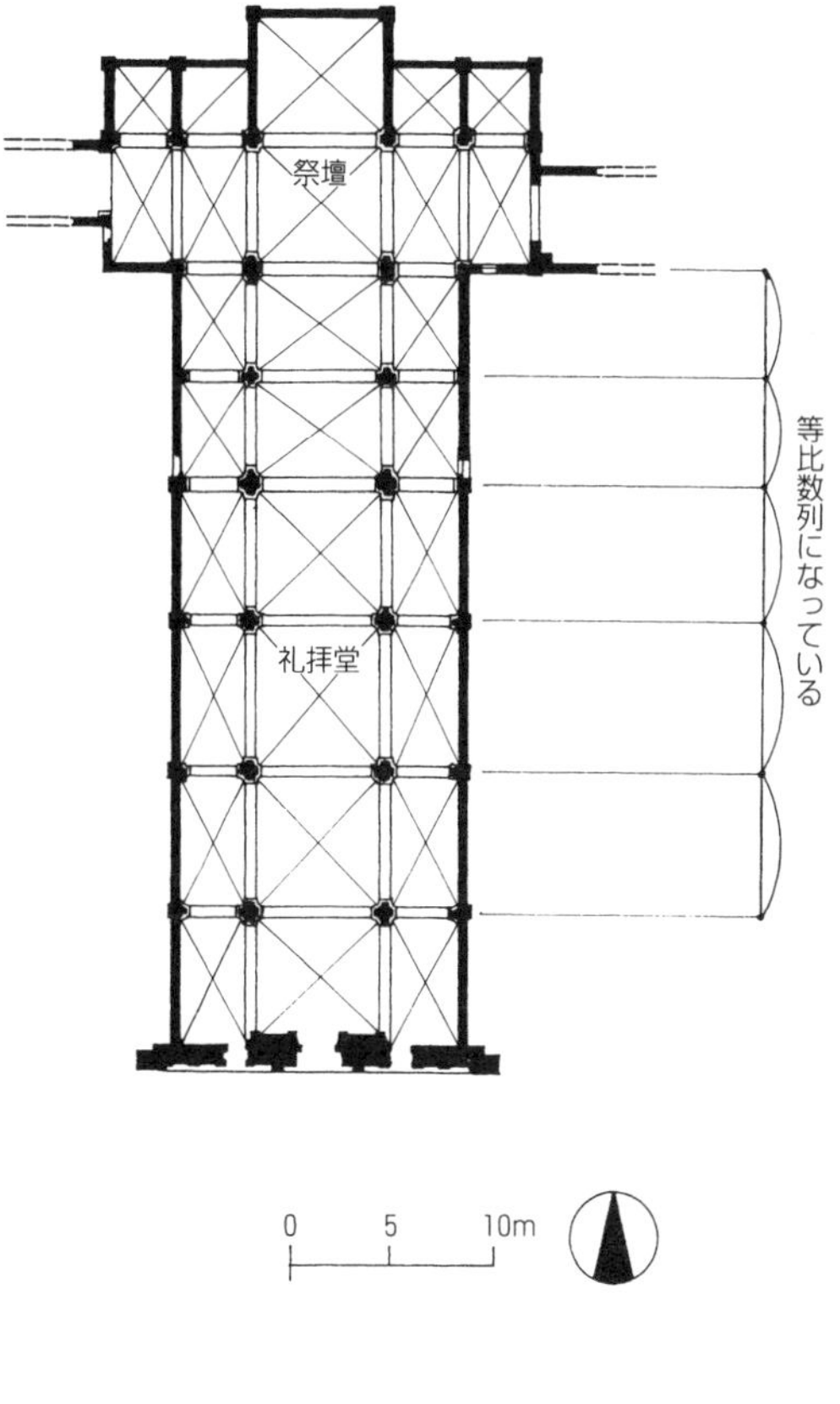

サンタ・マリア・ノ
ヴェッラ聖堂平面図

ンピドリオ広場等多くの同時代建築に応用され、後のロココ様式でまたたく間に完成期を迎えている。それと同様、この数列というのも、発見されるやいなや教会堂建築にすぐに取り入れられ、柱の間隔を奥から、手前にかけて数列によって広くすることで、奥行が強調されて立派に見えるパースペクティヴ（遠近法）の手法へと発展している。例えば、サンタ・マリア・ノヴェッラ教会等、枚挙に暇がない程大流行しているのである。

ところで秀吉に関する書院造りの実例のほとんどが同様のしくみをもっており、中には当時の最先端知識であった数列と完全に一致した例が散見できる上、さらにどの例も上段の間、あるいは上々段の間を設けて、徐々に床も高くなってさらにパースペクティヴの効果を強調する結果となっている。

このような秀吉の聚楽第に端を発した書院造りへのパースペクティヴの影響は徐々に受けつがれ、日本を代表する書院造りの多くに採用されることになる。例えば、秀吉が一時養子とした八条宮智仁親王の息子・良尚法親王《りょうしょうほっしんのう》の造った曼殊院《まんしゅいん》の書院の柱間を見ると、やはり床のある上段の間から一・五間、二・五間、四間と階差数列になっており、それにつれて床が高くなるため、ここにパースペクティヴの効果が巧みに形成されていることがわかるのだ。

この曼殊院には、この他、手すりが先細りとなるパースペクティヴの手法が見られ、またキリシタン灯籠があり、現に良尚は洗礼の儀式を仏教に応用したといわれ、その際用いたと思われるワイングラスとワインボトルが残されていることは既に触れた。また、一六三七年に造営された江戸城本丸大広間の平井聖氏復元案を見ると、やはり柱間が等差数列で広くなっており、床がそれに合わせて段々に高くなるパースペクティヴの空間を巧みに造り出していることがわかる。

ちなみに、江戸城二の丸庭園には、西欧手法である花壇まであったことがわかり、徳川家の居城・

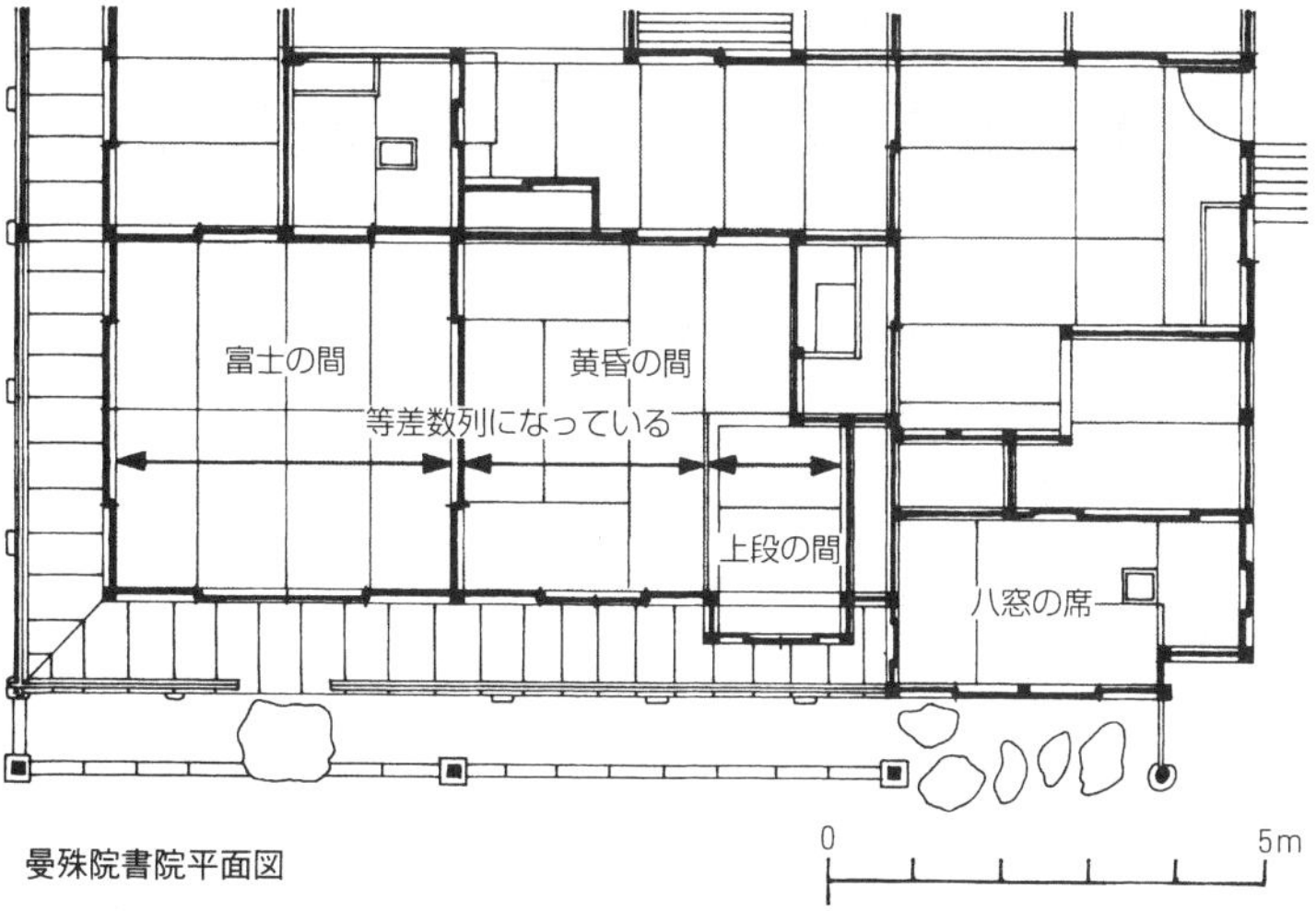

曼殊院書院平面図

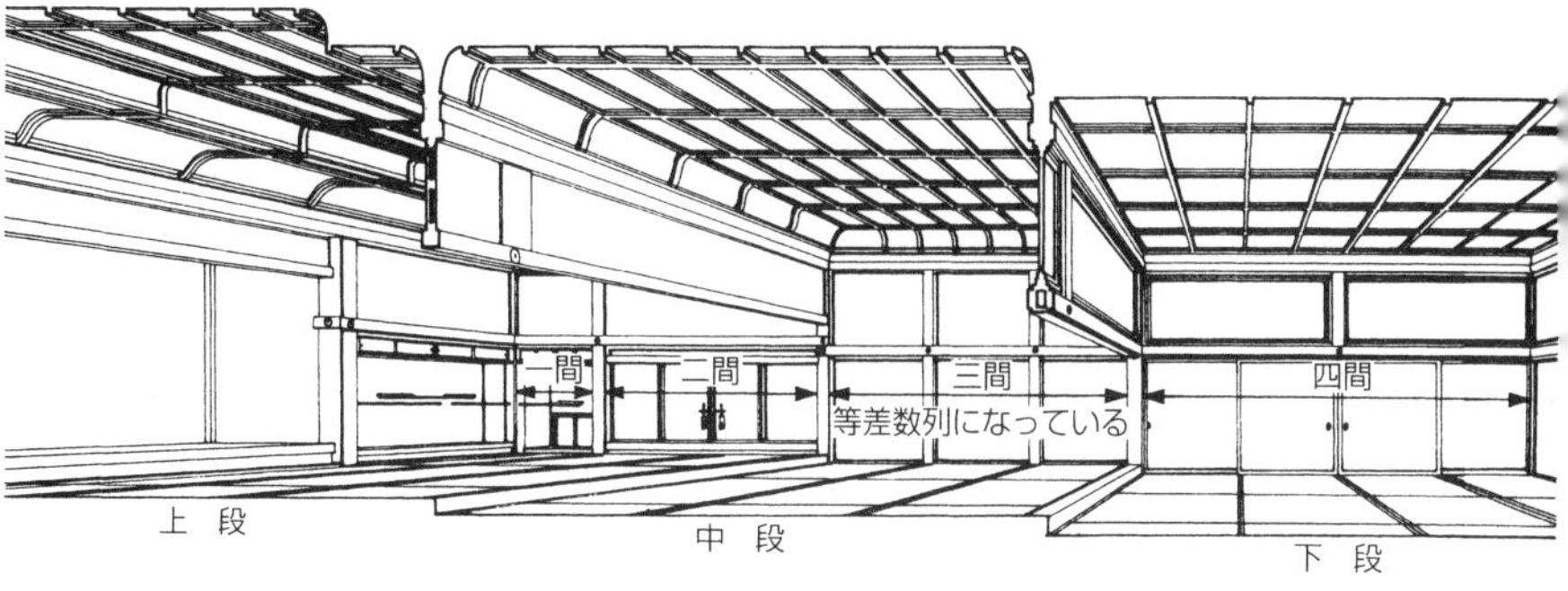

江戸城大広間復元図（平井聖氏による）

江戸城すら、秀吉を発祥とする西欧文化を享受していたことが明らかである。

以上観察してきたように、秀吉が聚楽第に持ち込んだ同時代ルネサンス・バロックの西欧手法は、武家の住居形式である書院造りの中に根を深く降ろしたといえるだろう。そして利休は、その書院造りから発展した師・紹鷗の四畳半茶室を否定し、待庵を生み出したことになる。

それでは、紹鷗の四畳半には、書院造りに影響を与えたという西欧手法は果して影響しなかったのだろうか。

柳亮氏によれば、紹鷗の四畳半茶室にはパースペクティヴと同様、同時代ルネサンス・バロックの建築や絵画、彫刻等の芸術全般において大流行した黄金分割の手法が大幅に指摘できるという。黄金分割とは、一対一・六一八の比の長方形から正方形を取り去ると、再び一対一・六一八の比の長方形となる相似の法則で、人間にとって最も美しく感じるバランス関係である。日本では中世以降、ほとんど用いられたことのない手法であり、前に詳しく観察した茶道とキリシタンのかかわりや、書院造りへの西欧手法の影響からみてやはり紹鷗の茶室すらも西欧手法に侵されていたふしがあるのだ。

前に述べたように、待庵は、利休一畳、秀吉一畳の対決の空間である。そして、利休は数多くの茶室を造り、秀吉もまた数多くの城や都市を手掛けたわけで、二人共に建築家としての側面をもつ人物であり、待庵での対決は、はからずも「建築家対決」の一面をもっているといえよう。また、利休の周辺にはキリシタンが数多くいて、茶道とキリシタンの交渉から、彼の周辺は西欧文化の影響下に

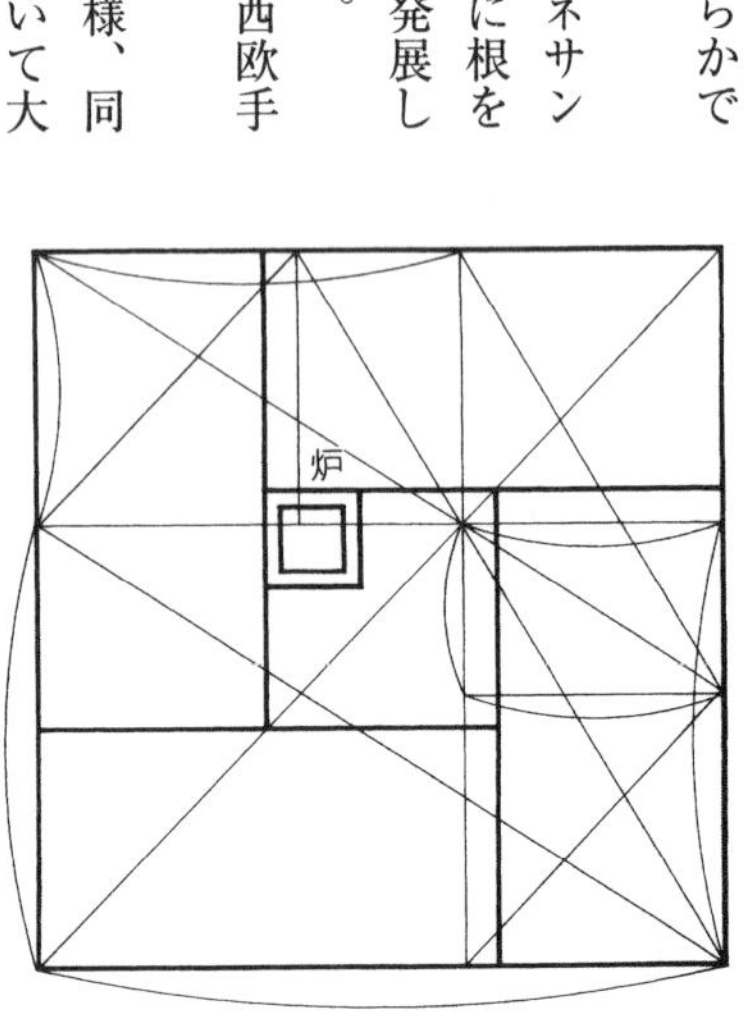

四畳半茶室と黄金分割
(柳亮氏による)

あったことは疑いようがなく、かつ秀吉も西欧文化を日本文化へ導入した人物である。

当時のヨーロッパのルネサンス・バロック期を支配していたのは「マニエリスム」の思想であり、これは一言でいえば、同時代西欧独特の人工操作を尊重する概念である。

従来の日本の美の概念を建築や庭園を例に説明すれば、「自然風景式」と呼ばれる自然のありのままの姿を賞でて模倣する態度であり、例えば、日本古来の庭園は、池を掘り、中島を配し、重力で自然に流れ落ちる滝や川の姿を写してきた。それに対し、マニエリスムによるルネサンス・バロック期の西欧の庭園や建築は、「整形式」と呼ばれ、庭には幾何学を駆使した花壇を配して植物を人工的に整形し、樹木を刈り込んで加工したり、噴水として水を下から上へ人工的に噴き上げたり、前述のパースペクティヴやヴィスタ、黄金比や楕円といった幾何形態によって作為的に造形操作を施す手法であった。

一方、マニエリスムは芸術に限らず、植民地支配という同時代ヨーロッパ特有の思考をも生み出し、現にスペイン・ポルトガルは大航海時代に乗じて、ゴア、フィリピン、マラッカ、広東、寧波《にんぽう》、マカオ、マニラ、メキシコ、モザンビークその他数多くの国を強引に人の力で制して植民地として支配しているのである。そして、日本も例外ではなく、最近の研究でキリスト教宣教師の日本における軍事計画が明らかになっているのだ。

その後、秀吉も家康も、キリシタン禁令を出すのは、彼らの禁令にもきちんと述べられている通り、日本の植民地計画が見え隠れしていたからであり、その後の鎖国も同じ理由から行なったものであった。キリシタンの弾圧、鎖国というと、宗教弾圧や日本文化の遅れ等の弊害から、悪政であったというイメージが強いが、もし実行していなければ、日本も植民地化されていたかもしれないのである。

このようなマニエリスム思想を宣教師から学んだ秀吉は、ちょうど待庵が造られた頃、全く同様の方法で、朝鮮を植民地化する計画を打ち出していることに注意しなければならない。現に台湾、フィリピン、ゴアに秀吉は入貢を求めており、これらは実現こそしていないものの、じじつマニラには家臣原田孫七郎《はらだまごしちろう》の策で征服のための船を出そうとしたという（脇田修『秀吉の経済感覚』中央公論社）。

いいかえれば、待庵での対決は、利休と秀吉の「建築家対決」であると共に「マニエリスム対決」の一面をもっているともいえる。すなわち、西欧文化の享受に走り、ついにはスペイン・ポルトガルと同様の人の力で国を制する植民地支配に乗り出そうとするマニエリスム思想に毒された秀吉を茶道指南として強烈に批判し、いましめようとしたのが、あの待庵のもう一つの目的だったのではないだろうか。

前述のように待庵は、武家の住居形式である書院造りを否定することを第一の目的としているが、書院造りを否定するということは、武家の長たる秀吉をも否定することにつながる。そして、その書院造りには秀吉によってパースペクティヴや黄金分割等のマニエリスム的造形が導入されており、師・紹鷗の茶室ですらそれに毒されていたわけである。そこで利休は、秀吉に草庵茶室の実験たる待庵をつきつけたのではないか。

村井康彦氏によれば、利休の草庵茶室は朝鮮住居と密接な関係があるという。現に、ソウル郊外の民家の入口には明らかな潜りの形式が見られる上、利休の茶碗を焼いたのは、朝鮮出身の長次郎であり、さらに大書院の一角に茶室を設けることを「高麗囲《こまがこ》い」と呼ぶことにも注目しなければならない。

繰り返すように待庵が造られたのは、秀吉が「高麗攻め」の計画を発表したまさにその時であった。そして、その待庵はことさら朝鮮の民家の意匠を不自然なくらいに取り入れたものであり、かつ朝鮮出身の長次郎の焼いた黒楽茶碗を秀吉につきつけたのである。

果して朝鮮を巡るこれら一連の行為は偶然の出来事だったのだろうか。朝鮮民家まで持ち出して利休が秀吉をいましめようとしたかどうかはともかく、マニエリスムに慢心する秀吉に、人の力で制するのではなく、自然をさとし、封建主義を批判したことだけは明らかだろう。すなわち、待庵に代表される草庵茶室の概念である「侘び」は、秀吉のマニエリスム思想の否定を目的にしていたとも考えられるのである。

その後、利休は秀吉の命令により切腹によってこの世を去ったことは周知のことである。切腹というものは、書院造りと同じく武士特有の形式である。前述のように、利休は堺の豪商であり、武士ではないのにもかかわらず、なぜ切腹したかについては、これまで謎とされており、先学らによってさまざまな推考が試みられてきた。

以上のような著者の推論から、あえてこの問題に言及するとしたならば、書院造りに象徴される武士を否定した利休を秀吉がいましめるために、あえて武士の作法である切腹を命じたのではないだろうか。

以上、多少深読みし過ぎた感もあるが、少なくともわずか二畳の極小茶室が、最後まで秀吉と利休の対決の場であったことだけは間違いない。

日本文化の特質というと、しばしばあげられるのが、待庵に具現化された利休の「侘びさび」の概念である。一九三三年に来日したドイツを代表する建築家ブルーノ・タウトは、桂離宮を訪れ「泣きたくなるほど美しい」とその簡素さを絶賛し、一方日光東照宮については、その極彩色を「珍奇な骨董品」「建築の堕落だ――しかもその極致」と酷評を浴びせかけている。その後彼は、その発見を多数の著書に著わし、知識人に広く読まれたことも手伝って、桂離宮は簡素で美しく、東照宮は装飾過剰で醜いという固定概念を、日本人に深く植えつけてしまったのである。そして現在も「侘びさび」に代表される簡素さこそが日本の美意識であると言われることが多い。

ところで、果たして日本の美の本質は、本当に簡素にあるのだろうか。というのも、現在見る日本の古代から近世にかけての古建築や仏像彫刻等は、確かに古色を帯び、侘びさびた風情であるが、それらが造られた当初は、ほとんどが豪華絢爛たる色箔に彩られた極彩色をまとっていたのである。例えば現在世界文化遺産に登録されている平等院鳳凰堂をみても内陣の壁面を観察すると、当初の極彩色をほどこした跡が観察できるのだ。

しかし、経年変化によってそれらがはげ落ち、現在の姿におちついたのであり、決して当初から簡素であったわけではない。タウトが絶賛したあの桂離宮すら、近年懸魚に金箔ばりが施されていたことがわかり復元されたばかりである。

井上章一氏によれば、タウトはその頃未だ日本に根づいていなかったモダニズム（近代建築主義）を普及させるために利用されたふしがあるという。

確かに日本建築の中には、待庵に代表される草庵茶室や、白木造りの伊勢神宮、そして民家等の簡素な例も散見できるだろう。しかし、ここに反論を試みればそれらは少数派であり、伊勢神宮は一見簡素なようだが、随所に金箔が施されているし、御棟持柱と呼ばれる太い柱は、実は全く屋根をささえていない装飾あるいは象徴としての柱なのである。例えば飛驒高山の合掌造り等の民家のたぐいも、

日光東照宮陽明門

計画的に設計されたものではなく、自然発生的な例であり、人間の手によって積極的にデザインされたものとはいえない。

そして、利休が待庵で試みた草庵茶室ですら、茶道指南として天下人をいましめるという特殊な状況から生み落とされたいわば「奇形」とでも呼ぶべき造形であり、利休自身も書院風四畳半を茶の「法式の根本」と位置づけて、待庵以降も四畳半にこだわったことは前に述べた通りである。すなわち、日本の文化の本質は少なくとも「侘びさび」ではなく、そこには多分に装飾性が秘められているということができるだろう。

4　聚楽第の造営

目的と造営過程

秀吉は、自ら天下人になることをすでに一五八三年の大坂城築城開始の際に十分意識していた。というのも、朝尾直弘氏によれば、同年秀吉が小早川隆景に宛てた手紙に、

東国は（北条）氏政《うじまさ》、北国は（上杉）景勝まで、筑前《ちくぜん》（秀吉）覚悟にまかせ候、毛利右馬頭殿《もうりうめのかみ》（輝元《てるもと》）秀吉存分次第に御覚悟なされ候へば、日本《にっぽん》の治《ち》、頼朝《よりとも》以来これにはいかでか増すべく候や

とあることで、自らを鎌倉幕府を開いた源頼朝《みなもとのよりとも》にたとえていることからもうかがえよう。

しかし、前にも触れた通り、林羅山《はやしらざん》の『豊臣秀吉譜』によれば、秀吉は足利義昭《あしかがよしあき》の養子となり、将軍職につこうとしたが、義昭が断ったため実現せず、そこで今度は信長を見習って朝廷に接近したという。そして、ついに一五八五年、信長以来十三年間も棚上げになっていた正親町《おおぎまち》天皇の譲位と後陽成《ごようぜい》天皇の即位と引きかえに、政治を行なう最高の官職である関白に就任したのである。

前述のように、その後秀吉は自らの居城・大坂城の地に皇居を移して遷都しようとしたのだが、それに失敗し、結局皇居のある京都に政庁を置く必要にせまられた。その政庁としての城こそが、聚楽第であったわけである。

聚楽第の名称については、秀吉が命名したのであろうが、その意味について宣教師ルイス・フロイスは「悦楽と歓喜の集合」の意味であると記しており、また『聚楽行幸記《じゅらくみゆきのき》』にも「長生不老の楽を聚《あつ》む」とあることから、楽しさを集めた亭（第）という意味だろう。

おそらく、軍事戦略優先の城を京都の中に建てることがはばかられたため、前に触れたごとくそれまで自らが造営した城のほとんどに山里曲輪と呼ばれる遊興目的の庭園を設けてきた秀吉が、それをさらに一歩すすめて、城自体を亭に見立てた都にふさわしいみやびな政庁をめざしたのであろう。後に触れる通り、フロイスによれば、そこには大砲すら装備していなかったという。

それでは聚楽第は京都のどの位置に建てるべきなのか。秀吉は関白の居城にふさわしい土地を探した結果、天皇の御所の西方の「内野《うちの》」を選んでいる。内野は堀川を隔てて、最も御所に近い土地であり、そして何よりも京都のルーツである平安京の大内裏の東南隅にあたる場所で、いわば聖地といってよいだろう。

平安時代も後半になると、御所もたび重なる火災の被害をうけ、天皇もその都度、仮の御所に避難を余儀なくされた。また、鎌倉以降は南北朝時代をむかえたり、公家邸を転々としたり、あるいは武家が政治権力を握りはじめ、内裏も縮小されていく。

　室町以降になると、京都を舞台にした十二年間もの応仁の乱や信長による上京焼き打ち等の戦国時代の戦火によって、内裏の元の位置での復興はままならず、大内裏跡は「内野」と呼ばれる荒れ野になっていたのである。現在、もと内野の地には、平安宮跡や大極殿跡がひっそりと残されていることからもそのことは明らかだろう。そして、秀吉は関白になった翌年の一五八六年、ついにその内野に聚楽第の着工を命じた。

　すなわち『宇野主水日記《うのもんどにっき》』によれば、「京都内野辺に、関白殿の御殿たてらるべきに付て、二月下旬より諸大名在京して大普請はじまる也」と記されているのだ。その後、大名屋敷の建設も始まり、京都は活況を呈していたとみられる。

　秀吉は、これらの工事をいわゆる「天下普譜」としており、石材、木材などの材料から大工や人足などの労務のほとんどを諸大名に課すといった、序章で触れ

右—平安京大極殿跡
左—平安宮跡

た清洲城の割普請にみられたジョイントベンチャーを大々的に取り入れているのである。また、山里曲輪のために珍しい樹木や石を、京都や奈良の寺院や邸宅から大量に没収、徴発したといわれる。
『親町要用亀鑑録』によれば、室町御所の庭園跡である築山北半町（現在の京都市上京区）からも、秀吉の聚楽第の造営のために大量に石を徴発したことについて次のように記されている。

中ニも一ツを烏帽子岩と申大石有、中比天正十五年、太閤秀吉公聚楽城造営ニ付、彼庭江此石を引移さるべしとて、人夫を遣ハされ掘出したりしに、一夜に元の如く埋れる事再三に及びしかバ、奇数事に聞し召て其事を止り給へりと、古老世々の伝承也

諸大名は、秀吉に取り入ろうとこぞって工事をすすめたため、異例の短期間で完成されたとみられる。聚楽第については、既に年内には建築工事は完了していたとみえ、翌年正月には山里曲輪の造園工事に入っている。また、二月七日には、聚楽第の大広間で武家や公家の年始の挨拶を受けているので、この時すでに聚楽第は完成し、政庁として機能していることが確認できるのだ。さらにその翌年の一五八八年には、この聚楽第に後陽成天皇が行幸し、四月十四日から十八日までじつに四泊して大満足で還幸したことが大村由己の『聚楽第行幸記』に詳しく記録されている。

様相

それでは秀吉が贅をつくしたという聚楽第は、いったいどのような姿かたちであったのだろうか。後に触れるように、聚楽第は建設後わずか八年で破壊され、徳川時代に入ってからは市街地として

民衆に開放されたため、現在その痕跡はほとんど残されていないに等しい。京都の地誌類の中には聚楽の地名を記したものもいくつか見られるが、いずれも後世になって記されたものであり、確実な資料とはいえない。

『山城名勝志《やましろめいしょうし》』によれば、東は大宮通、西は朱雀（千本通）、南は春日（丸太町通）、北は一条通としており、また『雍州府志《ようしゅうふし》』や『山州名跡志《さんしゅうめいせきし》』では、東は堀川、西は内野、南は二条、北は一条としているなどさまざまである。

一八四三年には、京都洛西に住む学者・名倉希言が、聚楽第の規模や城下の大名屋敷について町名や文献から考証し、独力で復元配置図を作っている。それを一八八四年に城戸竹次郎が描き写したものが、「豊公築所聚楽城趾形勝」（聚楽教育会、豊国社、東京国立博物館等蔵）として残されているのだ。

また、海北友松とか長谷川等伯の絵図を参考にしたという『豊公築所聚楽城之図』（聚楽教育会、京都大学、東京国立博物館等蔵）や、軍学者の伝える古城図の一つである『聚楽古城図』（文部省史料館、国立国会図書館、南葵文庫、桜井成広氏、西村三郎氏等蔵）など多数の復元図が作られている。

これらはすべて、根拠が希薄でただちに採用することはできないが、その後西村直二郎氏、桜井成広氏、黒川直則氏、内藤昌氏などによる研究によってその様相がしだいに明らかにされてきた。それらの考察で最大の根拠とされてきたのが「聚楽第図」（三井文庫蔵）であろう。

聚楽第は、造営当時一世を風靡した城であっただけに、絵画に数多く表わされたとみられ、絵師の長谷川等伯や海北友松の描いたものや佐藤家蔵本などがあったというが、現在は行先不明になったものが多く、この三井家蔵本が最も信頼性が高い現存する絵画資料といわれる。

城の南西部こそ欠けているが、その描写は精細を極める。例えば城内に「梅雨の井《つゆい》」という井戸が

聚楽第図（三井文庫所蔵）

豊公築所聚楽城趾形勝（聚楽教育会所蔵）

聚楽第御幸図屏風（堺市博物館所蔵）

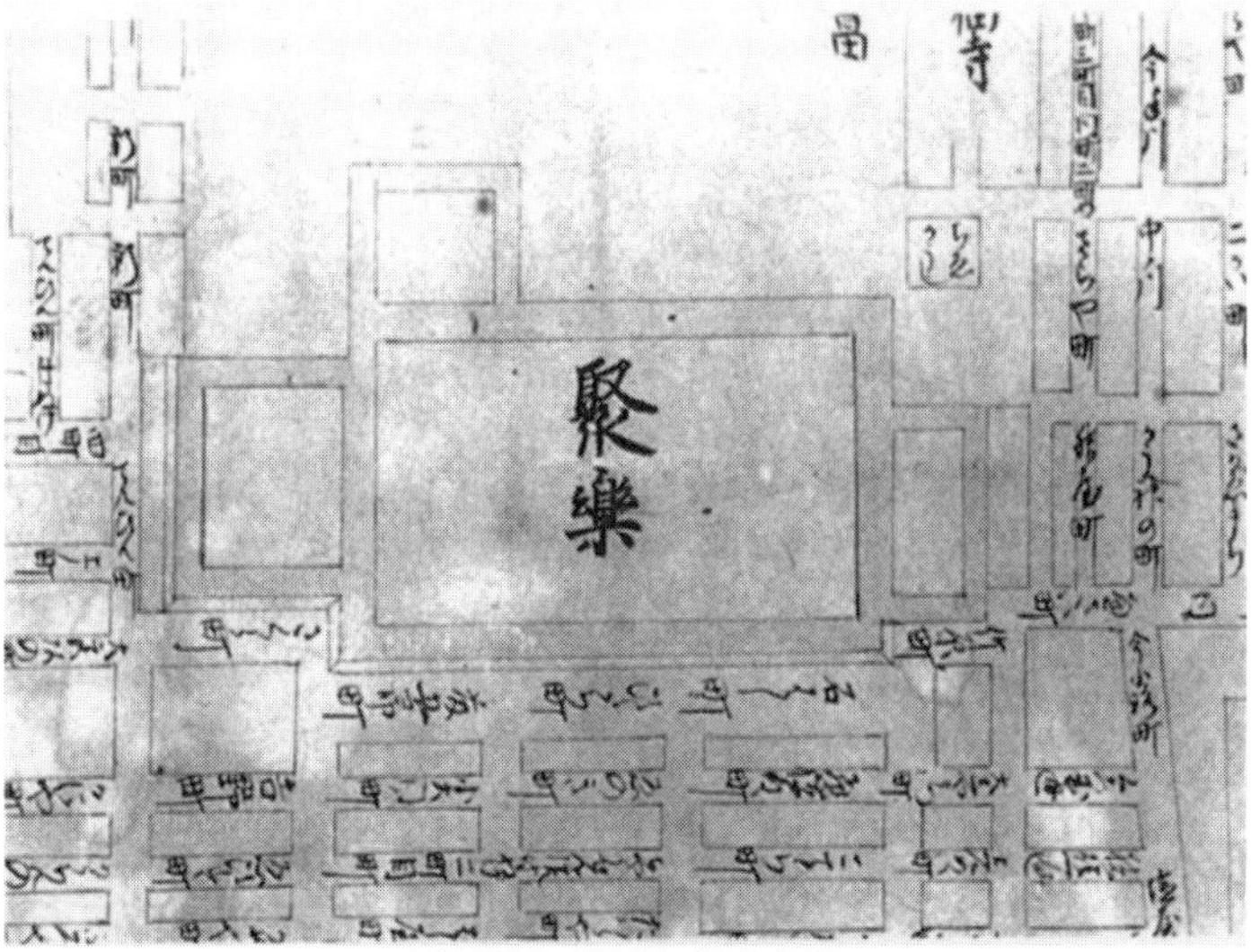

京都図屏風（部分）（個人所蔵）

描かれているが、この井戸は現存しており、その周辺から聚楽第の金箔瓦が多量に出土したことから、資料的信頼性が非常に高いことが知れよう。

また、「京都図屏風」(個人蔵)という江戸時代の地図も参考になるかもしれない。この他、聚楽第の規模を伝える記録として『甫庵太閤記』、『聚楽第行幸記』、『兼見卿記』、『駒井日記』等があって、それらを統合的に判断することによってしだいにその配置が明らかにされたのである。

それらを調査した結果によれば、東は堀川、西は千本、南は丸太町、北は一条一筋北の各通りを外郭とし、内郭は四方全長千間の堀と石垣を巡らし、本丸を中心として南に二の丸、北の丸、西の丸があったという。そして、外郭とその外側には諸大名の屋敷が取り巻き、フロイス『日本史』によれば、大坂城より「はるかに大きく優れた城と宮殿」であったというのだ。

またフロイスは、その内部についても次のように記している。

宮殿の主要な部分を見物したが、それらは疑いもなく壮大かつ華麗で、見事に構成されており、木造建築としてはこれ以上望めないように思われた。とりわけそれらはこの上なく清潔かつ新鮮に装飾されており、ヨーロッパのどこに建てられていても、大いに賞賛され、感激せしめずにはおかぬであろう。—中略—部屋という部屋、広間という広間、その内外と上下は言うに及ばず、台所までが、その用具や机の置場に至るまでことごとく金が塗られているからである。—中略—しかもさらに驚くべきことは、それらの家屋がほとんど無数といえる場所を占めるほど広大であるのに、六ヵ月間で落成したことである。

ヨーロッパの石造りの城を見なれた外国人の目を通しても、このように絶賛されるほどに美しかったことがわかる。しかし、その反面、西欧の城と比べて次のような批判も記している

日本においては最も強固なものであるにしても、我らの城に比べるとはなはだ脆弱であり、大砲四門をもってすれば半日ですべてを破壊できるからである。

これは、前に触れた通り、軍事戦略的な城を京都の中心に建てることがはばかられたために、あえて山里曲輪を拡大したような、城というよりは亭の構えをとった秀吉の意向をみごとに言いあてているといえよう。また、前述の一五八八年の後陽成天皇の『聚楽第行幸記』には聚楽第について次のように絶讃されている。

四方三千歩の石ついがき山のごとし、楼門のかためは鉄のはしら鉄の扉、(中略)儲の御所は檜皮葺也、御はしのまに御輿よせあり、庭上に部隊左右の楽屋をたてらる。

「聚楽城図」をもとに復元した聚楽第の様相

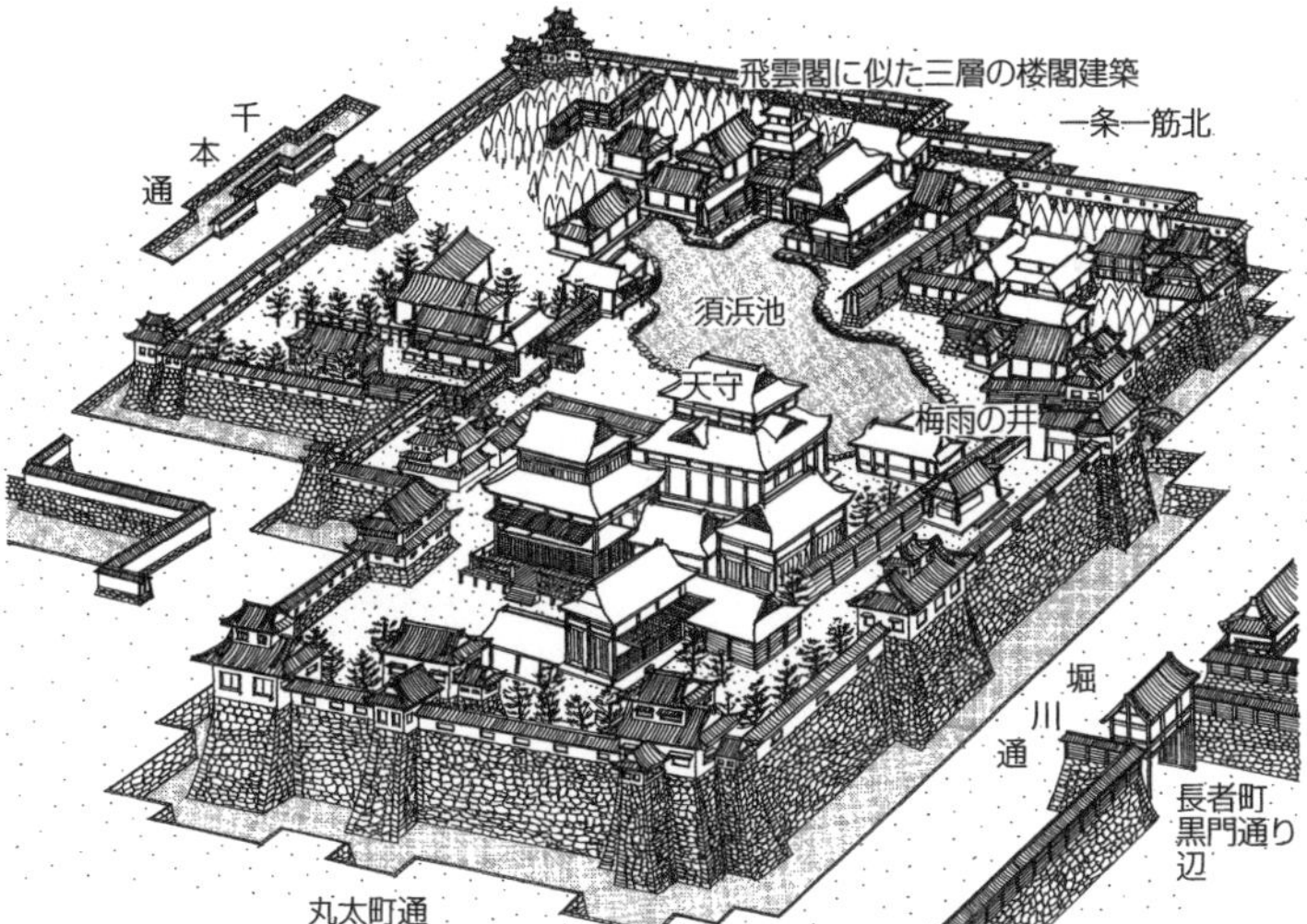

後宮の局々に至迄、百工心をくだき、丹青手をつくす、その美麗あげていふべからず。

さらに注目したいのは、長谷川等伯作と伝わる聚楽城図屏風の写し（原本は所在不明）である「聚楽城図」の描写である。作製年代は明らかではないが、三井文庫蔵本と共に、聚楽第を克明に描いたとみられる貴重な絵画資料といえよう。

前述の先学らの研究による配置と照らし合わせてみても、ほぼ一致していることがわかり、「梅雨の井」の描写の位置や本丸の結構、正門の描写に注記された「長者町黒門通の辺」等、三井文庫蔵本とも一致点が多く、資料的信頼性は比較的高いとみられる。

この絵図を見て驚くのは、天守後方の山里曲輪に大面積をしめる須浜池があり、そこへ面するように、後述する聚楽第の遺構といわれる西本願寺飛雲閣に似た三層の楼閣建築が建っていることだろう。これらの描写が事実であるとすれば、やはり秀吉は軍事色よりも山里曲輪を発展させた亭の構えを重視したと見られるだろう。

聚楽第の遺構

一方、フロイスは、さらにある注目すべき記述を残している。

この町はいわば関白により強制的に造られた町である。従って永続するはずがない。なぜならば、関白殿が死去すると消滅するであろうと思えるからである。

これはフロイスの予言であるが、その後皮肉にもこの予言は的中してしまう。というのは、聚楽第が造営されてからわずか八年後、秀吉は自らこの城を破壊してしまう。そして、秀吉の死後まもなく豊臣家は大坂城とその城下町とともに灰と化してしまったのである。

その間の秀吉の周辺の動向を簡単にまとめれば、最初の息子・鶴松《つるまつ》の誕生と死、その落胆によって関白職と聚楽第を甥の秀次へ譲り、その後の再び息子・秀頼《ひでより》の誕生による秀次《ひでつぐ》との不仲、そして秀次を追放して自殺に追い込み、同時に聚楽第破壊となる。つまり、秀次との不仲が聚楽第破壊の引きがねとなったとも考えられるのだ。秀次の自刃後、聚楽第の建物の破却は徹底して行われ、建物は各地に移建されたという。

桜井成広氏（『豊臣秀吉の居城——聚楽第・伏見城編』）によれば、遺構として今に伝わるものは以下であるといわれる。

西本願寺飛雲閣

〃　本山白書院前の能舞台

〃　本山虎ノ間、浪ノ間、太鼓の間

正伝寺方丈（行幸御殿）

三渓園内の臨春閣（第の北殿）

妙覚寺の表門（第の裏門）

常念寺の表門（聚楽毛利邸裏門）

南禅寺金地院唐門（聚楽徳川邸門）

醍醐寺三宝院枕流亭

上—西本願寺飛雲閣
下—三渓園内の臨春閣

表千家茶室残月亭（聚楽利休邸の茶室）
大徳寺竜光院の兜門（聚楽利休邸の門）
二条城二の丸殿舎
法然院書院
南禅寺金地院方丈
宇治最勝院内養林書院
本国寺方丈
鞆八幡宮の能舞台

しかし、後述する通り、西本願寺飛雲閣は、聚楽第の遺構であることが建築学的には現在否定されており、また二条城や南禅寺金地院方丈についても、後世の小堀遠州作の可能性が濃厚である等、伝説の域を脱しない例も数多い。

近年になって発見された「豊臣秀吉奉行人連署書状」（文禄四年七月二十八日付、燈心草庵蔵）によると、秀吉は、その後の伏見城造営の際、聚楽第の伏見移建を考えていたといわれ、現在、聚楽第の遺構といわれるものは、実はいったん伏見に移建された後、伏見城の廃城の際、それぞれの場所へ分与されたとも考えられるし、また現在伏見城の遺構といわれる建物の中にも聚楽第から移建されたものを多分に含んでいる可能性が高いとみられる。

聚楽第と伏見城の造営は、時期的にも約十年の間隔しかない上に、以上のごとく関連性が指摘でき

上—大徳寺竜光院兜門
下—本国寺方丈

るのであり、一括して考えなければならないものであろう。その他、現在聚楽第跡に遺構として残るものがいくつかある。以下掲げておこう。

梅雨の井（京都市下長者町通松屋町東入ル）

千利休が聚楽第での茶ノ湯に使った井戸水といわれる。梅雨になると井戸の中の水位が上がり、溢れ出ることからその名がついたといわれ、現在でもこの井戸の地名に「出水通り」の名があるのは、その名残りだろう。付近には酒造会社があるが、かつてはそこで酒造にも用いられたという名水である。この水を産湯に使ったという町人も数多いという。その後、付近の民家で使われていたが、現在は地下鉄工事の影響からか水は枯れ、手押しポンプが立っているだけである。

西田直二郎氏によれば、一九六〇年頃までは、高さ二尺三寸、四方各三尺五寸の石囲いがあり、上部に瓦屋根が四本の支柱で支えられていたといわれ、水も枯れていなかったという。前掲の「聚楽第図」や「聚楽城図」にも記入されており、当時をしのばせる貴重な遺跡といえるだろう。

八雲神社跡のモチノキの切り株（京都市新大宮通下長者町上ル）

かつて前述の梅雨の井のすぐそばの八雲神社の裏にモチノ

梅雨の井

キの古木があったという。現在、八雲神社は破壊されモチノキも切り倒されたが、この木はもと聚楽第の庭木といわれ、確かに樹齢からいえば聚楽第の時代までさかのぼることが可能で、この地が城の山里曲輪と一致することから、秀吉の遺物である可能性は高いとみられる。

松林寺《しょうりんじ》境内の凹地（京都市智恵光院通出水下ル西入ル田村備前町）

まず、出水通から寺まで傾斜が続き、さらに門から本堂裏へ低くなり、全体で約三メートル程の高低差がある。それらをよく観察すると、出水通と寺門前、門前と本堂、本堂と裏地の計三段の構成になっており、ちょうど聚楽第の西南端付近にあたるもので、堀を埋めた跡と考えられている。

松林寺のくぼ地

土屋町通付近の低地（京都市下立売通土屋町入ル）

下立売通から土屋町にかけて約二メートル程の傾斜があり、もとは池があったという。この場所は、前述の松林寺の真西にあたり、堀の一部であったとみられている。

山本町、白銀町付近（京都市裏の門通り下長者町下ル）

一帯に傾斜があり、ちょうど聚楽第の南端にあたることから、前述同様、堀跡と考えられている。

阿波殿町の地段（京都市一条通大宮西入る鏡石町）

人家裏手に高さ三メートルほどの石垣が東西に走る場所があり、聚楽第の北端にあたることから、やはりこの段差も堀跡とみられる。

東堀町（京都市大宮通上長者町）

東堀町の当りは聚楽第の東端にあたり、現に傾斜地が認められ、同様に聚楽第の堀跡であるといわれる。東堀町の地名もそこから名付けられたのだろう。周辺に須浜東町、須浜町があるが、これは「聚楽城図」にあった聚楽第の須浜池の跡と考えられている。

聚楽第跡出土の瓦片（京都大学蔵）

これまでに、聚楽第跡一帯より古瓦片が大量に出土してきた。例えば、今千本通丸太町出土のものは瓦に金箔が押してあり、絢爛豪華な聚楽第の屋根を飾ったものと推定されている。

この他『京都坊目誌』によれば、如水町（黒田如水邸跡）、主計町（加藤主計頭清正邸跡）、

聚楽第跡出土の瓦片
（京都府埋蔵文化財調査センター所蔵）

飛驒殿町（蒲生飛驒守氏郷邸跡）など十数町の町名に大名邸宅跡の名残りを留めているのがわかる。

5　お土居《どい》の造営

一五九一年、秀吉は聚楽第の城下町として京都の大改造に着手する。すなわち、京の街全体を堀で囲い込む「お土居」の構築である。

『三藐院記《さんみゃくいんき》』によれば、「天正十九年正月より、洛外に堀をほらせる、竹をうへられる、事も一時也、二月に過半成就也、十の口ありと也」と記され、一月に着工し二月にはほとんど完了するというわずか一ヶ月の突貫工事であったことがわかる。また、その様相についても、まず堀を掘ってその土を盛り上げて堤とし、竹を植えてその根によってくずれにくくし、「十口」（京の七口ともいう）を設けて出入口としたのであった。

このお土居の目的について、文献や先学の説をまとめれば、おおよそ以下のようになるだろう。

1、いざ戦乱ともなれば、出入口を閉ざして洛中を防衛するため。
2、罪人や悪人などの交通の出入りを監視し、洛中の治安を維持するため。
3、京都をつねにおそった賀茂川の氾濫による洪水から街を守るため。
4、洛中と洛外を明確化し、洛中を聚楽第の城下町と位置づけるため。
5、平安京は中国の長安をモデルに羅城門を中軸に造られたものの、城壁は造られなかったため、それを完成させるため。

これらを検証すれば、まず1と2については、大坂城の惣構えとも共通しており、前掲の『三藐院記』に「悪徒出世之時、はや鐘をつかせ、それを相図に十門をたて、其内を被㆑捲と也」とあることからも納得できる。

また、3についても、お土居の配置図を見ると、東側のお土居がぴったりと鴨川（賀茂川）によりそっている上、この場所のみ高さや規模を大きくしていることから、自然災害に備えているのは明白であろう。

さらに、4については、平安京の頃に洛中洛外が明確に分けられていたが、その後洛中の主に右京が衰退し、そのかわり洛外の大徳寺周辺が活況を呈し、それに合わせて、新たに平安京の東北にずらしてお土居を配して、そのほぼ中心に聚楽第が構えられたのであり、その意図は十分うなずけるものだろう。

その他、5に関しても、平安京のモデルとなった長安が城壁をはり巡らしていたのに対

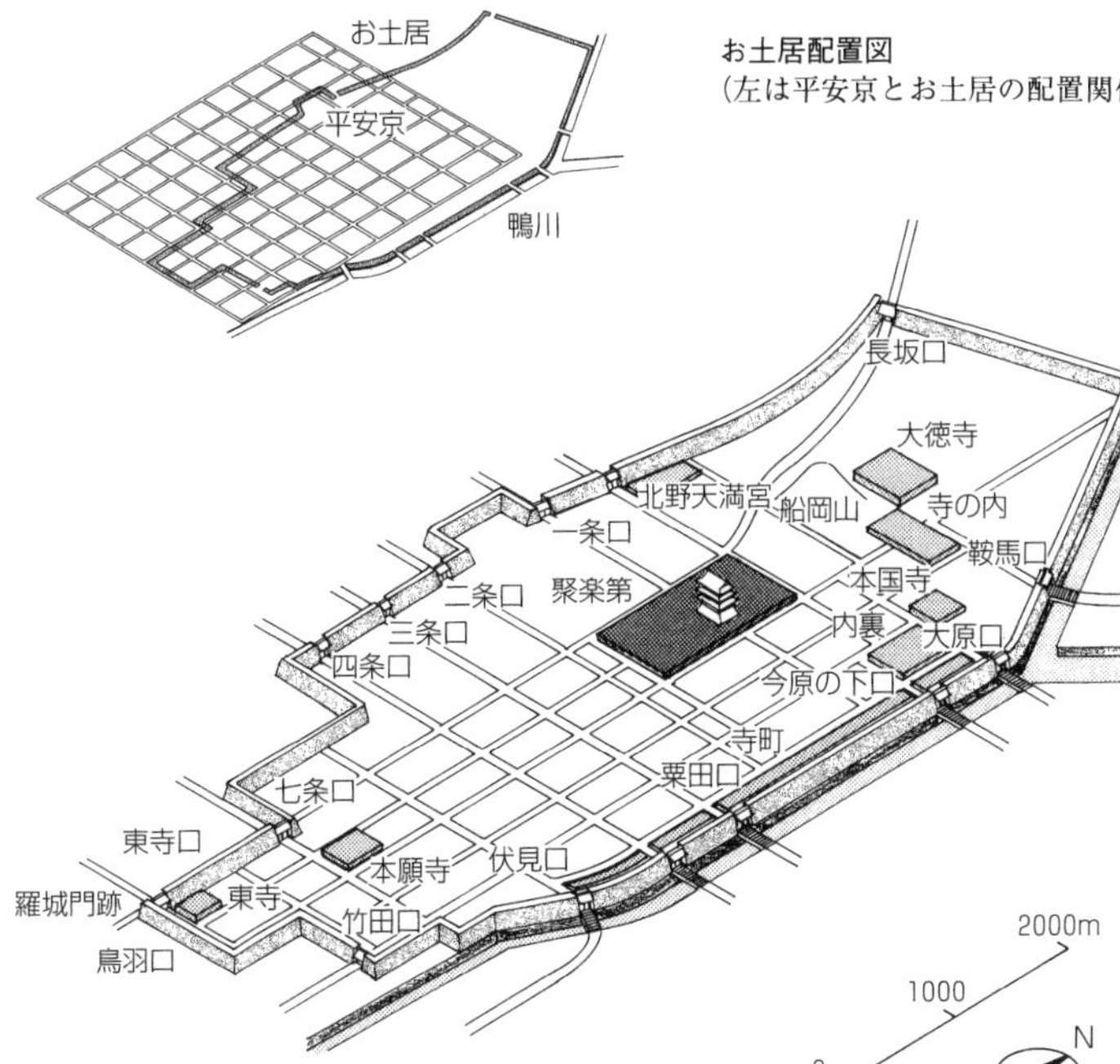

お土居配置図
（左は平安京とお土居の配置関係図）

し、平安京は大内裏へ通じる羅城門とそれを守護する東寺、西寺こそは造られたものの、城壁はなかったわけで、極めて不自然であったことは確かだろう。

お土居の配置図を見ると、複雑に屈曲しつつも、きちんと羅城門跡を通過し、東寺口を設けていることから、やはり平安京を強く意識していたに違いない。以上、それぞれ十分に納得できる説であることがわかるのだが、筆者はここにさらにもう一つの推論をつけ加えたいと思う。

前掲の『三藐院記』では、お土居の出入口は「十口」となっているが、お堀の七口のもととなった京の七口についての歴史上初見である『続日本紀』には「左右ノ職ニ仰テ街巷ヲ警固シ亦、山城国五道ヲ固メシム」として大津、宇治橋、大原道、大枝道、山崎ノ橋を挙げている。配置図を見ると十五もあることがわかり、それでは造営当初はいくつだったのかというと、おそらくその名称の「七口」が示す通り、七箇所であったのではないかと思われる。『源平盛衰記』によれば「西光法師、七道ノ辻毎に六体の地蔵菩薩を造り奉り七か所に安置す」といい、その場所は四宮河原、木幡里、造道、西ノ七条、蓮台野、美曽呂池、西坂本であったという。一方『異本太平記』にはこの七ケ所を解説して「四宮河原は江州大津に通じ粟田口もこれに合す。木幡里は大和路ともいい、造道は鳥羽を経て山崎に通ず。また九条より向日明神の前をすぎてこの道に合す。西ノ七条は大枝越ともいい、南丹波に通ず。蓮台野は長坂越、美曽呂池は鞍馬口これなり。西坂本は大原口とも竜華越ともいい、北近江に通ず」と述べられている。

この七というのは、古来、東西を問わずいわくつきの数字であることはいうまでもない。西洋ではラッキーセブンとして幸運の数字といわれ、東洋でも「七福神」「七賢人」として縁起のよい数字と

お土居跡（北野神社付近）

される。日本では「七草がゆ」「七味唐がらし」といって用いられることも多い。陰陽五行説においても七は鎮魂、浄化の数字として広く用いられ、例えば日本各地の伝説にある「七つ墓」や「七人塚」がそれにあたり、そこに埋められているのは惨死、刑死、客死、自殺などいずれも非業の死をとげた者であり、その霊の跳梁を防ぐため、七つの塚を築き、聖なる数七によってこれを浄化しようとしたといわれる。

なぜ、七が聖なる数字となったかというと、北斗七星信仰がベースにあるという。いうまでもなく、北斗七星とは真北に位置し、動かない北極星を中心として、ひしゃく形の星座が周囲を巡るものである。

七〇〇年代前半に密教僧らが中国より経典を持ち帰り、翻訳した文献の一つに『北斗七星護摩秘要儀軌』があり、これは北斗七星を用いて悪霊退散を行なう法をといたものである。またその後の『玄韻宿曜《げんいんすくよう》経』『七星辰別行法』『恵什抄』『証師記』『常喜院抄』などの密教の秘伝書にも北斗七星を中心に配した曼荼羅が描かれ、鎮魂に用いられたという。

平安京の手本となった中国の長安は、その南北端が不規則な形をしているが、実はこれも北斗七星と南斗六星をかたどったものという。すなわち、その中心に北極星に対応する皇帝が君臨したというのだ。

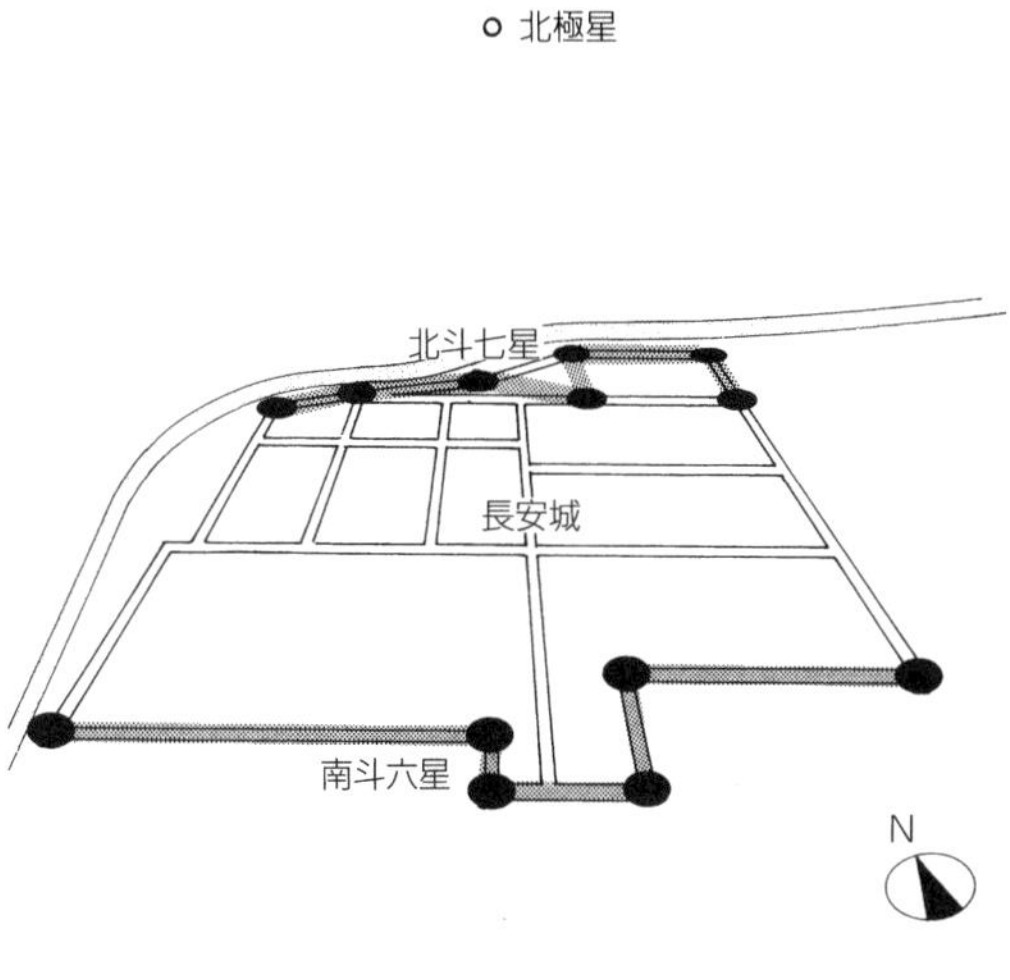

漢代長安城と
北斗七星

平安京を造った桓武天皇は、七九八年に坂上田村麻呂に東北遠征を命じているが、その際、蝦夷の首長アテルイを処刑し、その津軽平野の浄化と鎮魂のために、『新撰陸奥国誌』によれば、七つの神社を北斗七星型に配したという。それらはすべて現存し、地図では確かに北斗七星形に並ぶ上、その中の一つ、熊野奥照神社から古代蝦夷が使った蕨手《わらびて》刀が出土している。また、東北凱旋後、田村麻呂が京都・鞍馬寺に「七社図」と呼ばれる七つの神社を描いた絵図を奉納したこともそれを裏付けている。

一方、江戸の都市計画において、江戸城を中心に時計回りにお堀をらせん状に掘り、江戸城から放射状に伸びる全国との五街道との交点に「見附」と呼ばれる城門と橋を架けて出入り口を管理したという。

注目したいのは、そのうちの主要七箇所に平将門公の身体の一部や身につけていたものを祀った神社や塚が配されていることである。平将門は中世において自ら新皇と称し、関東から兵を上げ朝廷に打たれた反逆者であり、その後神田神社に江戸の地霊として祀られた人物である。

民俗学者の中山太郎氏によれば、反逆者の死体を七つに切り刻み、一定の地相に埋める風習があって、将門公の遺跡もこの一つであるという。つまり、江戸の地霊をその主要な出入口である見附の七箇所に配して鎮魂し、悪霊の侵入を防いだのであろう。しかも加門七海氏によれば、それらの配置はほぼ北斗七星型になるという。

将門公遺跡と江戸の都市関係図

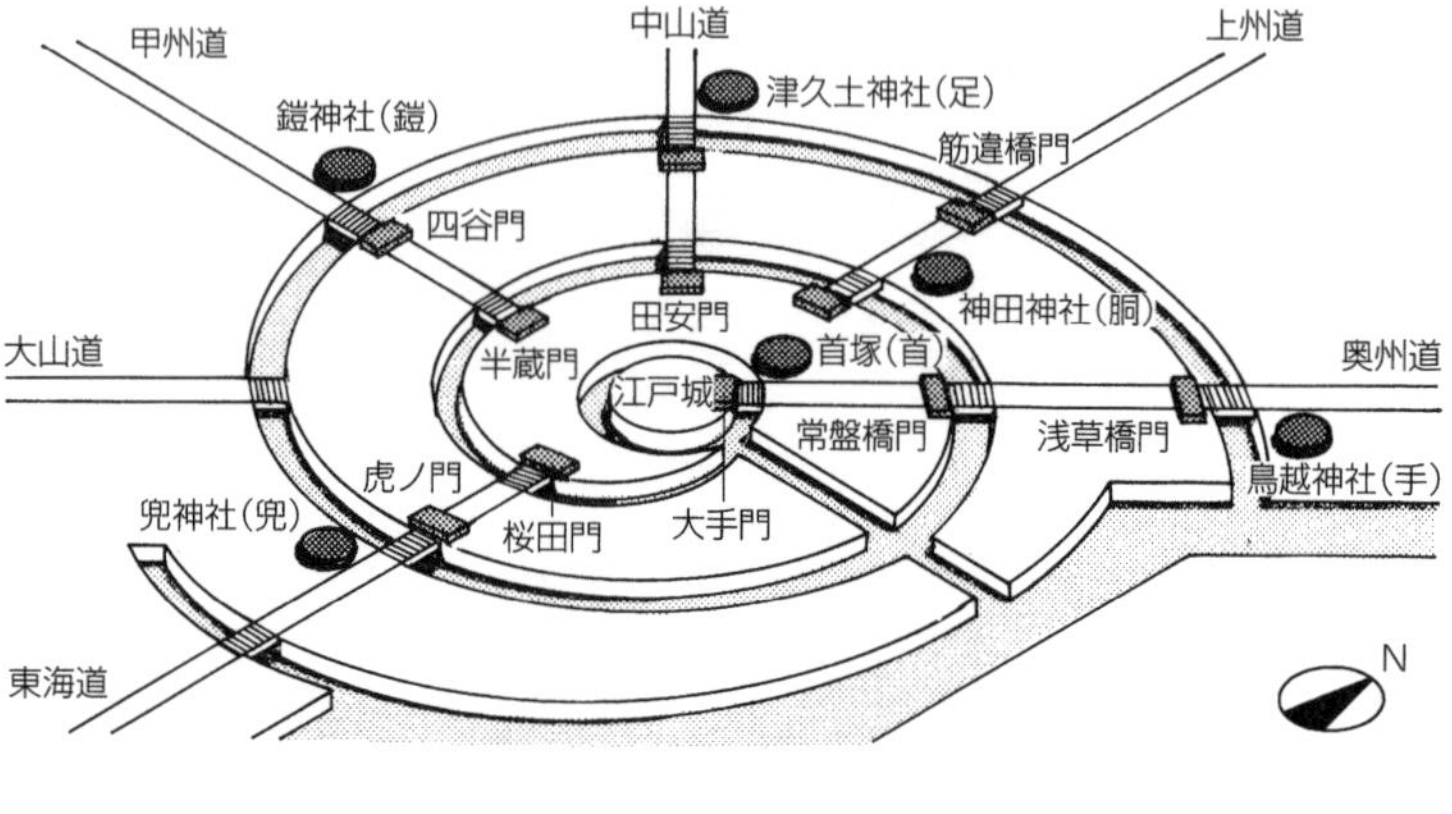

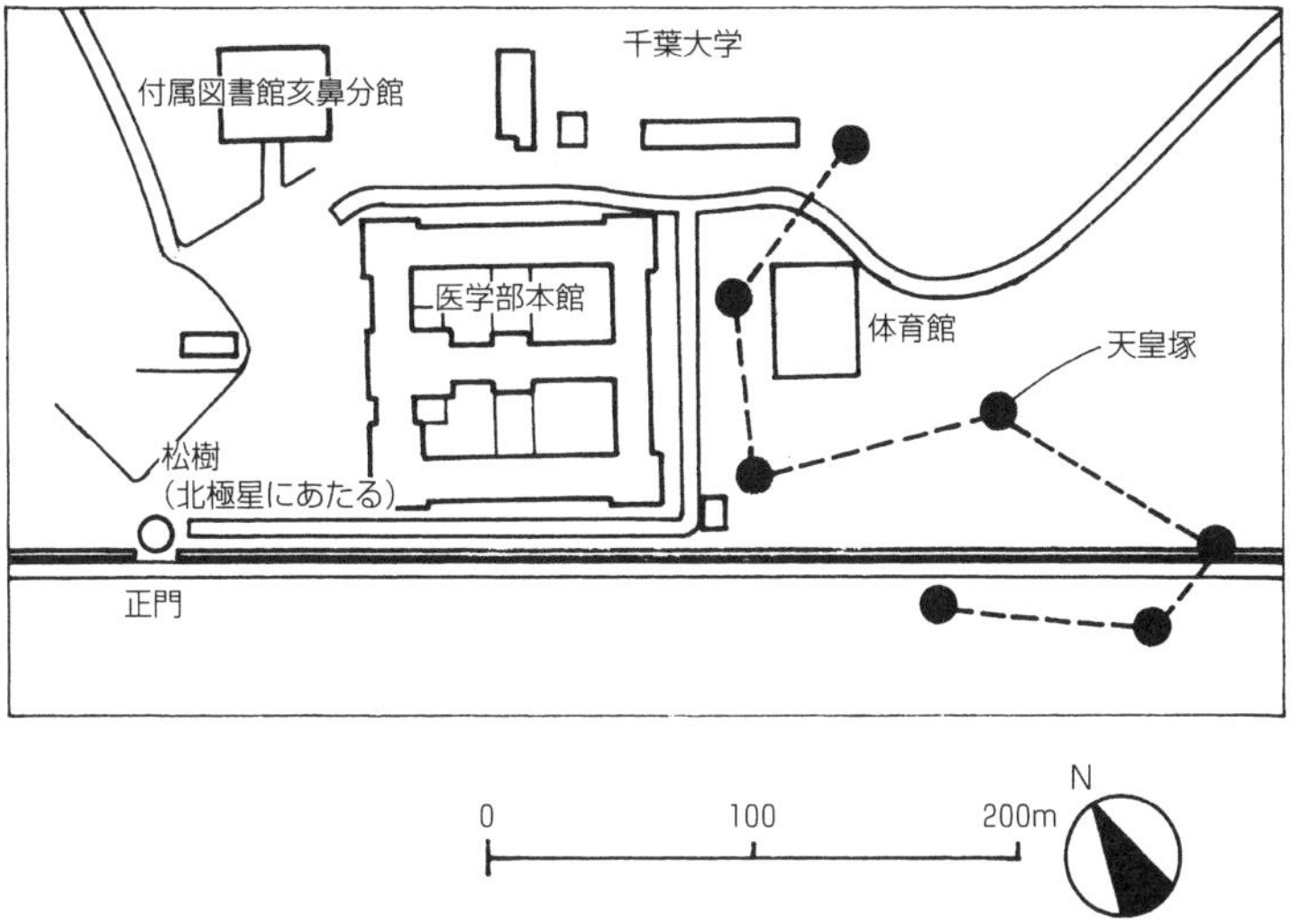

七天王塚配置図（柳田國男『七塚考』による）

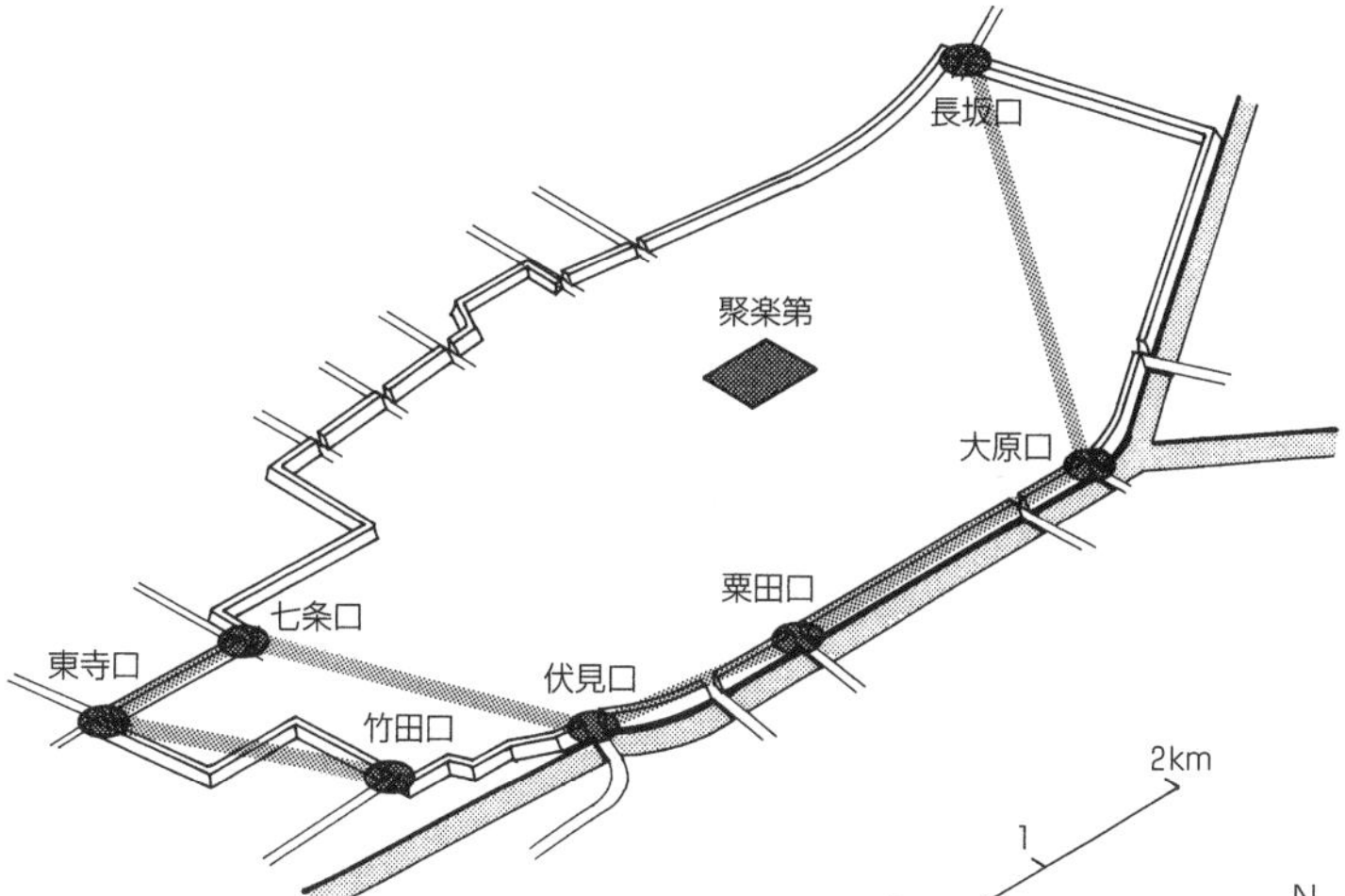

京の七口と北斗七星の配置

このような将門公鎮魂の例は他にもあり、「七騎塚」「七ツ石山」「七騎武者」など枚挙に暇がない。柳田國男の『七塚考』では、これらもやはり北斗七星と関係があるとされ、千葉大学近くの「七天王塚」という七つの石碑は北斗七星型に配されているという。

そして後に詳しく述べるように、江戸の都市計画を行なった徳川家康を神として祀った日光東照宮や、天皇のルーツである天照大神を祀った伊勢神宮なども北斗七星に深く関与しており、権力者や都市造りと北斗七星は切っても切り離せない関係にあると言える。現に、秀吉の誕生祈願をしたといわれる京都の鬼門（古来、幽鬼が出入りするとして忌み嫌われる東北の方位）鎮守、比叡山の守護・日吉大社も後述するように北斗七星と深くかかわっているのである。このように見てくると、造営当初の七口にも江戸の都市計画と同様に、地霊鎮魂と悪霊の侵入防止の意味が込められていたのかもしれないのだ。

そこで試しに『京都覚書』や『京都御役所向大概覚書』などの諸資料で必ず取り上げられている大原口、伏見口、東寺口、竹田口、長坂口、粟田口、七条口を地図上でつないで見ると、偶然かもしれないが北斗七星型に並ぶことがわかる。これをどうとらえるかはともかくとして、七口と北斗七星信仰が関係する可能性を示唆することができよう。

中でも興味深いのは、七口の一つである丹波口に接して、あの桂離宮が位置していることである。筆者はこれまでに桂離宮に関する著書を四冊出版してきたが、学会では桂離宮の研究者として登録されている。口を開けば桂、桂と騒ぐために「桂オタク」とか「桂あほう」と呼ばれているらしい。本書においても、筆者の名刺がわりの桂離宮に全く触れないというわけにもいかないのでここで少し秀吉との関係に言及してみたい。

桂離宮は、八条宮智仁《はちじょうのみやとしひと》・智忠《としただ》親王によって一六一五年から一六六二年にかけて三回の造営を経て現在の姿に完成された別荘建築であり、日本建築を代表する傑作の一つとしてつとに名高い。八条宮初代智仁親王は、当初後継のできない秀吉の養子だった人物である。しかし、後に秀吉と側室の淀殿の間に鶴松が生まれたために、離縁して八条宮を名乗ったわけである。

　このような秀吉と智仁親王の関係について、松永貞徳の『戴恩記』に奇妙な伝説がある。すなわち「秀吉公の心を盡して経営ありし桂の里の殿舎を、名護屋へ下りたまふとき、日用の調度さへそへてのこらず、桂宮（八条宮）に譲り與へたまひし事もうべなる御事なり」という。ようするに、桂離宮を秀吉が智仁親王のために造進したという内容であるが、現在では桂離宮の創建年一六一五年に秀吉は亡くなっているという時間的アリバイによって全面否定されているものである。

　しかし、江戸末期に著わされた『桂御別業之記』（生間家旧蔵）の冒頭にも、

御元祖一品式部卿智仁親王號桂光院御代天正の末つかた豊太閤より小堀遠江守政一號宗甫に命じて造進し給、庭造古書院是なり。御茶屋は挽河臺、瓜畑の御茶屋ト云竹林亭を始として月波楼梅の御茶屋又ハ月梅の御茶屋トモ云其餘御二代中務卿智忠親王號天香院造増ありしも遠州に伏見在役中毎々參上悉く作らしめたまふ。（以下略）

とあり、前述の時間的アリバイは否定できないが、それでもなお、何らかの関連があるような気がしてならないのである。

　そのような視点から考えてみると、桂の地というのは軍事上、重要な地点であるといってよい。す

なわち桂離宮の地は前述の通り、京の七口の一つ丹波口と一致しており、そのまま大坂につながる上、右に曲がれば丹波亀岡、左へ行けば伏見へつながる。また船による交通にとっても最適な場所にあたり、京都の防衛と交通の要《かなめ》といってよいだろう。

桂離宮を造営した智仁親王が、たとえ一度秀吉に離縁されたからといって、両者が仲たがいしていたとは見られない。秀吉の朝鮮出兵の計画では、智仁を朝鮮に新しく造る国の天皇にする予定であったし、また智仁も秀吉の死後、豊国神社へたびたび参拝を繰返しており、離縁以降も両者の関係は深いものであったと思われる。そして、秀吉にとって一時は後継者にしようとした智仁に、重要な桂の地を託したとは考えることはできないだろうか。

智仁親王が桂の地を領地としたのは、一六一五年ではあるが、その発端は一六〇七年に秀吉の後継・秀頼によって八条宮家の所領とされたことであり、秀吉の生前より桂の地が智仁の手にわたる背景があったのではないかとも推測できるのだが、確証はないので参考としておこう。

話をもとへ戻そう。秀吉はこれらの都市を城壁で囲み、そこに北斗七星型に七つの城門を設けるという発想を果してどこから得たのだろうか。注目したいのは、このお土居造営を開始した年の翌年の一五九二年、後に触れるように朝鮮侵略を開始している。朝鮮大陸での数多くの戦闘の中でも特に秀吉が苦戦をしいられたのが、「平壌《ピョンヤン》の戦い」であるといわれ、この戦争を契機に日本は劣勢に陥った

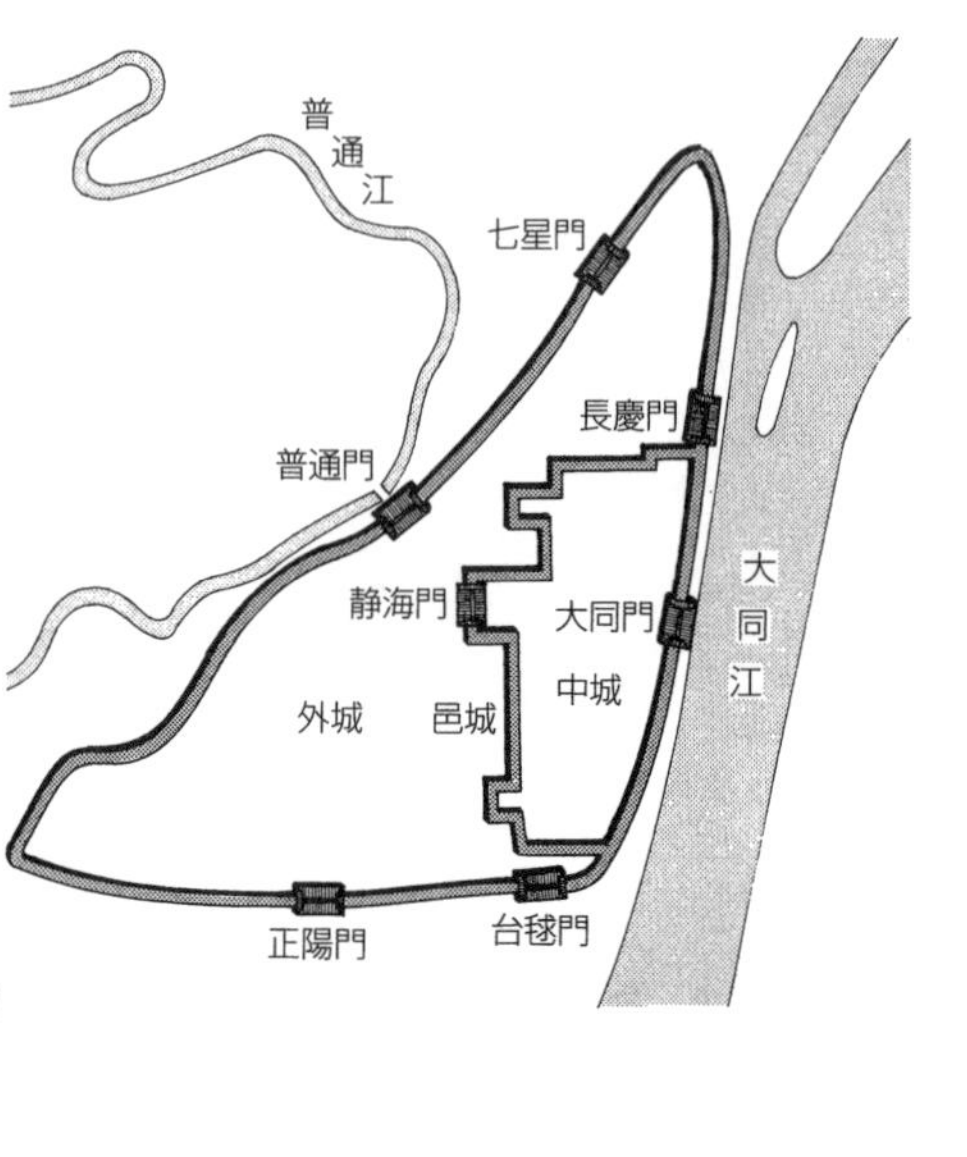

平壌の城壁と七つの城門

という。この平壊城の配置を見ると、城全体が城壁で囲まれ、かつそこに七箇所の城門を発見することができる。決定的なのは、それらの城門の一つが「七星門」と呼ばれ、七つの門が北斗七星型に配されていることだろう。秀吉は果して自ら攻めあぐねたこの城の城壁と城門を、同時期手がけていた京都の改造に応用しようとは思わなかっただろうか。

この平壌の例も、中国の長安やその他の日本の例と同じく、アジア全般の都市にみられる北斗七星思想の影響をうけたものだろう。決定的根拠がないので断定こそは避けるものの、おそらく秀吉はこの平壌での経験を京都のお土居に応用したのではないだろうか。一考を要する問題であると思われる。

さて、このお土居の総長は約二二・五キロメートルといわれ、幅が基底部で約九メートル、高さは約三メートルで、これに幅三・六〜一八メートル程の堀をともなっていたとみられている。

その後、秀次事件による聚楽第の破壊によって、お土居はその中枢を失うことになり、急速に衰退することになる。江戸初期には豪商角倉家がお土居を管理しており、徳川幕府も秀吉の遺構にかかわらず、破壊することなく温存していたが、平安時代より四条や三条の河原で発達していた歓楽地や東山の社寺参詣の人々の欲求には勝てなかったようで、まず鴨川添いのお土居から少しずつ切断がはじまったようである。明治時代には右京側が次々と切断され、現在は、長坂口周辺に八、九箇所とその他断片的に数箇所を残すのみとなっている。

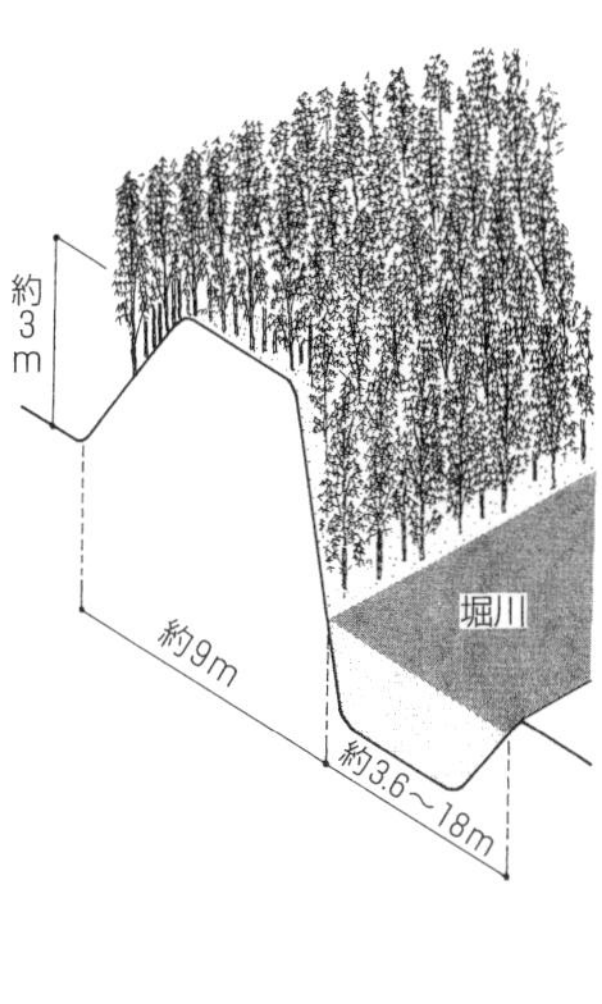

お土居推定断面図

6　京都の改造

新しい町割り

秀吉はお土居の築造とともに、京都の新しい町割りにも着手している。

元来、京都は六〇間（約一〇〇メートル）四方の格子状の町割りをもち、四方に町屋は面していたが、その格子の中心部分は空地として使われていなかった。そこで、一部の発達地を除いて、格子の中央に小路を通して空地を再利用できるようにしたのである。

これには別の意味もあり、空地は主に田畑として用いられていたため、商業地と農地を完全に分離し、太閤検地による税徴集を明確にする必要があったのであろう。小路の増設により、お土居の築造と並行して屋敷替えが行なわれ、家を壊す者や引屋をする者で京の街は大騒ぎになったという。

寺　町

秀吉がさらに行なったのは、寺町の形成である。それまでの京都の寺院は洛中・洛外を問わず随所に点在していたものを、御所の東側の寺町通りの東側に並ぶよう強制移転させたのである。

なぜこのようなことをしたのかというと、まず第一に、新しい町割りの項でも触れたように、太閤検地による税徴集を容易にするために、町人地と寺町を明確に分けたのだろう。身分によって居住地を分けることは、江戸の都市計画でも行なわれているが、その発端はすでに秀吉の京都改造にて実践されていたのである。

第二に、前述のお土居に沿わせるように寺院を並べることによって、ここから攻めようとする者の士気を弱める働きによって京の東側の防衛力をさらに強化しようとしたに違いない。

興味深いのは、さまざまな宗派の寺院の中で唯一、浄土真宗本願寺派だけは寺町に属さず、これまで通り分散されていることである。本願寺のみ特別扱いされた理由の一つには、大坂において既に町役を負担しており、町人扱いされていたことがあり、京においても同様に扱われたためだろう。そして、後述するように、なにより秀吉と本願寺の間には深いかかわりがあったからに他ならない。ちなみに、一五九一年、本願寺は大坂城の地から現在の六条の地を与えられて移転している。

寺の内

お土居の東側には寺町を造って防衛力を強化しているが、それでは他の方位についてはどうか。秀吉は、お土居の北側を強化するために、寺の内を造っている。もともとこの辺りには寺院が集中していたのだが、そこへさらに妙覚《みょうかく》寺、妙顕《みょうけん》寺、本法《ほんぼう》寺、西福《せいふく》寺、超《ちょう》勝《しょう》寺らを集め、例外として寺町への移転をのがれていた大徳寺とともに、北側の防衛力を強める存在となった。

その他、南は前に触れた本願寺とその寺内町とやはり例外的に移転をまぬがれた東寺、東は寺町によって、三方をお土居だけではなく寺院街区で囲んで強化されたのである。そして聚楽第とその周辺

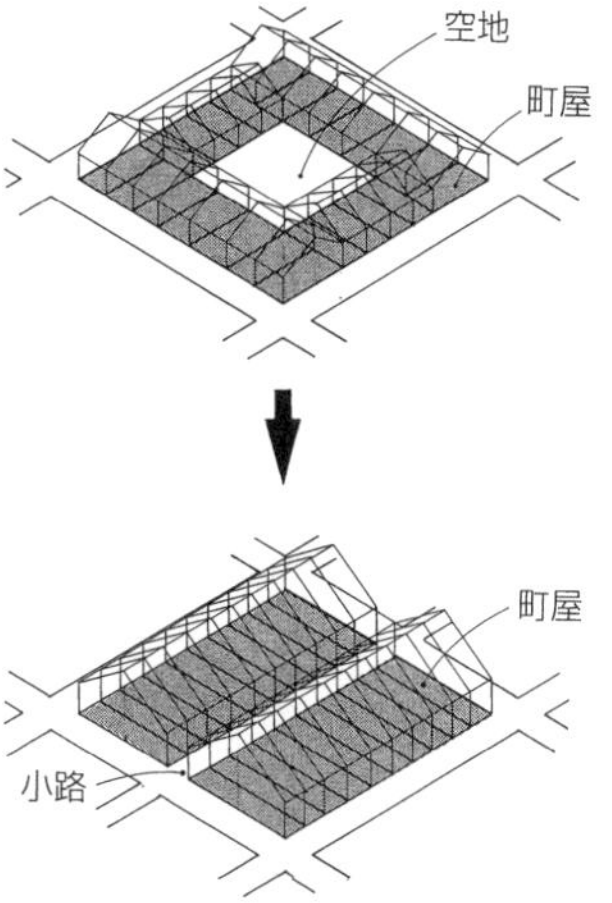

秀吉による京都の町割り配置図

の諸大名屋敷で構成された武家街区が中央に位置し、さらに御所と公家町は、その東に鎮座されたわけである。

　以上のように、それまでやや散乱ぎみであった京都の街を、秀吉は聚楽第を中心とし、城壁に囲まれた城下町として再生させたのであった。

　これらの都市改造の結果街の商工業は活性化され、さながら巨大な楽市の状況を呈したとみられる。聚楽第の「楽を聚《あつ》める」といったコンセプトはみごとに的中したのである。

寺町・寺の内配置図

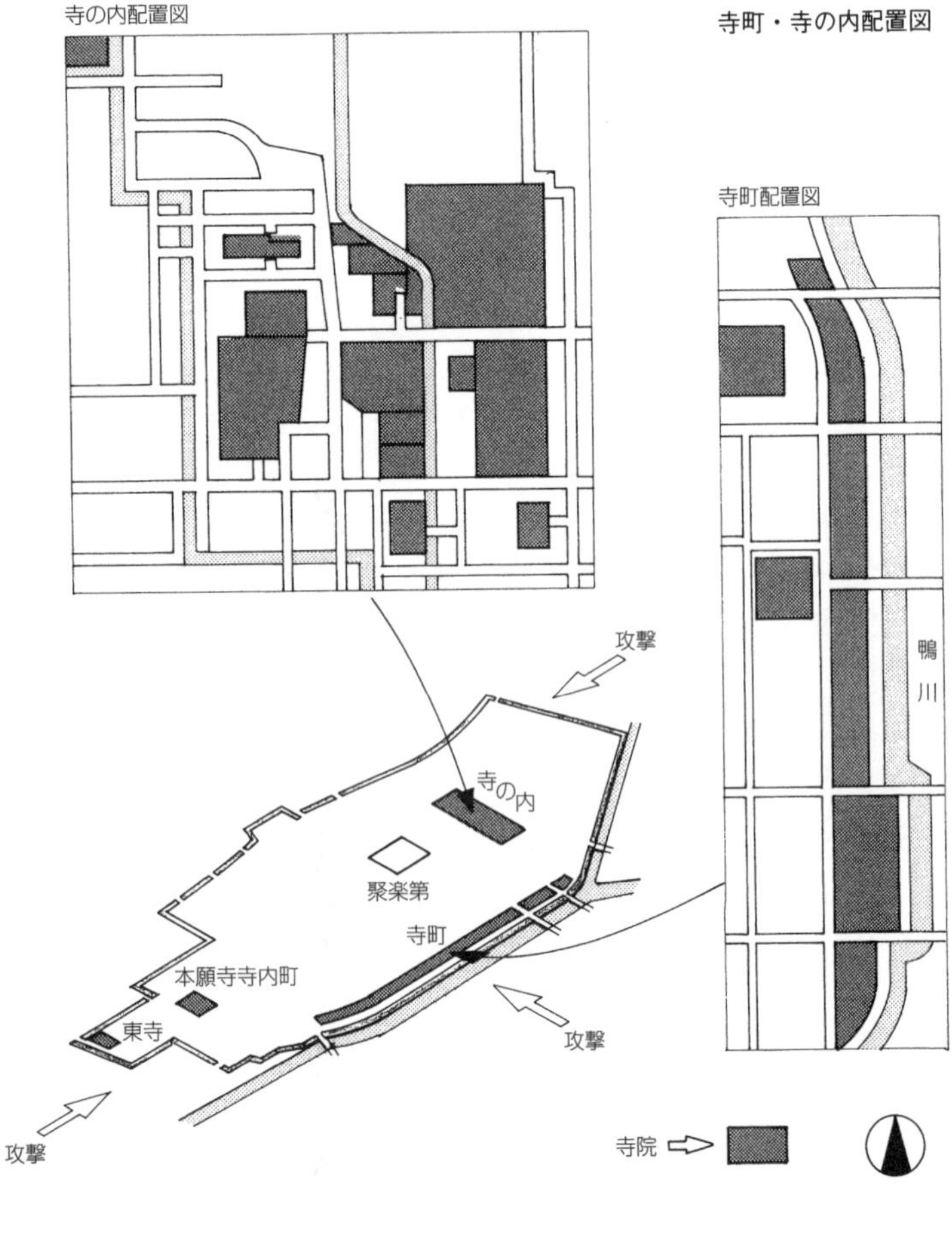

第三章　伏見城と城下町

1　名護屋城と朝鮮出兵

朝鮮を侵略する理由

天下人となった秀吉が、次に目指したのが朝鮮侵略であったことは、日本の歴史上最大の汚点であるといわざるをえない。未だに韓国と日本の国交上の障害の一つになっているほどである。

秀吉は一五八六年、大坂城にて宣教師コエリョに大陸侵略を以下のように告知している。

「秀吉は日本全国を統一し、最高の地位に昇り、所領も金銀も十分もっているので、何も望んでいない。ただ、彼は死後、名前と評判が残るのを望むだけである。日本を秀長に譲り、朝鮮・中国を征服するために渡航するという。」

これが大陸侵略の公式発言とでもいうべきもので、死後、名を残すためだとその理由を述べたというが、この侵略行為のために悪名を歴史に残すことになったことは皮肉な結末である。

翌一五八七年にも秀吉は、『妙満寺文書』によれば、

「高麗（朝鮮）を内裏に出仕させようと思う。もし、出仕しないならば、来年に成敗する。自分の一生のうちに唐国（中国）まで領分にしようと思うから骨がおれる」

といい、朝鮮だけではなく、中国まで含めたユーラシア大陸の征覇を目指していたことがわかる。

その記録にある通り、一五九〇年には朝鮮使節が来日し、秀吉に対面しているが、『続善隣国宝記』によれば、侵略計画について「私の願いは他でもない、ただ名前を三国に顕するのみである」とここでも侵略の理由を功名心からだと明言している。

しかし、ただ単に功名心のためだけで、果して大陸を侵略できるものかどうか疑問があり、従来侵略の理由について、さまざまな説がとなえられてきたが、中でも大勢を占めるのが息子・鶴松の死との関係である。

秀吉は、正妻である北政所《きたのまんどころ》との間に子がなかったが、一五八八年、淀殿《よどどの》との間に長男・鶴松（棄丸《すてまる》）ができた。しかし一五九一年、わずか三歳でこの世を去っている。この年は鶴松だけでなく、秀吉の片腕とでもいうべき存在だった弟秀長が病没し、また、実母・大政所の病状が急変し、至急秀吉は上

朝鮮出兵の経路図

京するがその臨終に間に合わなかった。

さらに利休までが、秀吉の命により自刃している。秀吉は、このようなたび重なる身内の死をいったいどのような気持ちで見つめていたのだろうか。

堀正意の『朝鮮征伐記』によれば、「秀吉は佳名を三国に顕したかった。それに幼児鶴松を失い、その鬱憤を晴らすため」侵略したという。また頼山陽も『日本外史』に、「秀吉初め子なし。浅井氏、男鶴松を生む。秀吉、これを愛す。この歳、鶴松、夭折す。悲哀累月、心楽しまず。従者に曰く『大丈夫、まさに武を天里の外に用ふ。どうして鬱々となさん』と」と記し、同様の意見を述べている。このように見てくると、鶴松の死の鬱憤発散説も一理あるといわなければならないだろう。

名護屋城の造営

秀吉の脳裏には、朝鮮、明、インドを含めた

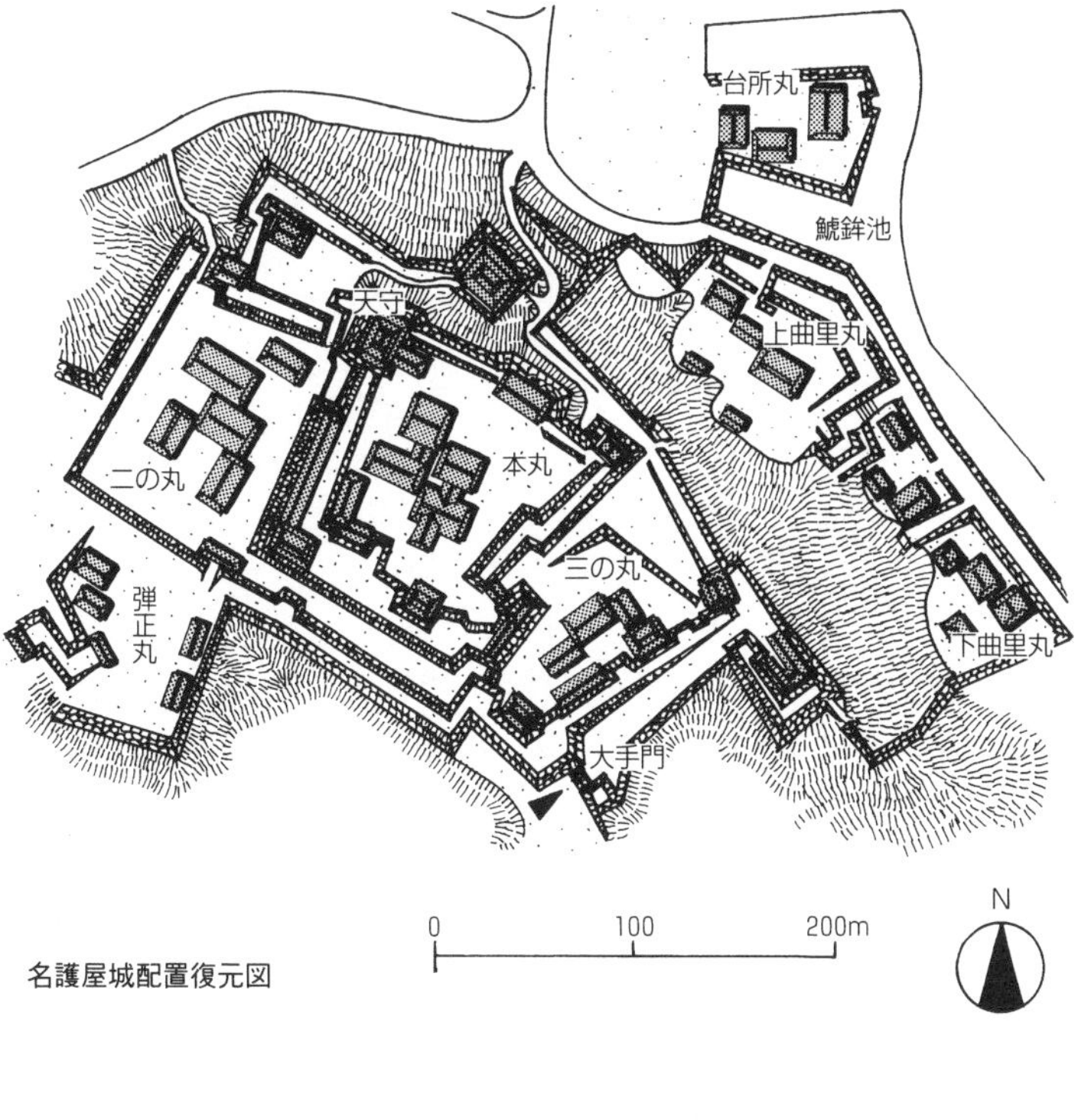

名護屋城配置復元図

ユーラシア大陸全土の征服という壮大な計画があったといわれ、明への移動経路上に朝鮮半島と壱岐、対馬があるため、侵略の前線基地として選ばれたのが、そこに最も近い肥前名護屋（現・佐賀県東松浦郡鎮西町名護屋）だったのである。

秀吉の大帝国建設のプランを記した覚書（『尊経閣文庫所蔵文書』）によれば、時の後陽成天皇を北京に移し、その関白に秀次をつけ、国内はかつて秀吉が養子にしたことのある、あの桂離宮を造った皇弟・八条宮智仁親王を天皇につけるという壮大なものであった。

名護屋城の造営にあたっては、かつて秀吉が出世の糸口を得た清洲城の修築と同じく「割普請」によって行なわれ、一五九二年十月、『黒田家譜』によれば、浅野長政を総奉行、黒田如水を縄張り奉行として造営を開始し、一五九二年中には早くも完成していたものとみられる。というのも、一五九二年十二月から、秀吉晩年の居城・伏見城の造営が始まり、職人衆は京都に戻ったためといわれる。黒田如水が縄張り（配置計画）を担当したのは、姫路城の縄張りを行なった業績によるものだろう。

朝鮮出兵はすでに始まっていたが、一五九三年八月になると、再び秀吉の後継ぎ拾丸（秀頼）が生まれ、秀吉は狂喜して大坂へ戻り、以後一五九八年に没するまで、けっして名護屋城へは戻ることはなかったという。

それでは秀吉の造営した名護屋城はいったいどのような様相だったのか、「名護屋城図屏風」及び現状遺跡の発掘結果その他をもとに顧みてみよう。

まず城郭は、天守のある本丸を中心に二の丸、三の丸、弾正丸、東出丸、遊撃丸、水手丸、山里丸、台所丸等の多数の曲輪で形成されていたことがわかる。天守は、天守台二層の上に五層造りで合計七階建てであった。『菊亭家記録』によれば、「名護屋之御要害天守以下聚楽ニ劣ル事ナシ」と記され、聚楽第以上の完成度を誇っていたものとみられる。

　また、本丸の内部には、大坂城より移した黄金の茶室があったといい、絵師狩野永徳《かのうえいとく》の長男・光信《みつのぶ》が障壁画を担当し、単なる前線基地とはとても思えないほどの華やかさであったものとみられる。また、「名護屋城図屏風」をみると、現在、高台寺に残る傘亭に酷似した茶室があり、傘亭は伏見城からの移築といわれているが、名護屋城の櫓門が、のちに仙台城大手門として移築されていることから見ても、この名護屋城から高台寺に移建された可能性も否定できないのである。

　一方、秀吉の他の城郭と同様、この名護屋城にも設けられた山里丸は、屏風によれば、三区画に分かれており、上山里丸、中山里丸、下山里丸があったとみられる。このような上中下の三段構成の庭園は、後の修学院離宮などに影響を与えた可能性が高い。

　『甫庵太閤記』によれば、年老いた秀吉にとっては、本丸の海風の寒さが厳しく、そこでこの山里曲輪の充実を計ったという。また『名護屋旅館御作事

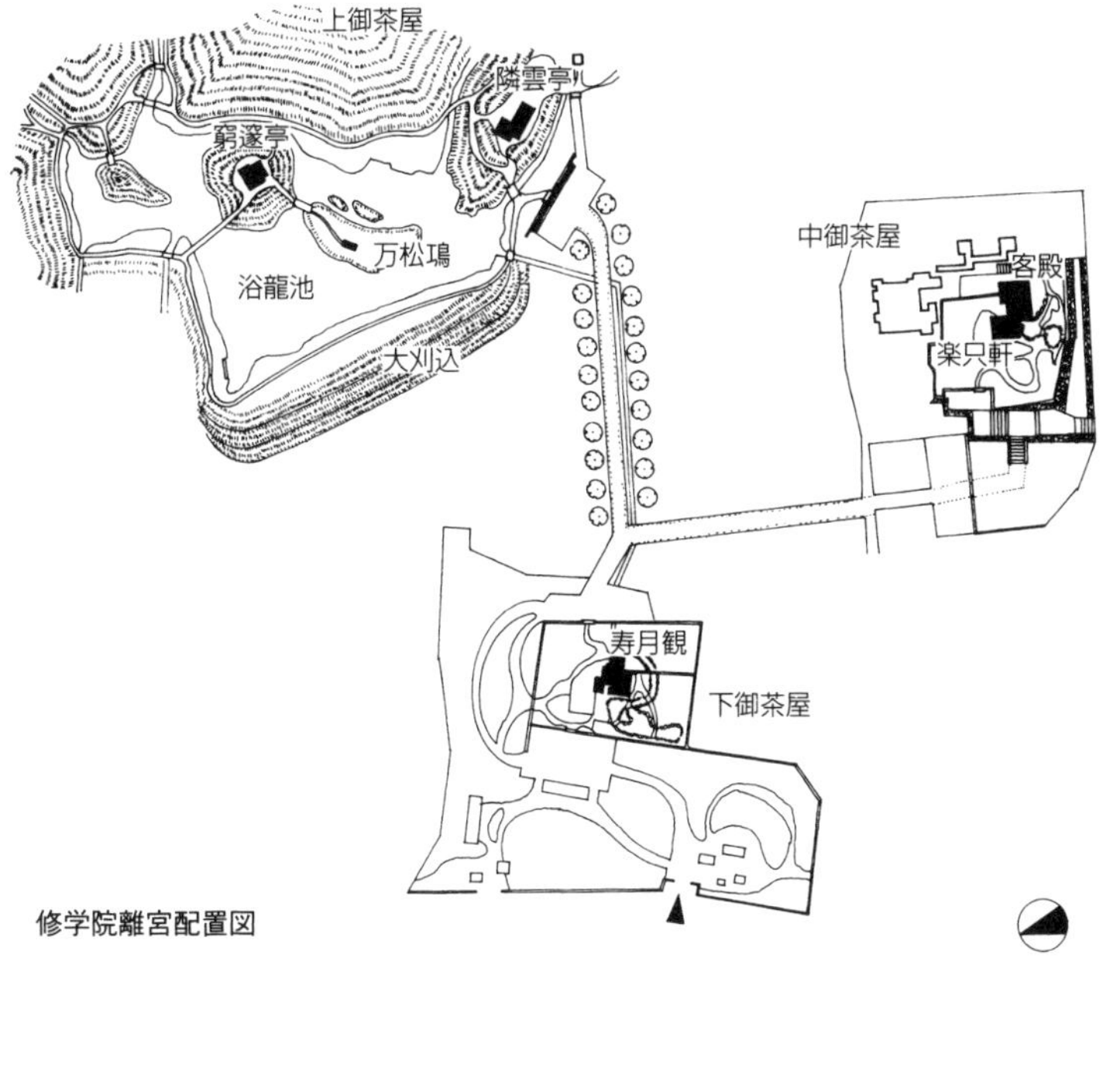

修学院離宮配置図

衆』によれば、能舞台や書院、台所、湯殿、蔵が山里曲輪にあったとみられ、『宗湛日記』には、ここで月見の宴が催されたことが記録されている。その他、台所丸には菜園と庭園が存在していたとみられる。

これらの曲輪を支える石垣は、序章でも触れた、はるか近江穴太からつれてきた石工が担当したという。よほど秀吉は穴太の石工を気に入っていたに違いない。この穴太の地を領地にしていたのが浅野長政で、そのために長政は名護屋城の総奉行に任命されたのかもしれない。『平塚瀧俊書状』によると、「御城ノ石垣なとも京都にもまし申候」とあって聚楽第の石垣以上の出来であったという。

その他、興味深いのは、大陸へ出兵した際用いたとみられる船が『名護屋城図屏風』に描かれているが、まるで船の上に城をのせたかのようなしくみになっている。石井謙治氏によれば、軍船としては他に例のない華麗な装飾天井や高欄の遺構が残されているといい、また船として重要な推進力であるマストがなく、その上に矢倉があることから見て、海上を移動する城のような存在であったのであろう。

名護屋城造営にともなって、周囲には全国の大名の邸宅が建てられ、それらの需要を満たすために堺、京都、博多などから商人や職人が集まって、店を開き、数ケ月にして巨大な城下町が突如出現したという。

2　朝鮮大陸での城普請

秀吉は朝鮮半島において、数々の侵略戦争を繰り返した末、『小早川家文書』によれば、一五九三年、朝鮮在陣の諸大名に朝鮮半島南岸一帯への城普請を命じている。もっとも一五九二年の上陸直後にも、秀吉は釜山《ぶさん》に城を造っているのだが、この年の城普請は一度に十箇所の城を造営するという途方もない規模のものであった。

『鍋島直茂譜考補』によれば、西生浦《そせんぽ》城（加藤清正）、機張《きちょん》城（黒田長政）、熊川《うんちょん》城（小西行長）、巨済《こせ》島《ど》城（島津義弘）、竹島《ちゅくど》城（鍋島直茂）、安骨浦《あんごるほ》城（九鬼嘉隆）、林浪浦《いむらん》城（毛利吉成）、釜山《ぶさん》城、加徳島《かとくど》、東《とん》莱《らい》城（すべて毛利秀元）がその十箇所であるという。これらの城は倭《わ》の国＝日本の城という意味から「倭城《わじょう》」と呼ばれる。

それらの様相については、残念ながら史料がなく不明であるが、一五九七年に慶尚南道蔚山に造られた島山《とさん》城については、ある程度その様相を知ることができる。『清正高麗陣覚書』によれば、それまで西生浦《そせんぽ》城を守っていた加藤清正が、秀吉の命により黒田長政にそれまでの城をまかせ、新たに島山城を守ることになったという。

『浅野家文書』によれば、本丸の他、二の丸、三の丸をもち、石垣の長さは合計約一四〇〇メートルで、やぐらは大小十二箇所あったという。また塀の長さは合計約六三〇メートルに達し、堀は合計約二六〇〇メートル、柵は合計約三三六〇メートルであったという。さらに、冠木《かぶき》門が四箇所、木戸が七箇所、仮小屋が大小四箇所城中にあったという。

これらの規模を日本における当時の城郭と比べてみると、堂々たる中規模以上の城であり、不慣れな他国において、これだけの城を造営した技術には瞠目すべきだろう。

いっぽう、その造営過程についても、軍医であり、僧侶でもある慶念の『朝鮮日々記』の生々しい記述が残されている。以下同史料を掲げてみよう。

みき《右》ひたり《左》も、かち《鍛冶》と番匠のかなつち《金槌》のおと《音》、ちやうな《手斧》をからりころりとして、いと丶暁ハすさましくして、いねられさるに、夜半時分よりうちた丶きあへるを、とりもあへす、油断なくかち《鍛冶》はんせう《番匠》のた丶きあひ、うちきるつち《槌》に火ゑん《焔》こそたて。さてもてつほう《鉄炮》・のほり《幟》の衆、かちほろ《徒母衣》船子人足にいたるまても、きり《霧》をはらいて山へのほりて枕《材》木をとり、夕にハほし《星》をいた丶きてかへり、油断すれハやませられ、又てき《敵》にくひ《首》をきられ、さしてもなきとか《咎》なれ共、百性《姓》のかなし（「さ」脱）ハ、事をさう《左右》によせて、くひをきりてつし《辻》にたてらる丶も侍る也。

すなわち、城の造営は昼夜を徹して突貫工事で進められ、多数の鍛冶、番匠が協働したことがわかる。また、それに日本の百姓が徴発され、材木採りに追われたというのだ。さらに造営中、朝鮮の襲撃を受けることもあり、怠けた者は首を切られて辻にさらされることもあったというのだ。

この日記には、この他日本人の人買い商人のことや、荷物を運べなくなった用済みの牛の皮を剥いで兵糧としたことなど、生き地獄と化した当時の朝鮮での戦いについて赤裸々に記されているのである。

そして、こうした朝鮮出兵を周囲の反対に耳をかすことなく強行に続けたことが、秀吉と家臣との間に溝をつくることになり、さらには豊臣滅亡の大きな要因の一つにもなったのである。

3　淀城《よど》・指月城《しげつ》・向島城《むかいじま》

淀城

これまで見てきたように、大坂城に継いで聚楽第を造営したことにより、秀吉は大坂と京都の二箇所を頻繁に往復することになった。そのため、それら二つの中間地点に城を築く必要があり、一五八九年、桂川と宇治（淀）川、そして木津川と巨椋池《おぐらいけ》（現在は干拓のためなし）の合流点として、水上交通の要衝である地に淀城を築いている。淀の地名は、三川が集中して水が淀んでいることに由来するという。

交通の要であるだけに、一五〇四年にはすでに薬師寺元一《やくしじもとかず》の城があり、その後も陣取り競争となって細川氏綱《ほそかわうじつな》、岩成友通《いわなりともより》、明智光秀《あけちみつひで》と城主が二転三転し山崎の合戦でやっと秀吉の支配となった。秀吉以降も徳川幕府によって一六二三年に城を新築されている。現在京阪本線淀駅ホームから見える堀と石垣が、この徳川時代の遺構である。

この淀城が、秀吉の大坂と京都の中継基地として、さらには側室茶々《ちゃちゃ》（淀殿）の妊娠に際して、その産所として大改築を施されたのである。

工事は秀吉の弟の秀長が担当し、フロイスの『日本史』によると五万人の人夫を動員したという。『下坂文書』によれば一月に着工、早くも三月には茶々が入城し、五月にはわずか三歳で没する鶴松を出産している。以後、茶々は「淀殿」と呼ばれるようになったという。六月に再び秀吉にかかわる城郭にはつきものの穴太の石工により石垣工事をしていたというから、この時未だ完成には至っていなかったようである。

　五月三十日には、祝いに公家や大名が訪れ、淀城が最も華やかな時期であった。九月十三日に鶴松が大坂城に移されると、再び淀城は衰退し、秀吉は鶴松の不幸と共に、この城を消滅させたかったのか、一五九四年には徹底的に破却し、その機能は伏見城に吸収されることになった。

　ちなみに秀吉の淀城跡は、現在の徳川による遺構とは多少位置が異なり、妙教寺の由緒書によれば、「淀城之艮方於古城下矣」とあって現在の石垣の東北＝鬼門にあったといわれ、江戸時代に造営された淀城の鬼門の守護とされていたという。また明親小学校蔵の荒木鳴門の随筆の中にも「淀城、旧在㆓城北納所村㆒永正間為㆓細川氏居城㆒後至元和中遷㆓于今地㆒」とあり、その由緒を伝えている。現在、その痕跡は全くなく、わずかに近くの納所《のうしょ》の地に「城の内」「北城堀」「南城堀」などの字名がその名残りを留めているに過ぎない。

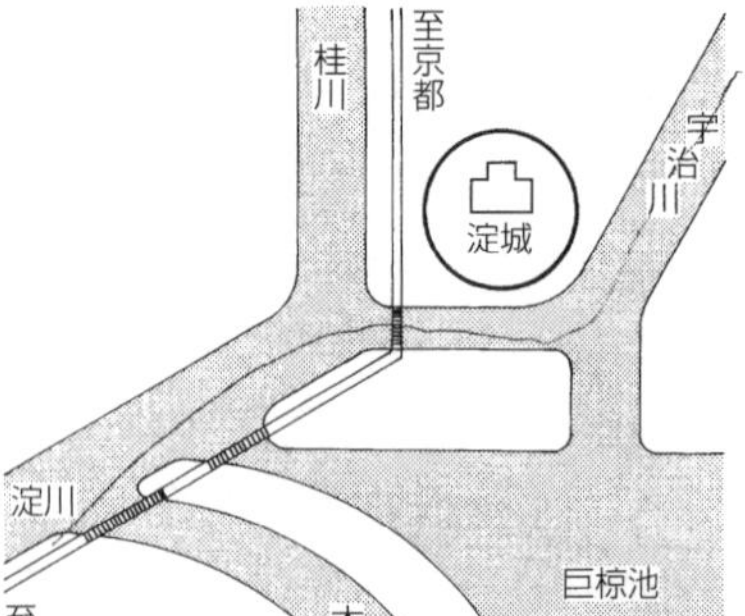

上─淀城配置関係図
下─徳川時代の淀城跡

なお、一六二三年造営の徳川による新淀城は、もと河川交通に活躍した河村与三右衛門の屋敷跡で、その遺構の上に二条城から天守を移築したものといわれ、その他、伏見城、姫路城からも建物を移したという。本丸、二の丸、三の丸の構成をもち、多数の矢倉が建てられ、城の北と西にそれぞれ水を汲み上げる水車をもっていたといわれる。

狂言『靱猿』にも、「淀の川瀬の水車、誰を待つやらくるくると、くるくると」とうたわれ、また『淀古今真佐子』によれば、本丸御殿の書院は柿葺《こけらぶ》きで、広間は唐破風をもち、室内は金張りの極彩色であったという。

新淀城が完成するとすぐに松平定綱が京都守衛の令により入城しているが、『徳川実紀』によれば「伏見をのぞきては、帝都を守護せむ地、淀にまされるはなし」とそれに関して記されている。秀吉時代の淀城は、仮設的な役割りに過ぎなかったが、徳川の新淀城は城下町を形成するほどの大規模なものであった。『淀下津町記録』によれば、城下町は「淀六町」と呼ばれる水垂《すだれ》町、大下津《おおしもづ》町、城外町、池上町、下津町、新町から構成されていたという。

指月城

『兼見卿記』一五九二年の条に「今日、太閤大坂より伏見に至り御上洛と云々。伏見御屋敷普請縄打仰付らる」とあり、秀吉はこの年、のちの伏見城の前身である伏見屋敷を造営している。

秀吉が突然伏見に新居を築いた理由については諸説があり、伏見の地が戦略的かつ、商業的要衝であるというのが一般的であるが、ここでは「伏見」が「不死身」につながるためという足利健亮氏の説を取り上げてみたい。というのも、前に触れた通り、この年長男・鶴松、弟・秀長、千利休、そして大政所とあい継いで秀吉の身内が他界しているからである。現に、伏見屋敷の造営は、大政所の死に伴う一連の法事のために、名護屋から上京した際に行なわれているのである。利休は、確かに秀吉の命により自刃したのだが、興味深いのは、秀吉が伏見屋敷の設計について「りきう(利休)にこの(好)ませ候て、ねんころに申しつけたく候」と前田玄以宛の手紙に書いている点にある。

この手紙は、一五九一年十二月十一日付であって、利休はすでに他界しているにもかかわらず、屋敷を利休好みに造ってほしいとその気持ちが述べられており、利休を失った悲しみが、そこにあらわれているような気がするのだ。

戦略的要塞は京都にも数ある中で、大坂城でも聚楽第でもなく、あえて伏見に屋敷を構えた背景には、身内の相次ぐ死から「不死身」の地を選んだ可能性は無視できないのである。元来、伏見の地は「不死身」の地として知られ、中世には藤原頼道の子 橘《たちばな》 俊綱《としつな》が別業を構えたり、また後白河上皇が伏見御所を設けたり、隠居所を設けて不老不死を願う地であったと想像できよう。

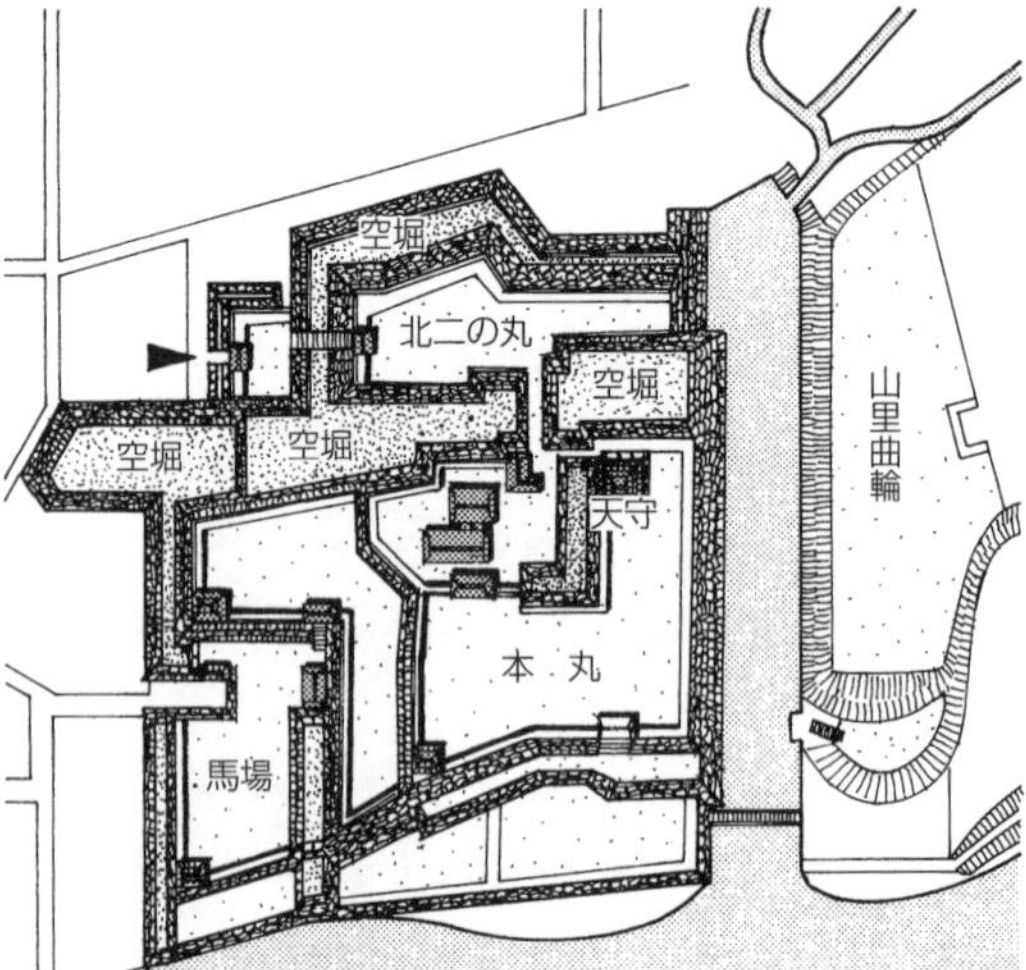

指月城復元図
(桜井成広氏による)

そして翌年、伏見屋敷が完成し、早速秀吉は新居に移っている。ところが、のちの秀次事件がからんでいるのだろうか、あるいは朝鮮使節の来日に合わせて権威を誇示するためだろうか、完成して間もない伏見屋敷をただちに本格的な城に改築するのである。

『慶長年中卜斎記』には、最初の伏見屋敷を「伏見指月」と伝えており、それを改築してしつらえた城は「指月城《しげつじょう》」とでも呼ぶべき存在であったに違いない。『当代記』によれば、この指月城は一五九三年末には計画されたといい、工事にあたっては『甫庵太閤記』によると二五万人の人夫が動員されたという。

『駒井日記』によると、淀城の天守と矢倉が移建されたといい、一五九四年八月一日(旧暦)、秀吉は完成した城に移っている。ちなみに、徳川家康が一五九〇年、江戸城にはじめて入城したのも八月一日であった。この八月一日は「八朔」と呼ばれ、農村では収穫をはじめる吉日であり、武家においてもしばしば記念的行事に用いられたといわれる。

指月城の遺跡は現在全く残されていないが、伏見山の西南の指月の地であったことは間違いない。宇治川に近い大坂と京都をおさえる要塞である上、その満ち欠けから永遠性を象徴する月の名所として知られ、「不死身」とも一脈通じる土地柄として、秀吉がこの地を望んだのであろう。「指月城」の名称も月の名所にちなんで命名されたものとみられる。

なお、指月城の地はもともと伏見宮家初代栄仁《ひでひと》親王がここに大通院《だいつういん》指月《しげつ》庵という隠居所を建ててくらした場所で、その三代の孫にあたる後土御門《ごつちみかど》天皇が二代後花園《ごはなぞの》天皇の菩提寺・般舟三昧院《はんせんざんまいいん》を建てている。足利将軍も宇治川の上流の春日大社参拝の帰途には、必ずこの寺に立ち寄り月見に興じたという。しかし、後述するように一五九三年、秀吉がこの指月の地に本格的な伏見城を築く際、立ち退きを余儀なくされ、京都千本今出川に移されている。
その後、伏見城が完成し、建設資材の陸揚げ港としての役割がなくなると、この地に今度は指月円覚寺《しげつえんかくじ》が建てられる。秀吉はこの寺に亀州宗鶴《きしゅうそうかく》を住職として招き、たびたび訪れて月見を楽しんだという。その後、秀吉の造った指月城と向島《むかいじま》城を結ぶ橋にちなんで、寺名を「月橋院《げっきょういん》」と改名し、今日に至っている。

向島城

秀吉の造営した城の中で、向島城はあまり知られていない。この城は、前述の指月城とほぼ同時期の一五九四年頃に、指月城の出城として造られたもので、向島とは、指月から宇治川をはさんで対岸に位置する場所であり、かつ川の向う側にあることから向島城と呼ばれたのだろう。二つの城は川に「豊後橋」といわれる橋を架けて、互いに連絡をとったという。現在、近くに「観月橋」と呼ばれる橋が架けられているが、この名称も「指月城」の名と同様、月の名所にちなんだものだろう。

向島城がはたしてどんな目的をもっていたかについては、一五九四年九月九日の菊の節句の日、徳川家康が向島の私邸にて月見の宴を催し、秀吉を客として招いたことに関係があるかもしれない。この私邸は、秀吉の伏見城の造営に家康が協力した際建てたものといわれ、この観月の宴をヒントにし

上―観月橋付近
下―太閤堤跡

て造ったのが向島城なのだろう。

ちなみに、秀吉の向島城は徳川時代に入ると家康の居城となっており、秀吉も家康もこの地の月をいかに愛したかがうかがえよう。『武功雑記』によれば、「向島の御下屋敷とそばなる太閤の御遊所」とあり、秀吉がはじめて城郭にもちこんだ遊興施設である「山里曲輪《やまざとくるわ》」を思い起こさせるものだ。また『伊達日記』にも「慶長元年太閤様、伏見の向島と申処に城構候」と記されている。指月城が大規模に改造されるとともに、秀吉の隠居所をまた別に考える必要があったのかもしれない。

大坂城や聚楽第、名護屋城、伏見城など、秀吉の居城のほとんどすべてに山里曲輪が造られたのと同様に、指月城の山里曲輪として向島城は計画されたものとまずみてよいだろう。月の名所としてまさにうってつけの地の利であったに違いない。ところが、造営中に早くも宇治川の氾濫による洪水で破壊され、現在は国道が走る「太閤堤」と共に一五九六年に再度造営されている。

なお、宇治川といえば、一〇五二年に藤原頼通《ふじわらのよりみち》が自らの別荘を寺とした浄土式庭園を代表する宇治平等院が想起される。この浄土式庭園というのは、末法の時代の死への不安から、仏のすむ清らかな死後の世界である「極楽浄土」すなわち、あの世を三次元空間として再現したものであるといわれる。

この平等院へは、宇治川に架けられた宇治橋を渡って入るのだが、この行為は、死者があの世に行く途中に渡るという「三途《さんず》の川」を渡ることに等しく、いいかえれば他界を意味しているという。また、平等院の本尊は阿弥陀如来であるが、この仏は極楽浄土へ死者を導く役目をもっている。

向島城跡

向島城も山里曲輪という庭園施設として造られたわけだが、やはり「不死身」の地・指月城と宇治川をはさんで橋で結ばれていることになる。すなわち不死身の地に対して、向島城は「あの世」に相当していることにならないだろうか。

少し深読みになるかもしれないが、第四章で詳しく述べる通り、秀吉は自らの他界に際して、阿弥陀如来にふかくこだわっていることからみれば、彼は指月城にて不死身を願うのと同時に、向島城では清らかな往生極楽を祈ったのかもしれない。第一章の山里曲輪の項でも触れた通り、秀吉は大坂城においても庭園と本願寺の阿弥陀堂の間に極楽橋を渡すといったことを試みている。秀吉は、関白に就く際、藤原の姓を名乗っているが、向島城で月を眺める彼は、まさに平等院を造った藤原頼通のような心境ではなかったのだろうか。

なお、この向島城は家康の居城になった後、一六二〇年には、伏見城とともに破却され、その廃材は東本願寺伏見別院の建立に用いられたという。

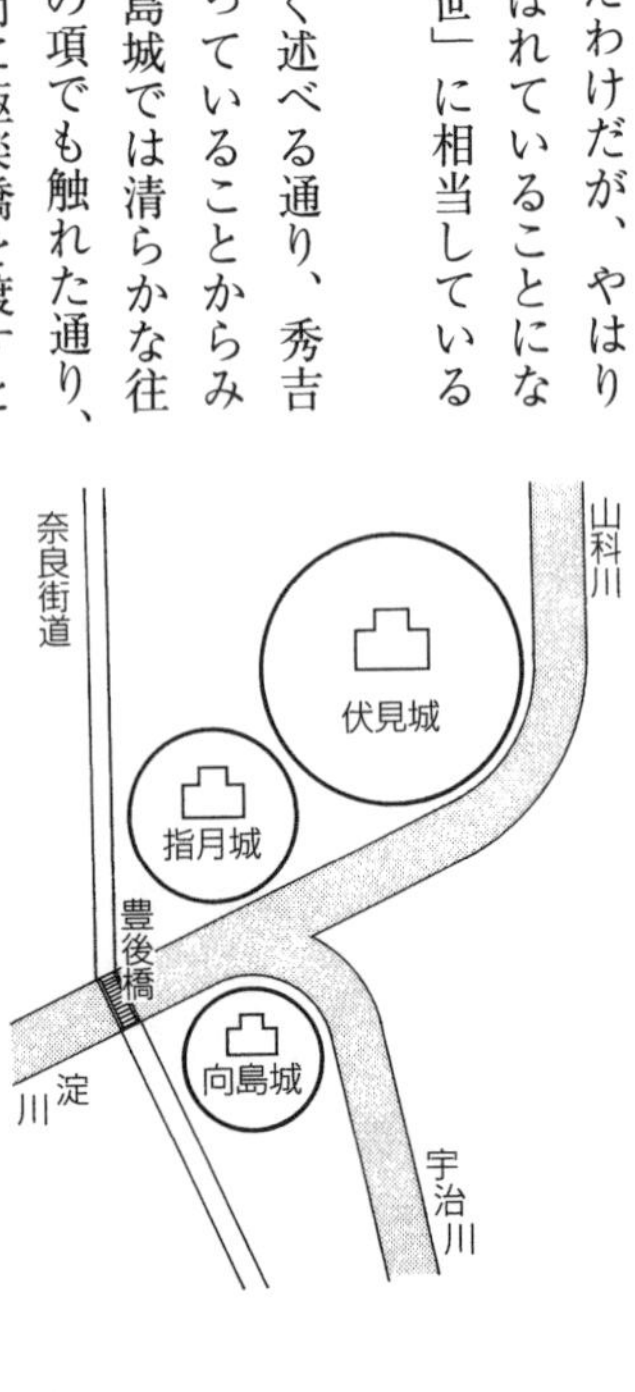

指月城・向島城・伏見城の配置関係図

4　伏見城と城下町

秀次事件

このように、秀吉が指月や向島に城を築いていた中で、一五九五年、秀吉の後継ぎとして聚楽第にいた関白秀次《ひでつぐ》が、突如秀吉への謀反の疑いで自刃させられてしまう。それも秀次のみならず、子女、妻、側室にいたるまで京都三条河原にて処刑されている。

秀次が本当に謀反を企てたかはともかくとして、秀次の関白就任後の一五九三年、秀吉の実子秀頼が生まれたことがこの事件に深く関係しているといわれる。前に鶴松を失って、一度は我が子に政権を相続させることをあきらめて秀次へ関白を譲った秀吉が、再び実子を得た喜びはさぞや大きかったに違いない。

翌一五九四年の正月には、すでに実子秀頼に難攻不落の大坂城を与えており、この時点ですでに関白秀次の地位はゆらいでいた。秀次が「殺生関白」として暴君であったために自殺させられたともいうが、これも秀次の天性というよりむしろ、秀頼の誕生によって自暴自棄に陥ったと見るべきだろう。

一五九五年の秀次の自刃とともに、その居城・聚楽第の破却を秀吉は命じている。

聚楽第のその後については前に触れた通りであるが、重要なのは、聚楽第の建物の多くが、その後の伏見城に受け継がれることであり、破壊というよりもむしろ、移建に近い点にある。自ら「不死身」を祈って求めた新転地伏見へ、結局は聚楽第の建物を再構築したといってもおかしくないのだ。

以下、伏見築城の経緯を追ってみよう。

慶長の大地震

前述の通り、一五九四年には伏見の指月城も完成し、一五九六年七月十八日には、朝鮮使節の軍事パレードと、正式な秀吉への対面が予定されていた。ところが、そのわずか六日前の七月十三日、京都を大地震が襲っている。

前に掲げた、秀吉が伏見屋敷を利休好みに造るよう命じた同じ手紙の中に、「なまつ（地震）に注意せよ」と記されており、秀吉のその予言は不幸にも見事に的中してしまったのである。

もっとも大地震の起こる前に小地震が頻発していたから予測できたのかもしれないのだが、この大地震によって前述の指月城は倒壊し、朝鮮使節との対面も果たせず、『慶長年中卜斎記』によると「秀吉公以之外御腹立」であったという。朝鮮と秀吉の不和にはなにか運命的なものを感じざるをえないのだ。

『義演准后日記』によれば、

伏見の事、御城・御門殿以下大破、或は転倒、大殿守（天守）ことごとく崩れて倒れ了ぬ、男女御番衆数多死す、いまだその数を知らず、其外諸大名の屋形、或は転倒、或は相残るといえども形ばかりなり、其外在家のていたらく前代未聞、大山も崩れ大路も破裂す、ただごとに非ず

とその破壊状況を記している。また『増補家忠日記』によれば、城内では「上臈女房七十三人、仲井下女五百余人」の死者が出たという。ちなみに、この時秀吉の怒りにふれて謹慎中であった家臣・加藤清正はそくざにかけつけて秀吉の許しを得たといわれる。

これは指月城に限ったことではなく、『言経卿記』によれば、上京、下京の街は言うに及ばず、内裏や本願寺、東寺、東福寺、三十三間堂等の諸建築が大きな被害をうけたという。

現在の伏見桃山城

秀吉は早速、城の再建に取りかかり、震災で指月城が倒れた翌日には、場所を指月から木幡《こはた》山に変えて縄張りをはじめたというから驚かされよう。そしてついに秀吉晩年の居城・伏見城の造営に着手するのである。

伏見城の造営

『義演准后日記』によれば、一五九六年七月に伏見城の造営がはじめられ、『伊達秘鑑』によれば「夜ヲ日ニ転シ、松明灯シ連レ」といった突貫工事を行ない、十月にはすでに本丸が完成したという。また翌一五九七年五月には天守や殿舎が完成し、秀吉、秀頼が入城するという異例の早さで造営がすすめられている。続いて十月には、「舟入《ふないり》学問所」の茶亭が完成したというのだ。

いったいどのような方法をとれば、これ程の短期間で工事をすすめることが可能なのだろうか。ここで注目したいのは、前述の聚楽第の破却と伏見城の造営がほぼ同時期に進行していると思われる。

『当代記』によれば「聚楽城並諸侍之家門伏見へ引移さる」とあり、聚楽第の破却の際、かなりの建物が伏見城に移建されたとみられるのだ。

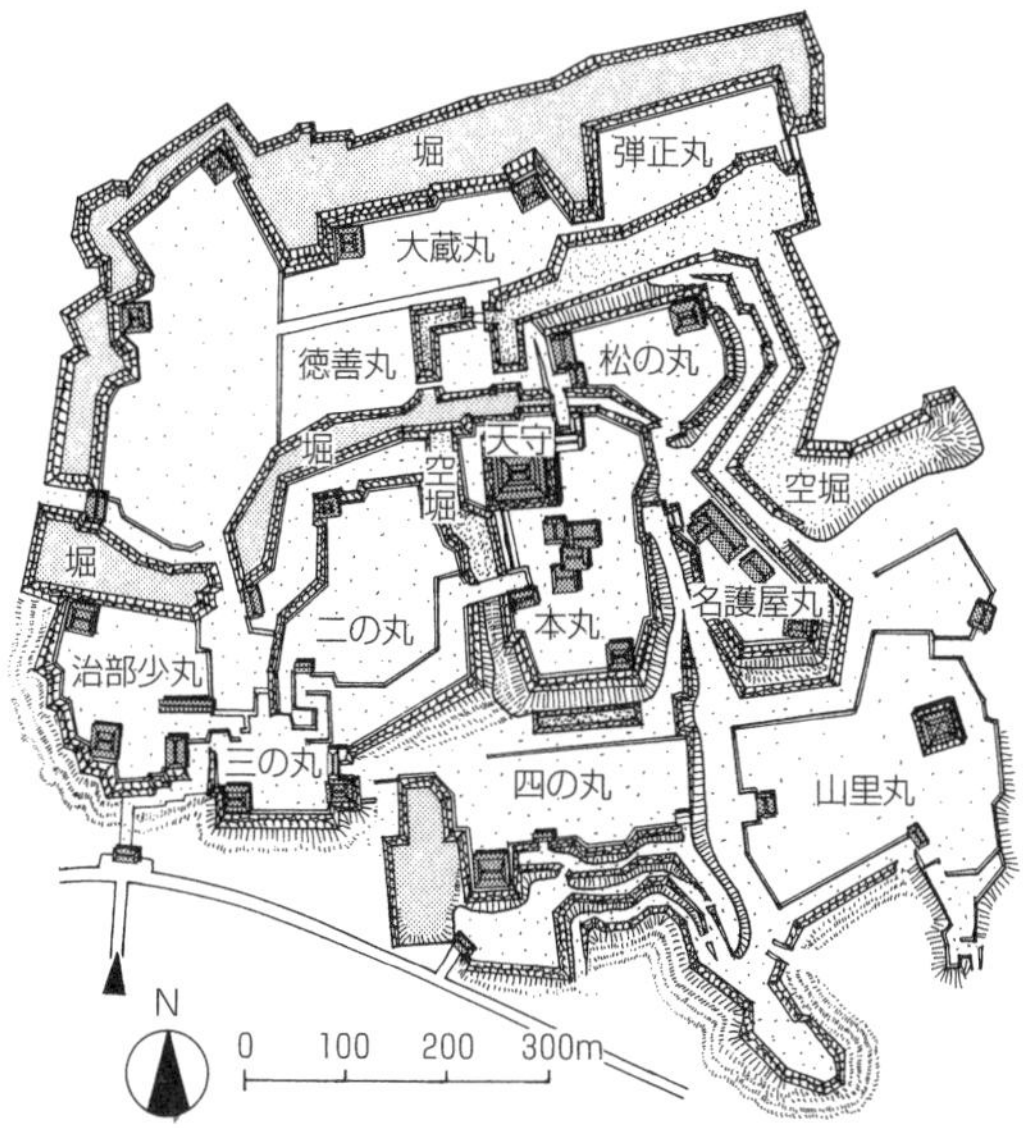

伏見城復元配置図
（加藤次郎氏復元をもとに作図）

前掲の伏見城に造られた「舟入学問所」と呼ばれる建物から、にわかに思い出されるのが、あの聚楽第の遺跡といわれる西本願寺飛雲閣であり、「舟入の間」と呼ばれる舟から建物に入るしくみを現存する建築の中で唯一もつ茶亭である。

第二章で、聚楽第を描いたとされる『聚楽城図』に三層の飛雲閣に酷似した建物の描写を指摘したが、もしこれが飛雲閣であるとしたら、さらにそれが伏見城造営の際に移建された可能性も否定できないのである。少なくとも伏見城の造営の早さの秘訣は、聚楽第からの移建にあったといってよいだろう。

もっとも、『駒井日記』によれば、淀城からも天守、矢倉その他を移しているし、また和州多聞から二重古塔、常楽寺から仁王門、比蘇寺から三重塔等を移建したといい、移建は聚楽第からに限ったことではなかったことがわかる。

その後、伏見城の造営は、一五九八年になってもなお続いていたことが『当代記』からわかり、同年秀吉が没した後も、なおも造営は続けられていたに違いない。

さて、それでは、秀吉時代の伏見城の様相はいったいどのようなものだったのか。

徳川方によって一六〇〇年に落城焼失された上再建されているため、秀吉時代の建物を復元するのははなはだ困難であるといわざるをえまい。但し、唯一『伏見城之図』（内閣文庫蔵）がその縄張りを知る貴重な手掛かりとして残されており、文献資料とともに加藤次郎氏が復元されているので掲げておきたい（一六一ページ参照）。

本丸は現在の明治天皇桃山陵の北にあたる位置で、天守は本丸の西北に位置していたとみられる。

さらに二の丸、松の丸、名護屋丸が中枢部を形成し、この他一段低く増田丸、治部少丸（石田三成郭）、徳善丸（前田玄以郭）、弾正丸（浅野長政郭）、三の丸などが中枢部を取り囲むように守護していた。

伏見城の遺構

現在、伏見城の遺構といわれる建築は数多く残されているが、徳川時代の伏見城の遺構であったり、はっきりとした根拠のないものがほとんどを占めているといわざるをえない。

以下伏見城より移建の伝説をもつ建物をあげておこう。

円徳院枯山水庭園
園城（三井）寺三重塔
園城（三井）寺大門
西教寺客殿
醍醐寺三宝院表書院
西本願寺白書院対面所
西本願寺唐門
豊国神社唐門
御香宮神社神門、拝殿及び境内の伏見城石垣用材
養源院天井板
正伝寺天井板
高台寺時雨《しぐれ》亭、傘《かさ》亭

上—豊国神社唐門
下—高台寺傘亭

伏見城の城下町

秀吉は、一五九二年からの指月城の造営とともに、一五九四年頃からその城下町の造営にも着手している。以下順番に見ていこう。

第一に伏見港の整備による水路の確保である。『村井重頼覚書』によれば、まず一五九四年十月、槇島堤を造り、宇治川を巨椋池に直接流れ込んでいたものを伏見城前の伏見港まで引き入れている。また、『吉川家文書』によれば、淀城から港までの堤を造り、淀川と桂川と宇治川をつないで港を水路交通の拠点としている。この淀川堤は桜や柳を植えて、その根によって補強し、太閤堤と呼ばれたという。

第二に城下町の陸路の確保である。もともと伏見城下町の東に京都と奈良を結ぶ大和大路があったが、城下町を通過していなかった。そこで宇治川に豊後橋を架けて、京都から伏見城下町を通過し奈良へつながる新大和街道を開通させている。

第三に城郭としての堀の形成である。まず伏見山に内堀、城西側に外堀を築いている。また七瀬川を改造して総外堀とし、城下町を囲んでいる。この堀はのちに高瀬川と合流して、京都との水路へと発達するのである。

第四に守護神の移転である。

上—御香宮境内の伏見城石材
下—御香宮拝殿

まず石井村にあった御香宮が、地霊として伏見城の鬼門（東北）の守護として大亀谷敦賀町へ移された。これは平安京であれば、比叡山の守護神・日吉《ひよし》大社、のちの江戸であれば、地霊・平将門公を祀る神田神社が鬼門に置かれているのと同様、古来日本の都市計画においてしばしば行なわれてきた呪術的な手法である。

その後、御香宮は一六〇五年、家康によって元の場所に戻されて今に至っており、徳川の紀伊（頼宣）、水戸（頼房）、尾張（義直）の三家及び千姫が伏見で誕生したことから、この御香宮を産土神として崇拝した。

以上のように城下町の大改造が行われ、新大和街道を主軸に南北に二八町、約四キロ×六キロに及ぶ広大な都市が形成されたのである。武家屋敷は城を取り囲むようにじつに五八〇以上に及んだといわれ、また城の西にはこれらの需要を満たすために商人、職人町が置かれ、にぎわいを見せたという。現在、伏見城跡の周辺には、大名屋敷の名が地名、橋名として残っており、例えば伯耆《ほうき》町、備後町、讃岐町、あるいは丹波橋、肥後橋、豊後橋、阿波橋などがそれにあたる。また大坂城下と同じく同業者による町も形成されていたとみられ、材木町、魚屋町、塩屋町、船大工町、紺屋町などはその名残だろう。

一六〇〇年七月、関ケ原の戦では、伏見城において

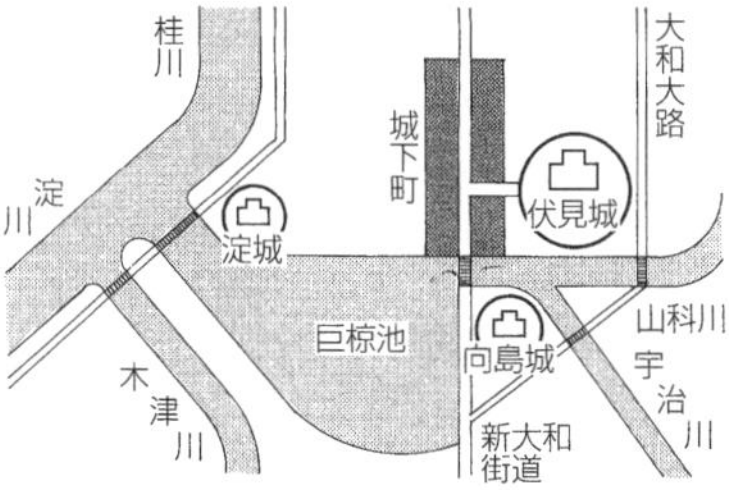

上―秀吉の伏見城下町概念図
（足利健亮氏による）
下―伏見城城下町町並み（現在）

も激しい戦闘が展開されたため、城も城下町も大きな被害をうけている。その後、徳川家康によって修復され、日本最初の銀座が城下町に開設されるなどの発展をみせたが、一六二三年、この城で徳川家光が三代将軍に就任するとともに破却されてしまった。

城跡には、桃が群生したといわれ、江戸中期には「桃山」と呼ばれるようになり、それが桃山時代と呼ばれるいわれであるという。

5 醍醐寺三宝院《だいごじさんぼういん》

庭園と他界

秀吉にとって、死の前年にあたる一五九七年三月八日、彼は醍醐《だいご》で花見を行なっている。「不死身」を願って築いた晩年の居城・伏見城の造営がすすむにつれて、おそらく彼の死への不安は増々大きくなっていったのではないか。秀長や大政所、鶴松が逝き、利休や秀次一族を死に追いやり、秀吉は自らの死への恐怖とともに、人を信じることがもはやできなくなっていたのではないだろうか。

翌一五九八年三月十五日、彼は再び大規模な花見を醍醐で行なうのだが、前に京都で行なった北野大茶ノ湯とは、その様相は全く違っていたといわざるをえない。『太閤さま軍記のうち』によれば、警固をかため、弓、鎗、鉄炮をはりめぐらして行なわれ、庭園にいたっては「これより奥へは一切御用人の他は出入これなし」といったありさまである。

この花見に先立って、秀吉は三回も醍醐に自ら足を運んで庭造りに没頭している。前に秀吉の指月城および向島城の配置と、平等院の配置の類似性から、庭園と他界の関係に少し触れたが、そもそも人はなぜ庭を造りたがるのだろうか。

一四八二年、時の将軍・足利義政《あしかがよしまさ》は、あの有名な慈照《じしょう》（銀閣）寺の庭園に自ら着手している。この時義政は政治からの逃避として庭づくりに専念したといわれ、苦悩のためか長年の酒びたりで脳溢血をおこしたともいう。

一四八八年には、病状はかなり重くなり不例平癒の祈禱を諸寺院に命じ、それでも彼は銀閣の造営に打ち込んだ。その翌年には左半身不随となり、もはや身動きもできなくなり、庭園の完成を待ちわびるかのような言葉をもらしている。そして、義政は一四九〇年、銀閣寺の完成を見ることなく淋しく他界している。

一方、秀吉の養子に一時なったこともある八条宮智仁《としひと》親王は一六一五年、自らの別荘である桂離宮の造営を開始している。智仁は、秀吉の養子も取り消され、また兄・後陽成天皇の退位の際、次の天皇にも推されたが破談となり、政治の中心におどり出ることなく、義政同様、現実逃避として庭園の造営に打ち込んだともいえるだろう。

しかし、離宮の造営半ばに他界し、実子・智忠《としただ》が庭造りの後を継ぐことになる。智忠は病気がちでありながら、さらに二回の増築を加え、その完成を心待ちにするが、一六六一年、やはりその完成を見ることなく他界したのである。

義政しかり、智忠しかり、人はなぜかくも死期が近づくと庭を造り

醍醐花見図屏風（部分）（国立歴史民俗博物館所蔵）

たがるのか。思えば、あの藤原頼通すら末法の世の死後への不安から平等院を造営したのである。
そして秀吉もしかり、死への恐怖が彼を庭造りへとかりたてたのではないだろうか。それではなぜ死への不安をかかえると庭園を造るのかといえば、それはもしかしたら、生けるものへの慈しみの気持ちであるかもしれない。

日本初のルネサンス庭園

醍醐寺の住職・義演が約三十年間にわたって、克明に記した日記『義演准后日記』によって、今日三宝院《さんぽういん》の作庭過程を手にとるように知ることができるのは有難いことである。中でも特に注目したい記録は、一六一六年十一月七日の条に「常御所与台所間ノ庭ヲ掘、花壇ヲ突」とあることであり、すなわち花壇があったというのだ。これは日本庭園においてほとんど初めて花壇が用いられた例であろう。

古来、日本庭園は「自然風景式」と呼ばれる形式であり、作庭のバイブル『作庭記《さくていき》』にも「生得の山水を思はへて」と述べられているように、自然の樹木や池、中島、滝、河川等を縮景としてできる限り再現してきたのである。それに対し、秀吉と同時代のヨーロッパのルネサンス・バロック期における庭園は「整形式」と呼ばれる形式で、黄金分割やヴィスタ、パースペクティヴ、円や正方形といった幾何学や噴水、花壇等を駆使して自然を人工的に加工する手法が発達している。

このように見てくると、三宝院の花壇は、明らかに整形式庭園の手法であり、それまでの日本庭園には決してみられなかった西欧意匠が、第一章で触れた通り、西欧好みの秀吉によって導入されたと見るべきだろう。

一方、『義演准后日記』の一六一七年正月二十五日の条には「南庭西小池ノ北ニ築小山、植蘇鐵二本、工菴進上、長九尺餘在之、見事也」とあって、高さ九尺（約二・七メートル）のソテツが二本も植えられたことがわかる。

日本におけるソテツの植栽の初見は、一五七七年にキリスト教宣教師が京都に建てた教会であり、一五八七年のバテレン追放令により破壊されたが、さいわいその姿を描いた「扇面南蛮寺図」が現存しており、庭にソテツが描かれていることが確認できる。もちろん、ソテツは日本に自生していたものではなく輸入品であり、宣教師によって初めて日本にもたらされた西欧意匠とみなしてよいだろう。

また、ソテツが資料上、二番目に登場するのは、第二章で掲げた秀吉の聚楽第を描いた「聚楽第図」であり、三番目が『義演准后日記』に見る三宝院のソテツなのである。すなわち、これらは宣教師と西欧好みの秀吉の関係から日本庭園にもち込まれたものとみてさしつかえないだろう。

『義演准后日記』によれば、これらの三宝院の花壇とソテツの作庭を行なった人物は「与四郎《よしろう》」であるとしているが、同記録の一六一五年九月三日の条ではこの与四郎について「院御所勅定ニテ賢庭ト云天下一ノ上手也、度々召寄石立様非凡慮奇特々々」と記し、寛永度内裏や寛永度仙洞御所における傑出した働きによって、後陽成天皇から「賢庭《けんてい》」の名を賜わったものであることが明らかとなる。現に寛永度内裏について『資勝卿記』一六二一年八月五日の条に「庭ツクリケン庭ヲ石ヲ見ニ喜兵衛ヲ時石山へ遣候処、能石無之候て、罷帰候也」とあり、また十二日の条にも「ケン庭、庭ノ石ヲ直シ、木ヲ植賛申候也」とその名が確認できる。

興味深いのは、三宝院の庭に西欧意匠を導入した賢庭は、秀吉亡きあと、江戸幕府作事奉行・小堀遠州の配下となって寛永度内裏や仙洞御所にも西欧手法を用いており、後陽成天皇からその名を賜

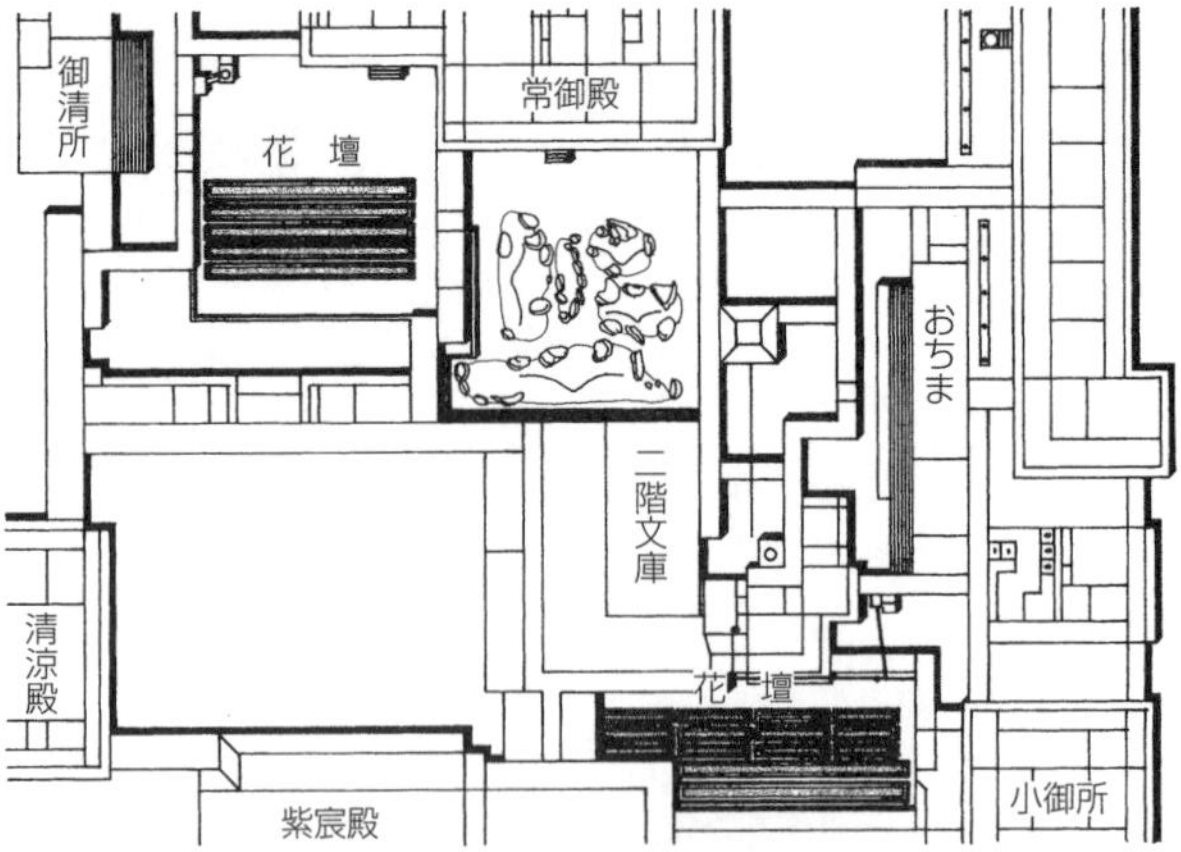

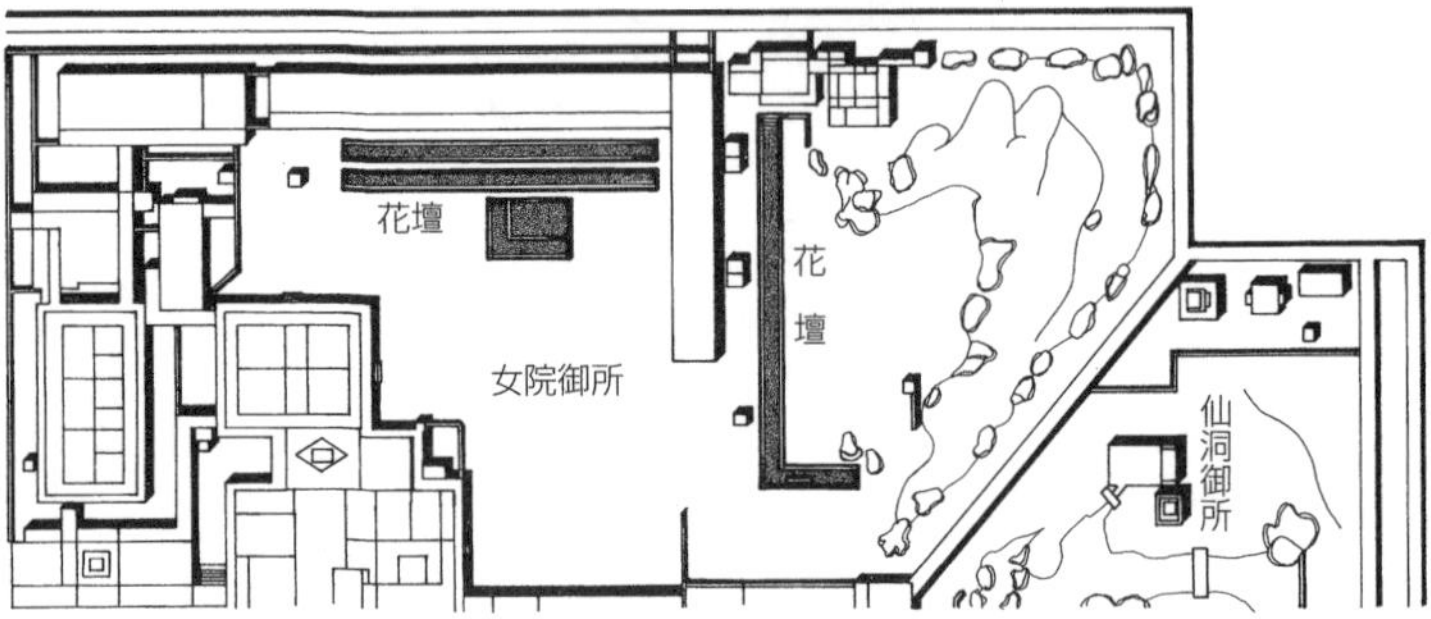

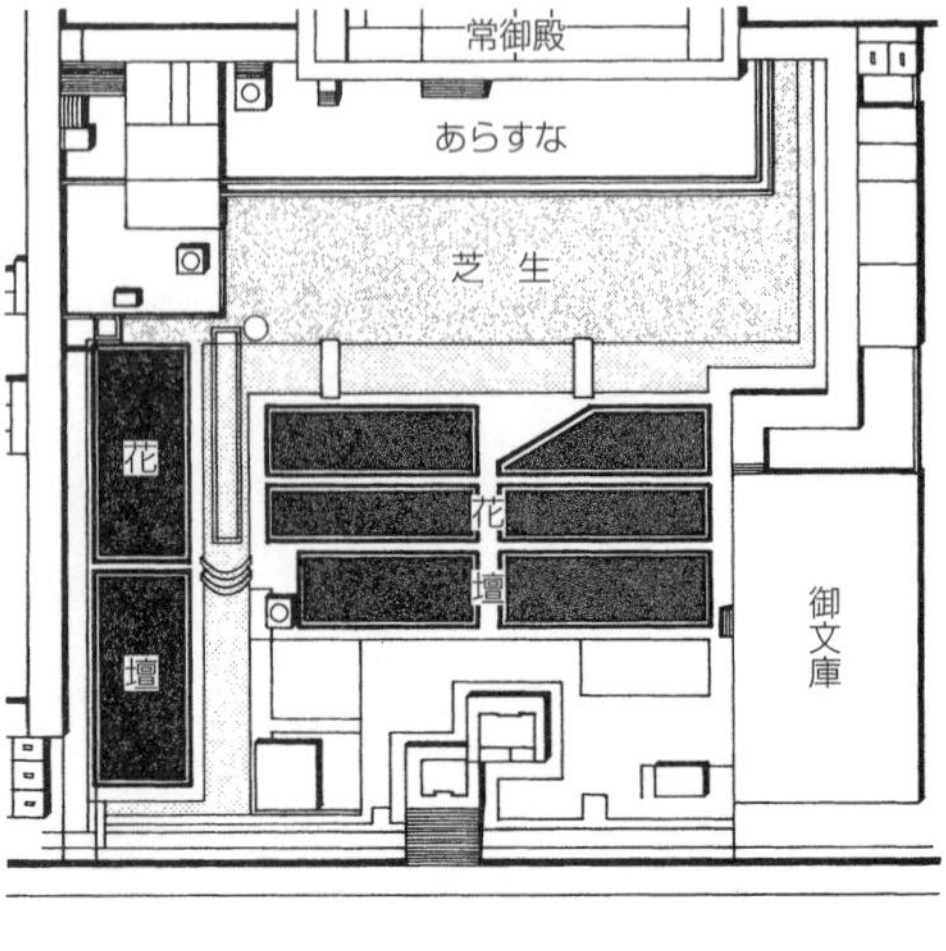

上—寛永度内裏指図
中—寛永度女院御所指図
下—寛永度新院御所指図
（すべて宮内庁書陵部所蔵
をもとに作図）

わったのも、彼の西欧手法への賛辞ともとれるのだ。

まず、寛永度内裏は一六一三年に小堀遠州を作事奉行として造られたのであるが現存せず、『禁中御花壇并盆山水道指図』によって知るしか方法がない。この指図を見ると、黒戸御所の南と御見の間の南に大面積の花壇があることがわかる。現在の京都御所の常御所前に、短冊状の切石が囲まれた花壇があり、関連性を示唆しているように思える。

次に寛永度仙洞御所は、やはり小堀遠州を奉行として一六三〇年に造られたのであるが、一六六〇年に火災にあっており現存せず、『寛永度仙洞女院御所指図』によって推定するしかない。

この図を見ると、前掲の指図同様、御所の南東寄りに、垂直に屈曲を繰り返した花壇の描写を指摘することができ、『隔蓂記』一六四六年一月二十三日の条によれば、その花壇には従来の日本庭園には決して植えられることのなかったロウマ桜、ブドウ、ヒマワリ等のヨーロッパの植物が咲き乱れていたという。また、同文献の一六四四年七月二十一日の条によれば「竜口を以て水一尺ばかり涌出す。水御竹縁に巻き上ぐる也」とあって、約三〇センチの水を巻き上げたというのであるから、これは噴水の日本による最初の実例であろう。

前にも示した通り、日本庭園は「自然風景式」であり、水は高所から低所へ流れ落ちるのが自然の道理であるから、その写しとして遣水や滝で水を表現してきた。それに対して、噴水は重力に反して水を下から上に噴き上げる人工的造形であり、主に同時代ルネサンス・バロック庭園において発展した意匠である。すなわち、この仙洞御所には花壇だけではなく、植物から噴水にいたるまでさらに大幅に西欧意匠が試みられていることがわかるのだ。

一方、寛永度仙洞御所と同時に造営された女院御所についても、同じ指図からその様相が推定できるが、蔵の南にやはり花壇があり、また常御殿（居間）から蔵と塀の透き間を通して庭を眺めるしくみとなっており、これは第一章の大阪の町造りで秀吉が試みた西欧ルネサンス・バロック期に大流行したヴィスタ（見通し線）の手法である。

さらに注目したいのは、池に中島がないことで、『作庭記』にも中島は必ず設けることが記されているにもかかわらず、ここには池はあっても中島はなく、従来の日本庭園からの逸脱を試みたとしかいいようがない。

その他、やはり小堀遠州の配下として、覧庭が作庭したといわれる一六四三年造営の新院御所についても、『新院御所指図』を見ると、花壇が常御殿の前庭のほとんど全体を占めていることがわかり、ここに西欧庭園の日本導入の完成を見る思いがするのである。ちなみに森蘊氏や久恒秀治氏は、この覧庭が桂離宮の作庭にも関与したと推測しており、筆者はこれまでにいくつかの著書で桂離宮の庭園に見られるパースペクティヴやヴィスタ、黄金分割、ソテツなどの西欧手法を指

桂離宮の配置と幾何学

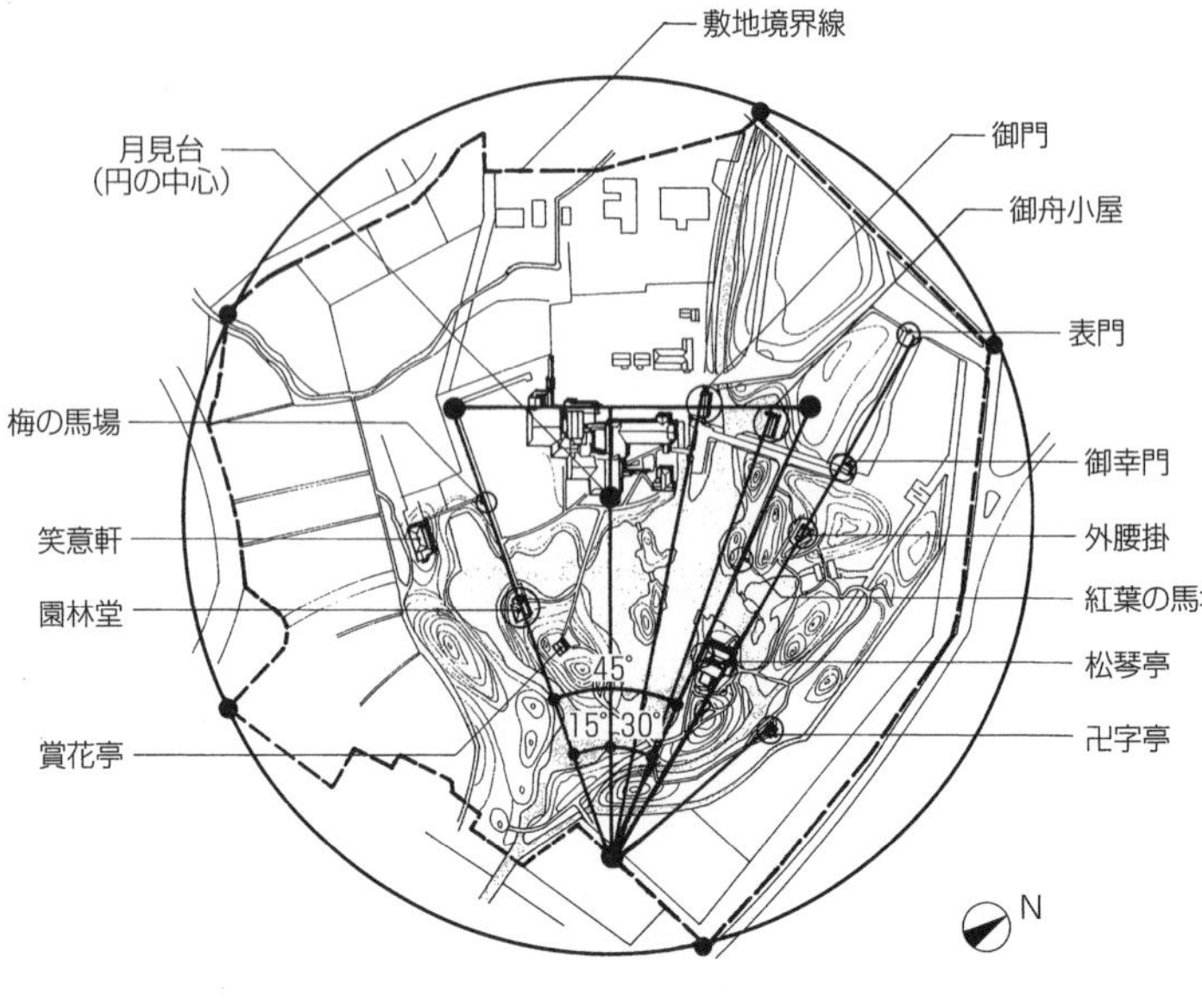

上—桂離宮御幸道のヴィスタ
中—桂離宮御輿前庭にみられる
　パースペクティヴ
下—御輿前庭と黄金比

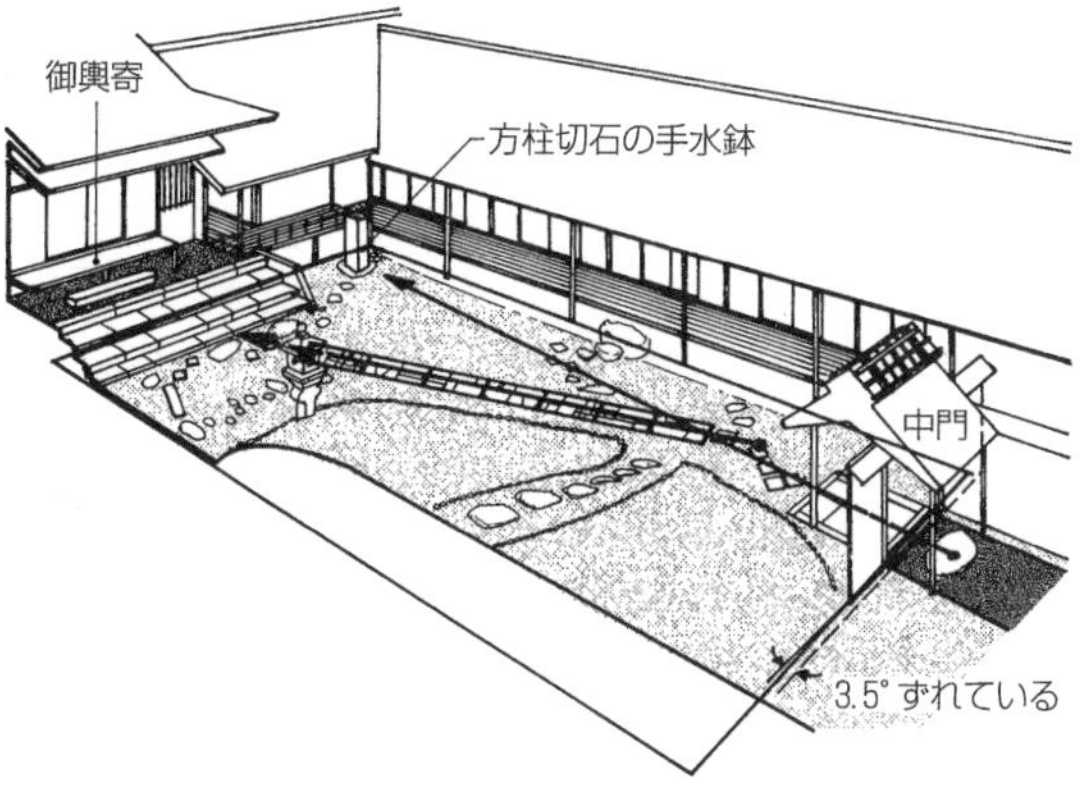

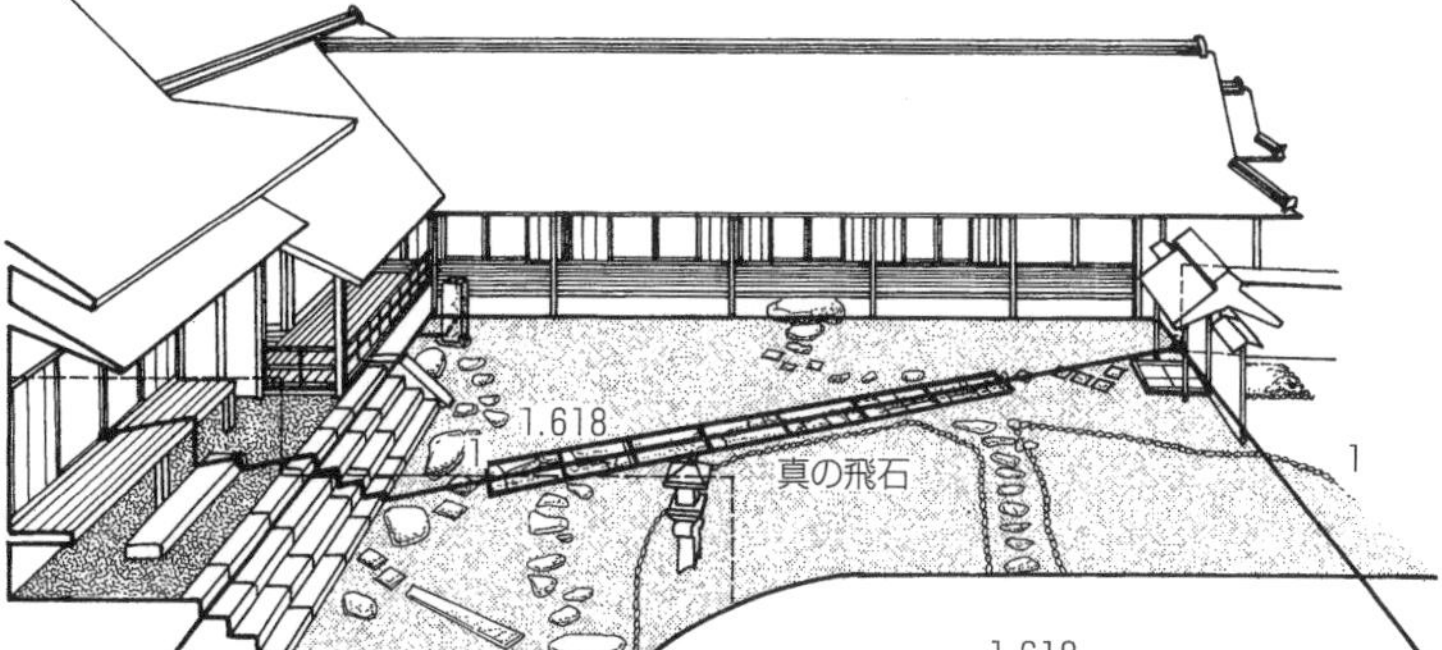

摘してきたが、それらの意匠についても賢庭との関係が示唆できるのである。

このような覧庭による西欧庭園の意匠は、単に寛永期の宮廷庭園に限ったことではなく、一六二四年に造られた江戸城西の丸山里庭園にも花壇があった記録があり、古図によってそれを確認することができる。なんと秀吉の三宝院に端を発する花壇の意匠は徳川の居城にまで及んでいたのだ。

なお、遠州の配下として賢庭は多数の石庭にも関与しており、例えば南禅寺金地院《なんぜんじこんちいん》の作庭についての『本光国師日記』一六三〇年卯月十一日の条に賢庭の名が見え、また一六三二年五月十二日の条では、金地院の住職で幕府の側近として、黒衣の宰相とまでいわれた崇伝が、賢庭への作庭のお礼をどうしたらよいか、と遠州に尋ねていることがわかる。

同じく崇伝が一六二九年に遠州・賢庭に依頼したといわれるのが南禅寺本坊方丈石庭であり、この庭の見どころである後列の石組を観察すると、東から西へ順に直径が三・七、二・八、二・〇メートルと小さくなり、また高さも一・八、一・一五、〇・八メートルと低くなり、植栽の数もそれに合わせて減少していることから、それらの相乗効果から、東西の方向の遠近感が強調されるパースペクティヴの手法が発見できるのである。

この手法は、同時期のヨーロッパ・ルネサンス・バロックの建築庭園において、しばしば用いられたことは既に指摘した通りである。

また、やはり遠州と賢庭の合作である大徳寺方丈石庭を観察すると、まず東庭は北から南に向かって石組の高さが低くなっている上、敷地幅もそれに合わせて先細りになっているため、ここにも同様のパースペクティヴの手法の指摘が可能だ。

次に南庭は全体が三六×一二メートル、東庭が二一×七メートルとそれぞれ三対一の比であることがわかり、さらにそれらを三つの正方形として黄金分割を考えると、それらによって配石がすべて決定していることが発見される。この黄金分割についても同様のヨーロッパ庭園の常套手段であったことも既に指摘したとおりである。

このように見てくると、秀吉の醍醐寺三宝院に初めて用いられた同時代ルネサンス・バロック庭園特有の西欧手法が、秀吉の死後、賢庭によって日本庭園全体へと波及し、影響を与えたとまずみてよいだろう。

また、第二章で観察した通り、この醍醐寺三宝院の表書院には、秀吉の建築特有の柱間減少によるパースペクティヴの手法が用いられており、この手法も後に書院造り全体に影響したことはいうまでもない。すなわち、秀吉こそが、近世日本の建築及び庭園に西欧文化の影響を及ぼした発端とでもいうべき人物であったといえよう。

6　西本願寺の秀吉遺構の是否

前に掲げた通り、現在、西本願寺には秀吉の遺構であると伝えられるものが数多い。例えば国宝・飛雲閣や虎渓の庭、あるいは能舞台は聚楽第の遺構であるといわれ、また国宝・唐門や白書院は、秀吉の伏見城の遺構であると伝えられている。しかし近年、解体修理の結果や先学らの研究によって、それらの伝説の多くが否定されつつある。

私事となり恐縮であるが、筆者は数年前、西本願寺の学問所を前身とする龍谷大学に建築史の研究者としてはほぼ初めて就任するという機会に恵まれた。そして最近、外部にはほとんど非公開にされてきた資料を多数発見しつつあり、今後ライフワークとして西本願寺の秀吉の遺構の真偽について取り組んでいきたいと考えている。それらの研究成果は、まとまりしだい紙面を改めて発表したいと思うが、その前に、まず現在までの書院と飛雲閣についての考察をここに簡単にまとめておきたい。

書院

まず対面所、白書院、雁の間、菊の間などで構成される書院であるが、一九五九年に完了した半解体修理によって以下の四点が明らかになっている。

1 移築を示す解体・組立ての痕跡が全くない。
2 柱番付（部材に書き込む数字）が白書院、対面所、その他と別になっている。
3 白書院と対面所の間の小屋組に垂木掛けがあった。
4 対面所の方位が柱番付の方位と九〇度ずれている。

以上の事実から、建築史家・西和夫氏は次に示す仮説を立てておられる。

1 移築の跡がないことから、秀吉の伏見城からの移建の可能性はない。
2 柱番付と、普通外部に面する垂木掛けの位置から、少なくとも二棟以上の建物を合体させて一

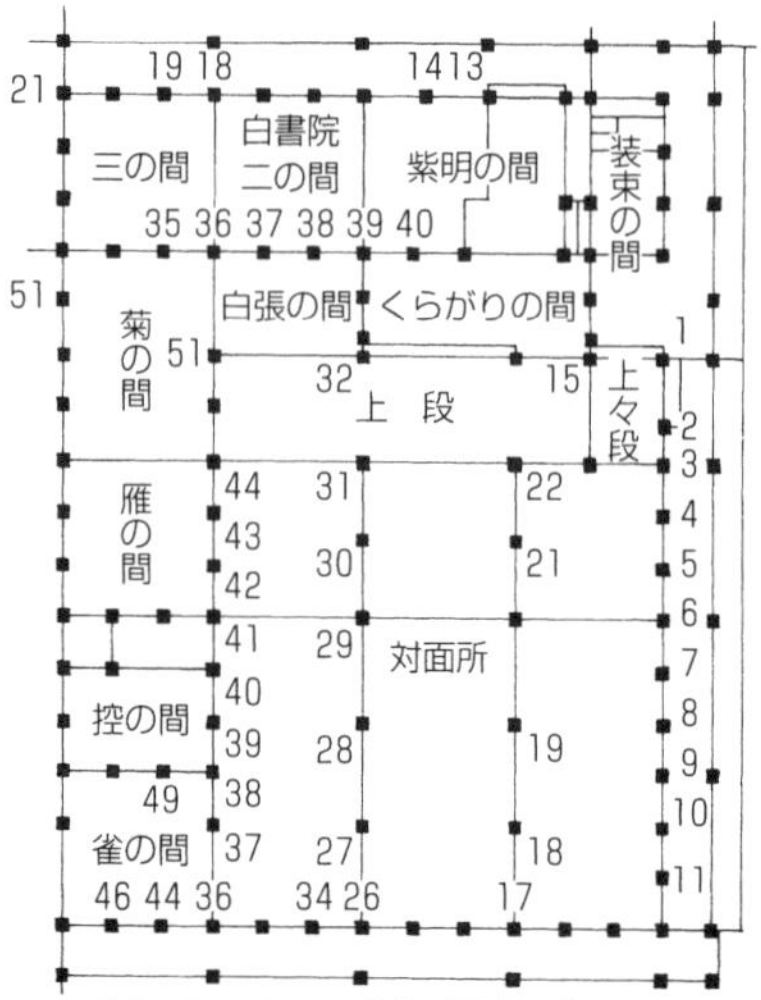

西本願寺白書院対面所柱番付
（『国宝本願寺書院（対面所及び白書院）修理工事報告書』をもとに作図）

つの屋根を架けたとみられる。

3　柱番付の方位がずれており、また本願寺の一六二六年と一六三五年の日記で、対面所の向きが九〇度異なっていることから、その間に対面所を九〇度回転させたことがわかる。また、一九三三年の日記に御影堂建立のために対面所が引き屋された記録があることから、この時に九〇度方位を変えたとみられる。

4　引き屋前の建物についても、本願寺資料から一六一七年の西本願寺の火災後の仮営の建物であったことがわかる。

これらの考察から考えて、やはり本願寺書院は秀吉の伏見城の遺構ではなく、もともと本願寺で造営された建物が引き屋、改築されたと考えるべきだろう。また、建築史家の藤岡通夫氏も、対面所に徳川家の葵紋が使われていることから、一六三四年の将軍家光の上洛にあわせて造営したものであるとして、伏見城の移建はありえないとしている。以上から見て、本願寺書院が秀吉の伏見城の遺構である可能性は、現時点ではかなり低いといわざるをえないのである。

しかし、前に触れた通り、対面所の柱の間隔を構造的混乱まで起こしてまで変化させるパースペクティヴの手法の発祥は、聚楽第大広間や醍醐寺三宝院表書院等の例から、秀吉の書院を発祥とする手法であり、ここに何らかの関連を見出す可能性は未だ否定できないといえよう。

また、この西本願寺書院のために設けられた虎渓《こけい》の庭のソテツの植栽についても、前述の通り、その京都のキリスト教会に次いで秀吉の聚楽第、醍醐寺三宝院に採用されたものであり、秀吉との関連を示唆しているように思われる。よって未だにわずかではあるが、本願寺書院が秀吉の遺構である可能性は残されているように見え、今後の新資料の発掘に期待したいと考える。

飛雲閣

次に飛雲閣であるが、建築史家・桜井敏雄氏によれば、もともと本願寺は伽藍の中に「亭《てい》」と呼ぶ建築を造るしきたりがあり、山科本願寺や石山本願寺、あるいは大谷本願寺にもそれぞれ亭があったという。また遊興に用いるのと同時に仏事にも使用され、大師堂や阿弥陀堂と共に重要な施設であったという。

飛雲閣についても、江戸時代に仏事に用いられたことを示す古図が現存し、現本願寺の亭として新造されたものであって、秀吉の聚楽第の遺構ではないと桜井氏は指摘している。

飛雲閣は、本願寺が秀吉から土地を与えられて現地に移った翌年の、一五九二年の記録にすでにあらわれている。また、記録によれば、一六一七年には「一宇も残さず」火災で焼失したといい、もし亭として新造したものだとするならば、現在の飛雲閣は一六一七年以降の再建によるものと考えなければならないのだが、それを示す記録は未だ発見されていない。

なお、伝説では一五九五年の秀吉の聚楽第の破却の際移建されたといわれるが、もしそうだとしたら、一五九二年に記録されている飛雲閣以降の移建となる上、一六一七年の火災を免れたとは考えられず、矛盾が多いといわざるをえないのである。しかし、前述の通り、聚楽第の破却の際、かなりの建物が秀吉の伏見城に移建されたことが記録に見え、一五九七年には、伏見城に「舟入学問所」と呼ばれる建物が完成している。飛雲閣は舟入りの間と呼ばれる舟からの直接建物に入るしくみを唯一も

西本願寺飛雲閣 船入の間 入口

つ現存する茶亭であることはすでに触れたとおりである。

第二章で『聚楽第図』の中に三層の飛雲閣に酷似した建物を指摘したが、これが伏見城に移建され、それが本願寺に移建された可能性はないわけはないのだが、この秀吉の伏見城は徳川方によって一六〇〇年に焼失、再建されたため、やはり現在の飛雲閣には容易に結びつかないのである。

ところで前に指摘した通り、この飛雲閣の書院にも西本願寺の書院と同様、聚楽第大広間や醍醐寺三宝院表書院等の秀吉の書院を発祥とする、柱間減少によるパースペクティヴの手法が観察できるのであり、また、飛雲閣に付属した黄鶴台と呼ばれるサウナなどは、西欧好みの秀吉らしい施設であるといわざるをえない。

以上のように、飛雲閣に関しては現時点において、秀吉の遺構であるか否かは未だ謎のままであるといってよいだろう。そしてそのことは、能舞台についても、あるいは唐門についても同様である。すべては今後の新資料の発見にかかっている。

第四章　豊国廟《ほうこくびょう》と本願寺

1　方広寺と大仏殿

聚楽第の建設が始まる二年前の一五八四（天正十二）年、秀吉は、本能寺の変で非業の死をとげた主君織田信長の霊を弔うために、秀吉が建てた大徳寺の塔頭・総見院をさらに拡張し、大徳寺の南・船《ふな》岡山《おかやま》に国家鎮護を祈願する独立した寺として「天正寺《てんしょうじ》」の造営を計画している。

天正年間に天正寺は建てられたわけだが、このような元号を名付けた寺を「元号寺《がんごうじ》」といい、例えば比叡山延暦寺は桓武天皇が延暦年間に建てた寺であり、建仁寺《けんにんじ》は土御門《つちみかど》天皇が建仁年間に造営した寺である。つまり、元号寺は、天皇の勅許による国家鎮護の寺格の高い寺であり、天正寺についても正親町天皇を巻き込み、天皇直筆の「天正寺」という額を用意している。

船岡山は、平安京を造営する際、陰陽道における遷地の条件である四神相応《ししんそうおう》（東に青龍《せいりゅう》の神宿る川、西に白虎《びゃっこ》の神宿る道、南に朱雀《すじゃく》の神宿る水、北に玄武《げんぶ》の神宿る山がある大吉の地相）の玄武に相当する山で、平安京の中央を南北につらぬく朱雀大路《すざくおうじ》（現在の千本通）の位置を決定した基点にもなった聖地である。

山頂には古代に祭祀に用いられたとみられる磐座《いわくら》があり、九九四年、都に疫病が流行した際、疫神をここに祀って御霊会《ごりょうえ》が行なわれたことが『日本紀略』に記されており、十世紀に入ってもいまだ神聖視されていたことがわかる。また市内を一望できる景勝の地であり、領主が領地を眺望する「国見」にうってつけの場所であるといえよう。

現在、船岡山には、建勲《たけいさお》神社が建つが、ここに織田信長が祀られているのも、その名残りだろう。毎年十月十九日には、信長に関する祭礼も行なわれ、同社蔵の『信長公記』は重要文化財に指定されている。

造営は総見院の開祖である古渓宗陳《こけいそうちん》によって銭四千貫の予算ですすめられたが、どうしたわけか翌一五八五年には、建設は中止されてしまった。なお、その後まもなく、宗陳はどうしたわけか太宰府に流罪になっているのだ。その原因は未だに不明であるが、秀吉の権威を京都に示す目的で計画されたにもかかわらず、『多聞院日記』などによれば、一般には、信長の御位牌所の建て直し程度にしかうつらなかったためといわれる。現在、西本願寺対面所に接する庭園を「古渓の庭」と呼ぶが、これは宗陳の名から命名されたものとみられ、秀吉に関する遺構であることをうかがわせるものだ。

しかし、秀吉の国家鎮護の寺院建設の夢は、これで跡絶えることなく、翌一五八六年には、奈良

上—船岡山の建勲神社
下—船岡山の磐座

の大仏に匹敵する京の大仏建立を再び計画している。その動機については、林屋辰三郎氏によれば、以下のような説があるという。
1、奈良の大仏殿が松永久秀に焼かれたままであったため、それを京都に再興しようとした（『豊鑑』）。
2、京都を活性化するため（『太閤記』）。
3、秀吉の子孫の繁栄を祈願するため。
4、秀吉の権威の象徴を後世に残すため。
5、民間の武器を取り上げて平和をはかるため。
一五九三年、秀吉は落慶法要として父母の供養を大仏殿で行なっているが、三鬼清一郎氏によると、これは方広寺《ほうこうじ》を豊臣氏の氏寺に位置づけ、そこで国家鎮護を祈願することで、豊臣一族の繁栄イコール国家の繁栄であることをアピールしたものという。

方広寺の名称は、大仏殿を造営した東大寺の最も大切な法事である「方広会《ほうこうえ》」から命名したものといわれ、方広は仏法そのものの意であるという。すなわち、京都の鎮護・比叡山と共に方広寺を国家鎮護の寺に位置づけようとしたとみられるのだ。

『兼見卿記』や『言経卿記』などによれば、秀吉は一五八六年四月一日、京都より大坂へ帰る途中、東福寺の周辺に大仏造営の寺地を定めており、二十二日には早くも着工されたとみられ、材木運搬の命が出ている。また八月には大仏造りの技術者として明の仏師・古道《こどう》を九州から招いたという。しかし、この記事のあと、突然ぷっつりと大仏造営についての記録が跡絶えてしまうのだ。

一般にはこの時期、聚楽第、御所、大坂城と建設工事が同時進行したために計画が遅れたからだとされているが、その後、再び造営地が阿弥陀ヶ峰《あみだがみね》のふもとへ変更されており、後に述べる遷地理由などから考えて、秀吉の神格化といった新たな意味づけがなされるまでの時間差とも考えることができるのである。そしてようやく一五八八年五月、ちょうど聚楽第に後陽成天皇が行幸した頃、敷地が東福寺から東山・阿弥陀ヶ峰の麓、南六波羅の地にさらに変更されて、大仏殿の造営が再開されている。『多聞院日記』によれば「京ニハ大仏建立トテ、石壇ヲツミ土ヲ上テ、其上ニテ洛中上下ノ衆ニ餅酒下行シテヲトラセラル、事々敷ヲシン也云々」とあり、十五日には定礎式と地鎮祭が行なわれ、秀吉が大工らにふるまった酒を四千人の町人が笛や太鼓と共に、踊る中を車で運んだという。

これだけを見ると、いかにも町人が大仏造営に熱狂したかに見えるが、実際は秀吉が演出したパフォーマンスであり、大仏造りの資金も通常の「勧進《かんじん》」と呼ばれる民衆の寄付によるものでなく、すべて秀吉によるものであり、民衆の信仰とは無関係の造営であった。

朝尾直弘氏によれば、これらのパフォーマンスの目的は、同年七月八日に秀吉が発布した刀狩令と関係しているといい、農民から没収した刀で大仏を建立して、百姓らの武装を解除して一向一揆等を鎮圧するためのデモンストレーションであるといわれる。刀狩令を要約すれば、「諸国の百姓の脇差、刀、鉄砲その他、武器はすべて没収する。それらは大仏殿造営に用い、来世まで百姓の恵みとなる」といったもので、兵と農の分離を意図し、太閤検地と共に中世社会から脱却する画期的な試みであったといえよう。

『多聞院日記』によれば、秀吉は七月五日、大名に命じて総計六万二千人規模の基礎工事を開始している。途中、小田原征伐や朝鮮出兵などで工事が遅れたため、大仏の素材が当初予定していた銅から木と漆《うるし》に改められ、堺商人・今井宗及《いまいそうきゅう》が大量の漆を調達し、奈良の大仏師・宗貞《そうてい》、宗印《そういん》らが腕をふるっている。

「大仏算用状」によると、建築工事にかかわった職人は、延べ六〇万五千人にもなったという。全体を統轄したのは、後に詳しく触れる高野山の木食応其《もくじきおうご》上人で、一五九三年九月には上棟式が行なわれ、一五九五年九月には大仏殿の工事は完了したとみられる。

しかし、翌一五九六年七月の大地震によって、完成したばかりの大仏が早くも破壊されてしまうのだ。『義演准后日記』によれば、この時、本堂は無事であるのに大仏だけが破壊されたことを「奇妙々々」と記している。同記録によれば、秀吉の夢のお告げから信州の善光寺《ぜんこうじ》の阿弥陀如来像を一年間ほど借りて急場をしのいだという。『都林泉名所図会』では、その内容と共に、一五九八年に大仏殿が再建されたと伝えている。

一五九九年には、仏像鋳造のために島津義弘が唐銅を購入しており、また一六〇〇年には豊臣秀頼によって方広寺再建が完了したというが、数奇にも一六〇二年には火災によって再び失われてしまっている。その後、もう一度復興されるのだが、それが後に触れるように豊臣滅亡の発端と

大絵図（部分）（個人所蔵）

太閤塀（蓮華王院三十三間堂）

なる。ちなみに、その後一七九八年には、再び落雷によって焼失し、その後しばらく再建されなかった。しかし、天保年間（一八三〇〜四四年）になって、尾張国の有志が半身の大仏と仮の大仏殿を造営したが、これも一九七三年には焼失してしまい、今に至っている。

さて、それでは方広寺と大仏殿の様相であるが、その姿を描いた図の一つに「大絵図」がある。この図によれば、方広寺は石垣と築塀を巡らした巨大な寺院として描かれており、注目すべきは、あの蓮華王院《れんげおういん》三十三間堂までが、その一部として取り込まれていることである。この図の石垣は、現在、豊国神社の石垣として残されており、近江から石を運び、穴太の石工によって造られたものという。また、この方広寺の土塀の一部が、三十三間堂に「太閤塀」として現存しており、当時の姿を偲ぶことができる。

この付近は後白河上皇の御所であった法住寺殿《ほうじゅうじどの》や、新日吉《いまひえ》神社、今熊野《いまくまの》神社などが建ち並び、その時代の平清盛や源頼朝を理想とした秀吉にふさわしい場所であったのだろう。その後、この地には夭折した秀吉の長男・鶴松の菩提寺・祥雲寺《しょううんじ》も建てられるが、後に触れるように、徳川によって智積院《ちしゃくいん》に建て換えられている。

また、大仏殿の西門前に耳塚が造られ、五山の禅僧らが供養している。これは朝鮮出兵の際、秀吉の命で、かの地の人々の耳と鼻を削いで塩漬けにして持ち帰ったものを供要のために収めた塚である。

この「大絵図」の描写を現在の地図と比較してみると、各社寺の配置がじつによく一致しており、大仏殿の場所が現在の京都国立博物館の位置であったことがわかる。

この大仏殿については、堂は二重瓦、高さ二五間、桁行四五間余、梁行約二八間という壮大なものであったといい、各種洛中洛外図屏風に描かれており、その巨大さが確認できる。東京国立博物館蔵

方広寺周辺配置図

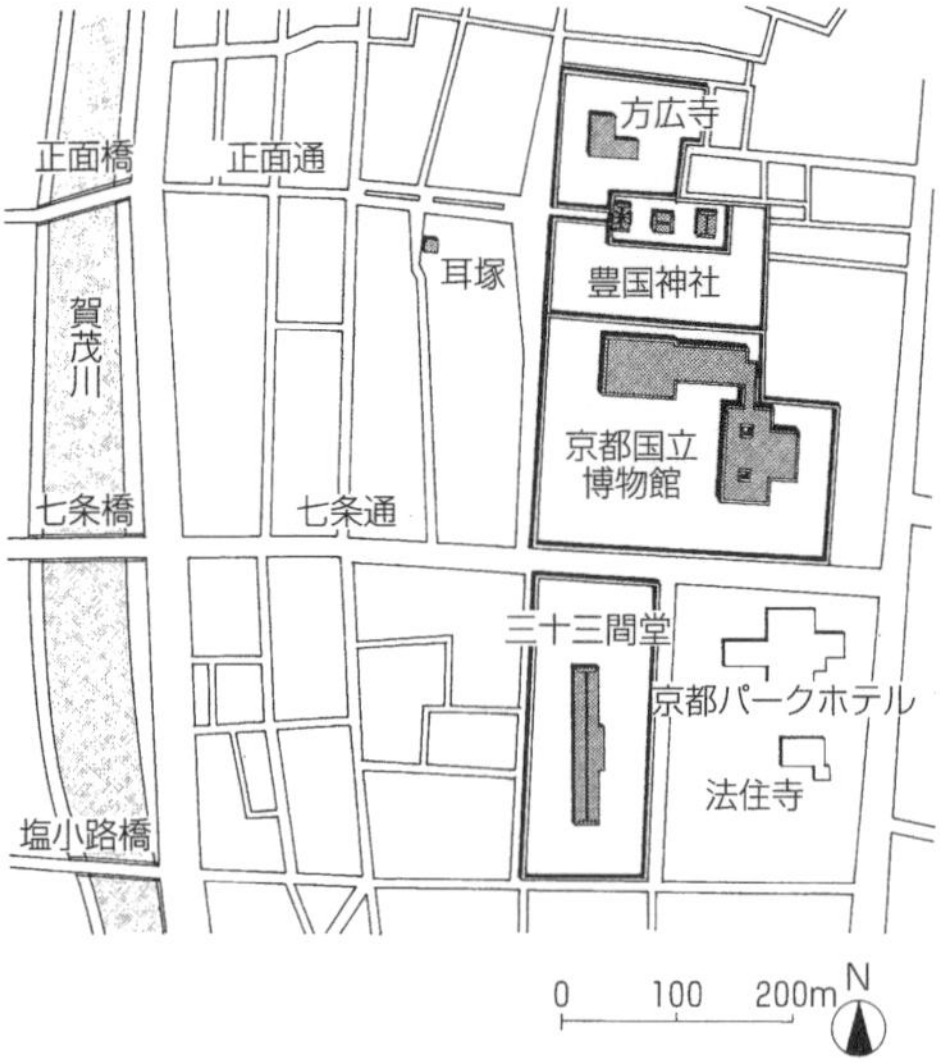

左上—洛中洛外図屏風
（部分、東京国立博物館所蔵）
左下—豊国祭礼図屏風
（部分、豊国神社所蔵）
右—耳塚

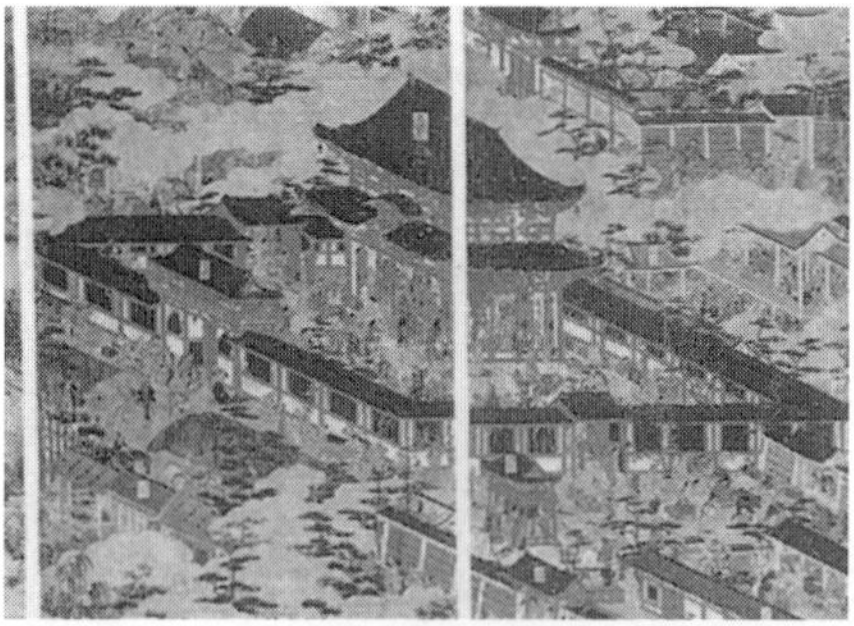

及び豊国神社蔵の豊国祭礼図屛風を見ると、どちらも大仏の座する蓮弁が見えるのみで、内部の様子はそれ以上はわからない。

一方、大仏殿の門前から西へ伸びる道を正面通と呼ぶのは、大仏殿の「正面」という意で、秀吉の伏見城の城下町と、京都を結ぶ伏見街道と、正面通が門前で交差しており、陸路交通の要衝でもあったことがわかる。また、正面通をさらに西にすすむと、鴨川に架かる正面橋に至っている。

この他、「寛永平安町古図」によると、現在の五条橋通は「大仏通《だいぶつどおり》」と記されており、また鴨川に架かる五条大橋を「大仏橋」と記している。これらの名称も大仏殿に五条通がつながることから命名されたものだろう。

上左―方広寺大仏台座の発掘状況　上右―出土した瓦（京都市埋蔵文化財研究所所蔵）
下―豊国神社石垣

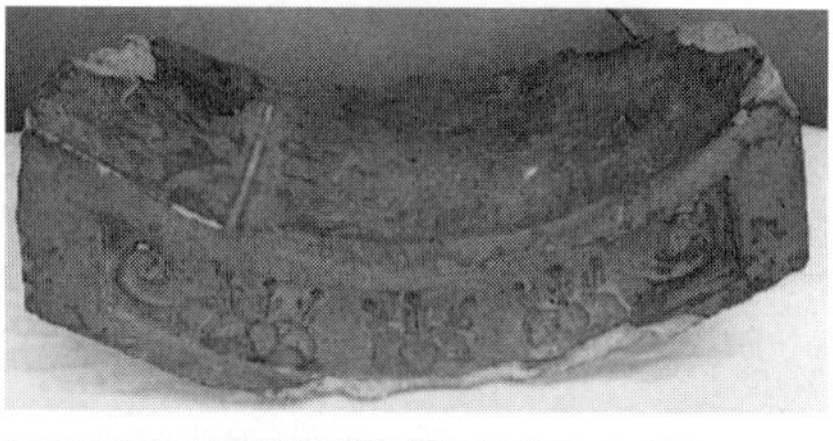

2　豊国廟と豊国神社

夢のまた夢

第三章で触れた通り、秀吉は一五九八年三月十五日、醍醐寺三宝院で花見を行なっている。しかし、その後体調がすぐれず、有馬温泉に湯治に出掛けたりもしているが、六月以降はほとんど病床についていたという。

八月五日には、最後の力をふり絞って、自筆の遺言を書き残し、その中で、徳川家康以下五人の家臣に、一粒種の秀頼の事を託している。そして、八月十八日、自らの「不死身」を望んだ伏見の城内で、秀吉は六十三年の波瀾に富んだその生涯の幕を降した。

「つゆとおち　つゆときへにし　わがみかな　なにはのことも　ゆめの又ゆめ」

これが秀吉の辞世であるが、この中の「難波のこと」というのは、すなわちあの大坂遷都計画を指しているのではないだろうか。大坂への遷都こそが、彼の最も望んだ夢であったに違いない。

行基と秀吉

それでは他界した秀吉の遺体は、その後どのように葬られたのであろうか。

興味深いのは、通夜すらも営まず、その日のうちに伏見城から柩が運び出され、あの方広寺大仏殿の背後にそびえる阿弥陀ヶ峰に埋葬されていることである。この山は京都の葬送の他、鳥辺野《とりべの》の一角にあたり、七三三年、僧・行基《ぎょうき》が阿弥陀如来を安置して阿弥陀堂を開いたのが鳥辺野の発祥であるといわれる。

興味深いのは、この行基という僧と秀吉の類似性である。『行基年譜』をみると、行基は建設技術集団を率いた指導者という側面をもっていることに気づかされる。彼が建設にたずさわった事業数を以下要約すれば、橋二、道一、溝六、樋三、堀四、池一五、布施屋（民衆救済の施設）八に及び、寺院に至っては四〇数箇所に及んでおり、その一つが阿弥陀ケ峰の三昧場であったに他ならないのである。すなわち、膨大な数の建築によって出世したという点において一致点を見出すことができるのだ。

さらに興味深い一致は、方広寺大仏殿の建設の総指揮をとった秀吉の側近・木食応其も、「行基の再来」といわれるほどに多くの寺院を建設していることである。例えば高野山では金堂の修理、大塔、大師廟、奥院、御影堂、鎮守神殿、鎮守拝殿、経蔵、宝蔵、中門、大門、智荘厳院、文殊院、天野明神、山王堂、末社、回廊、塔、護摩所、橋など三〇以上に及んでいる。

また、方広寺では大仏殿の他、中門、回廊、四方の門があり、この他豊国神社、東寺五重塔、金堂、講堂、御影堂、醍醐寺金堂及び五重塔、清瀧権現、誓願寺、清水寺安塔、安祥寺、三十三間堂、嵯峨釈迦堂、平等院、石山寺観音堂、東大寺真言院、室生寺善龍王堂、善光寺塔、厳島神社などの修理や再建にたずさわっていることがわかる。これらを合計すると、約一〇〇箇所にも及んでおり、やはり秀吉や行基との類似性をうかがわせるのである。

秀吉が木食を重用した背景には、このような建築活動を通した共通の生き方への同情があったとしても決して不自然ではないだろう。また、阿弥陀ケ峰を秀吉の永眠の地として選んだ背景にも、建築に専念した行基の生きざまが関係しなかったとはいえないのである。

鳥辺野と西本願寺

このような行基の開いた葬送の地・鳥辺野《とりべの》は現在、浄土真宗の開祖・親鸞《しんらん》の霊廟・大谷本廟《おおたにほんびょう》背後の地を指し、行基が阿弥陀堂を築いた阿弥陀ケ峰一体とはややずれている。江戸時代の『都名所図会』にも、

鳥辺野　あるひは山とも。北は清水寺、南は小松谷に限る。むかしより諸家の墓所なり

とあり、やはり阿弥陀ケ峰一体とはややずれた現在とほぼ同じ地域を指すことがわかる。

それでは近世以前はどうであったかというと、鳥辺野の史料上の初見である『日本紀略』によれば、五月十日の条には「葬㆓恒世親王於山城国愛宕郡鳥部寺以南㆒」とあり、また六月十日の条にも「葬㆓山城国愛宕郡愛宕寺以南山㆒」とあって、この鳥部寺は現東山区妙法院前側町にあったとされる。また『性霊集』にも「荼㆓東山鳥部南麓㆒」とあって、平安時代までの鳥辺野が、阿弥陀ケ峰南麓を指していることがわかる。さらに、藤原定子の鳥部野陵は『延喜式』によると今熊野泉山にあるといい、この地は『山城国風土記』逸文によれば南鳥部里といわれ、これら古代の史料はすべて阿弥陀ケ峰南麓を指していることは明らかであろう。

いっぽう中世においての鳥辺野の位置はどこであったのかというと、『拾遺抄註』には次のように記されている。

トリベ山ハ阿弥陀峰ナリ。ソノスソヲバ鳥辺野トイフ。

すなわち、古代だけではなく中世においても鳥辺野といえば、行基が阿弥陀堂を建てた阿弥陀ケ峰とその裾を指したことがわかる。

それでは、近世以前と以後ではなぜ鳥辺野の位置が阿弥陀ケ峰から現在の大谷本廟の地へずれてしまったのか。おそらくそれは、この阿弥陀ケ峰の地に秀吉の霊廟・豊国廟《ほうこくびょう》が造られたことに関係していると思われる。

浄土真宗西本願寺派の聖地・大谷本廟は、じつはもともと豊国廟にほど近い阿弥陀ケ峰に位置していたという。おそらく阿弥陀如来像を本尊とする西本願寺にとって、行基が阿弥陀如来を安置したこの地が最も適していたからに他ならないだろう。

後に詳しく述べる通り、一五九一年秀吉は本願寺に現在の西本願寺の土地を与えているが、この地はもと大谷本廟のあった阿弥陀ケ峰の真西に位置し、そこへ阿弥陀堂以下すべての伽藍を東面させて建立したのである。これらの東西配置は後述するように、単なる偶然ではなく、おそらく大谷本廟を意識して本願寺の地を遷地し、かつ東向きの伽藍配置としたのだろう。

ところがこの大谷本廟の地に、一五九九年、秀吉の豊国廟が建てられてしまう。定説では、この時付近の火葬が禁じられたため、西本願寺は一六〇三年、いとも簡単に聖地・大谷本廟を現在の延年寺山西麓へ移転したというのである。そしてかつての鳥辺野の位置も延年寺山周辺に移っていったものとみられる。

そして、西本願寺の東向きの伽藍の真東のもと大谷本廟のあった地に秀吉の豊国廟が造られたのには、秀吉による自らの死後の壮大な構想が秘められていたふしがあるのだ。

大谷本廟仏殿

以下、観察してみよう。

秀吉の神格化

宣教師オルガンティノは、一五八八年五月六日の書簡で、生前の秀吉について以下のように記している。

この悪魔のような暴君（秀吉）の希望することは、己を日本の偶像に祭り上げることで、そうすることによって自らの記憶を永久に（地上に）留め（得ると考えています）。……かれは今一人の天照大神になろうとし、（まさしく）その偶像崇拝の筆頭（に置かれること）を欲しているからです。

すなわち、秀吉は天皇の先祖である天照大神のような神になろうとしていたというのである。この記述について、海老沢有道氏は、

秀吉は天下統一が現実の日程に上った一五八五（天正十三）年ごろから、みずからの生誕に関する落胤《らくいん》説、日輪物語などの神話を作り上げたといわれ、対外的・対内的ともに太陽神を自負し、まさに「今一人の天照大神」になろうとしていた。

と生前の秀吉が自ら神になろうとしていたことを指摘している。現に、彼は遺言に「八幡大菩薩《はちまんだいぼさつ》」として祀られることを希望しており、その遺言の通りの阿弥陀ヶ峰に埋葬されているのである。興味深

いのは、前に第二章のお土居の項で触れた平将門公が、自らを新皇として挙兵するきっかけが、『将門記』によれば巫女に神がかりした際、将門を同じく八幡大菩薩の子孫と言わせていることである。八幡大菩薩とは、もと北九州宇佐地方の土着の神で、奈良時代より国を武力で守る神として重んじられ、平安時代になると平安京の王城鎮護神として石清水八幡宮に祀られたため、もともとここに離宮を設けていた応神天皇と認識されるようになった神である。すなわち、秀吉は第二の応神天皇としたのであり、また平将門公も応神の末裔として新皇と称したのである。よって秀吉も将門と同じく王権を得ようとしたことが明らかになるのだ。

それればかりではない。『将門記』によれば、巫女に八幡大菩薩の使者が神がかりして新皇の位を与えた際、その辞令は菅原道真《すがわらのみちざね》の霊魂が書いたと告げたという。この菅原道真こそが、後に詳しく述べる通り、人間を神として祀ったはじめての人物であり、将門にしろ秀吉にしろ同じく神格化のみちを歩んでいるのである。後述する通り、人を神に祀るための建築は「宮寺《ぐうじ》」と呼ばれ、神社とも寺院ともつかないのだが、八幡大菩薩という名も仏である菩薩のかたちをした八幡神というやはり神とも仏ともつかない存在なのである。この八幡神を祀る神社の形式「八幡造り」は本殿と拝殿を石の間でつなぐ宮寺と酷似し、相の間でつなぐこともこの際参考となろう。

ところが一五九九年には、遺言とは異なった「豊国大明神」という神号を朝廷から与えられ、埋葬された場所の西の麓に「豊国神社」が創建されて、正式に神格として祀られた。

従来の日本の社会は、天照大神という神を先祖にもつ皇室による公家中心のものであった。しかし秀吉は、豊臣家による武家中心の政権をつくろうとしたのであり、そのために天皇に匹敵する権威を身につけようとしたからに他ならない。そこで自らが神となり、豊臣家が神の末裔になることを望んだ結果だろう。

現在、青森県の革秀寺《かくしゅうじ》に、秀吉の家臣・石田三成が所持していたという秀吉の神像が残されている。厨子の中に装束姿で、笏をもち太刀を佩《は》いた秀吉の座像が収められており、家臣らの信仰を忍ぶことができる。ちなみに、秀吉以前においても、天皇に匹敵する権威を身につけようとした権力者がいなかったわけではない。例えば室町幕府を開いた足利将軍義満は、その死後なんと上皇になっているのである。

今谷明氏（『室町の王権』中央公論社）によれば、義満が一四〇八年五月に亡くなるとすぐに、朝廷では前関白一条経嗣や伝奏日野重光らが談合して「太上上皇」（上皇）の尊号を贈るよう決定し、五月八日には宣下の手続きが行なわれたという。もっともこれは翌日辞退されたようだが、たとえ故人がわずか一日だけであるとはいえ、天皇のさらに指導的立場にある上皇に宣下されたことは注目すべき史実といえよう。

実際、今谷氏が指摘する通り、義満の位牌（臨川寺蔵）には「鹿苑院太上法皇」とあり、また相国寺の過去帳にも義満を「鹿苑院太上皇」としており、同時に義満画像にも「相国承天太上皇」と題名にあり、さらには『塔頭末派略記』（相国寺蔵）にも「嘉慶年中鹿苑上皇草創」とあるといい、義満が上皇になったことは周知の史実として扱われているのである。

このように見てくると、秀吉が天皇に匹敵する権威を身につけるために神格化にこだわったとしても、天下人としてはまったく当然の行為であるといっても過言ではないだろう。

豊国祭礼図屏風（部分）
（豊国神社所蔵）

豊国廟

豊国廟が造られた当時に描かれた「洛中洛外図屏風」を見ると、方広寺大仏殿の右上には必ず豊国廟が描かれており、当時は現在の姿とは比べものにならない程の規模をもっていたことがわかる。諸文献によれば、大仏殿の背後には、日本最大の門といわれる知恩院《ちおんいん》の門よりはるかに大きい幅約一三・六メートル、奥行約八・二メートルの二層の門があり、その先に幅約一六メートル、長さ約五一五メートルという長大な参道が阿弥陀ヶ峰に伸びていたという。

また、この参道の両脇には諸大名が寄進した石灯籠が並び、方広寺住職の住居である照高院、秀吉の宗教担当ブレーンのひとり木食応其の文殊院《もんじゅいん》、夭折した鶴松の菩提寺・祥雲寺、その他秀吉の重臣らの御殿が棟を並べていたといわれる。さらに参道の終点には、幅約九メートル、奥行五・五メートルの中門と約八三・六×一〇七・三メートルの回廊が巡り、その中に本殿、舞殿、神供所、神宝殿、護摩堂、鐘楼、鼓楼その他の建築が所狭しと建てられていたという。寺域は、阿弥陀ヶ峰や方広寺を含めてじつに三十万坪といわれ、秀吉の偉業を後世に残すにふさわしい規模であった。そしてそのさらに奥の阿弥陀ヶ峰山頂に、秀吉の遺体を安置する宝形屋根の霊廟があったとみられる。

人を神に祀る建築様式

この豊国廟について、『続本朝通鑑』によれば、「其制倣北野菅廟」とあることから、北野天満宮を模して造られたことがわかる。

北野天満宮は九四七年に創建された「八棟造《やつむねづく》り」の様式で、拝殿と本殿はひと

現在の豊国廟参道

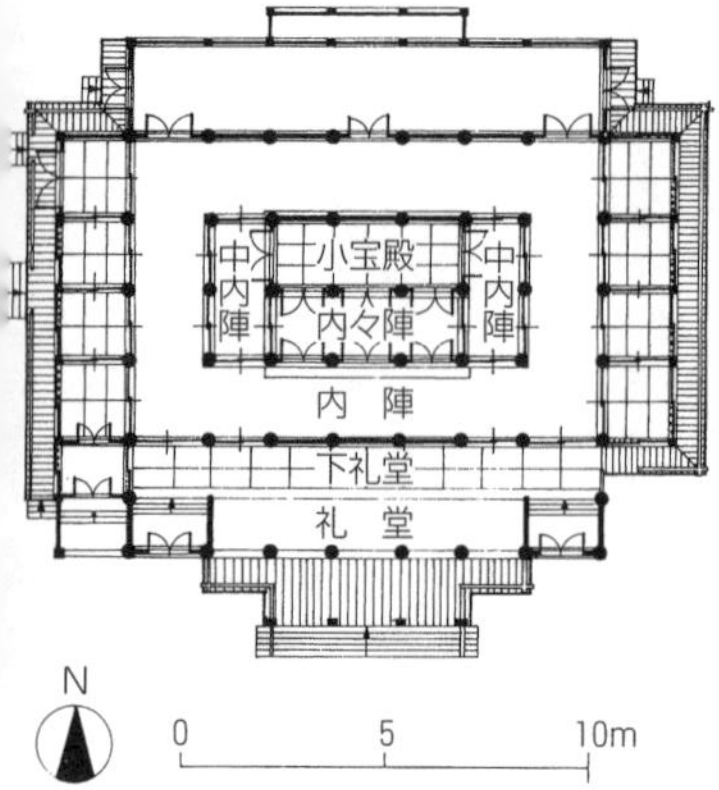

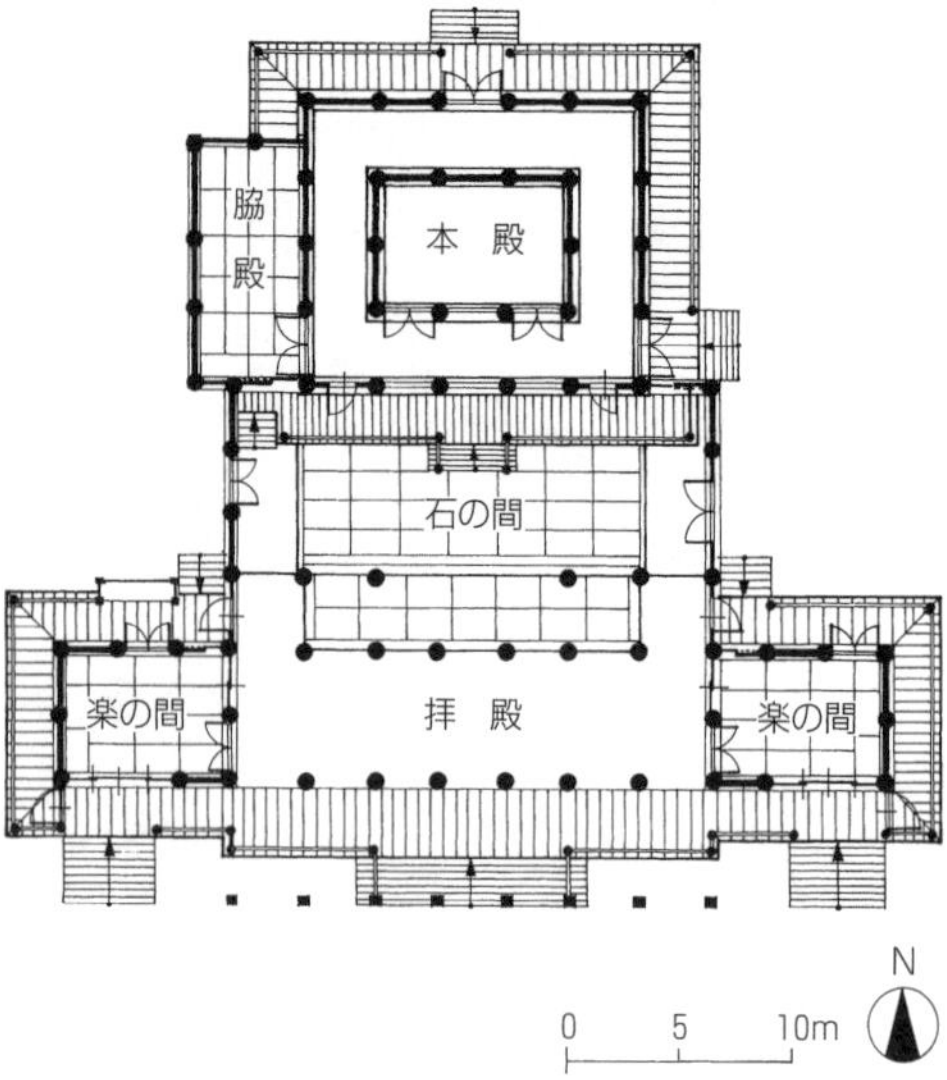

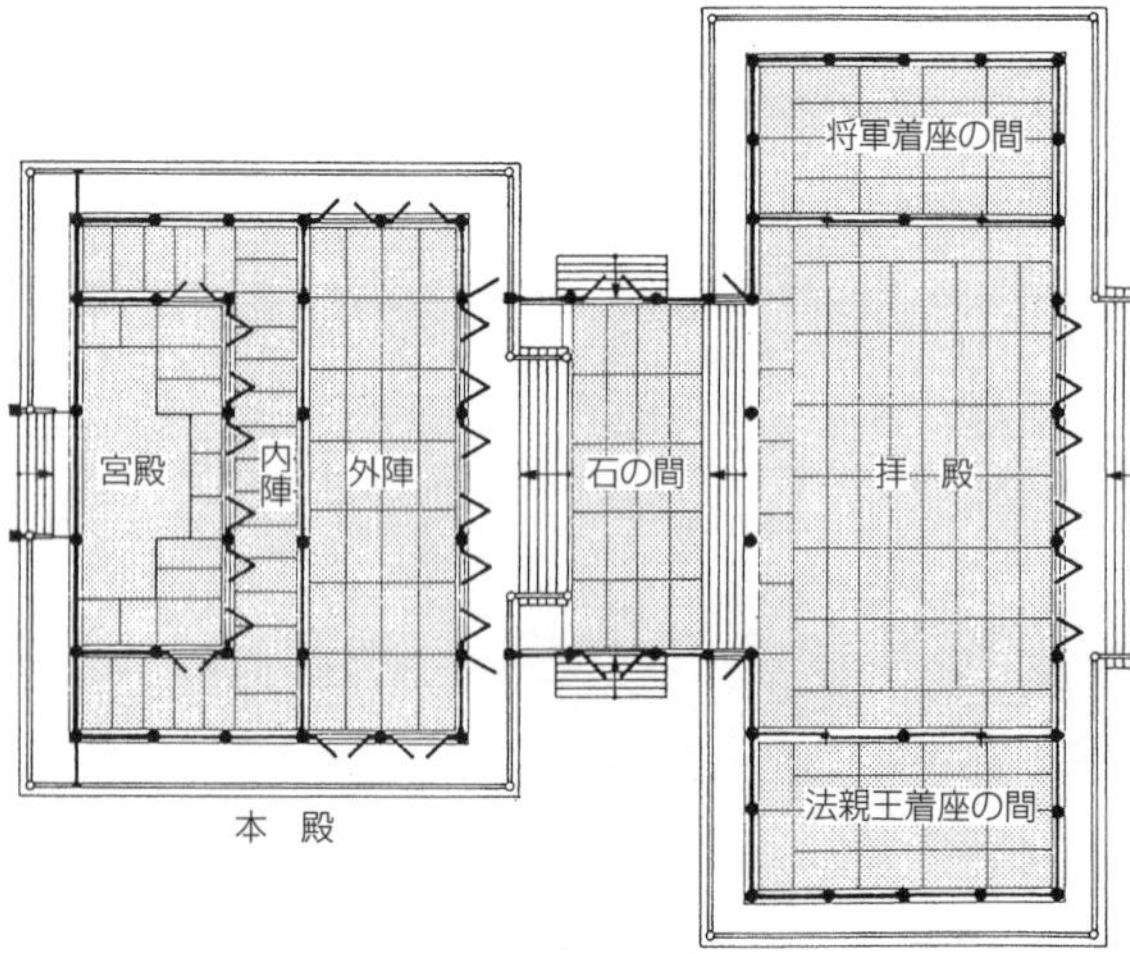

上右―北野天満宮社殿平面図
上左―八坂神社本殿平面図
下―日光東照宮本殿平面図

つの大きな屋根で覆われており、中央に一段低い「石の間」をもつ形式である。

また、通常、神社は鳥居を入口とするのだが、北野天満宮は寺院のような楼門と三光門《さんこうもん》をもってお り、これは菅原道真の怨霊を鎮魂するために人間を神として祀ったためで人間を供養する寺院とも、神を祀る神社ともつかない特異な形式であった。

元来、この北野天満宮は天台宗に属し、曼殊院が別当を勤めたところで、近世に入ってからも妙蔵院、松梅院、徳勝院が主宰したが、神官とも僧侶とも明確にしがたい立場であったという。このような形式の社寺は前に触れた通り宮寺と呼ばれており、京の三大祭りの一つ、祇園祭を行なう八坂神社も、明治の神仏分離までは「祇園社感神院《ぎおんしゃかんしんいん》」と呼ばれる宮寺であった。

毎年七月、梅雨明けの疫病が蔓延しやすい時期に行なわれる祇園祭は、かつて「祇園御霊会《ごりょうえ》」と呼ばれ、疫病や怨霊を封じる目的をもっていたという。八坂神社の本社も、北野天満宮と同様に本殿と拝殿が一つの屋根で覆われており、「祇園造り」と呼ばれている。

北野天満宮は前述の通り、菅原道真という「人」を「神」として祀ったものであり、その拝殿と本殿が石の間でつながれ、一つの屋根で覆う形式は、その後死者を神として祀る建築のしくみとして定着し、やがて豊国廟へと発展したとみられる。

豊国廟は豊臣氏の滅亡と共に失われてしまったが、前述の洛中洛外図屏風や、大工のテキスト『匠明《しょうみょう》』に載せられた平面図から、北野天満宮と同じく拝殿と本殿を石の間でつないだ形式であったことが確認できるのだ。また、この豊国廟の建物を移したものと部材の墨書からわかる竹生島の宝厳寺唐門や都久夫須麻《つくぶすま》神社本殿を見ると、柱、梁には漆を塗り、壁と扉に複雑な彫刻と極彩色を施して、後に徳川家康を神格として祀ったあの日光東照宮と酷似した意匠をもつことがわかる。

日光東照宮の本社も、拝殿と本殿を石の間でつないだ「権現造り《ごんげんづくり》」という形式であり、『三千院文書』によれば、日光東照宮の造営時、北野天満宮の遷宮方法を調べさせたといい、宮寺の形式を踏襲したことは明白である。すなわち、北野天満宮に発祥した宮寺の形式は、その後脈々と受け継がれ、豊国廟に用いられた後、さらに日光東照宮にまで、人を神に祀る形式として受け継がれたことが明らかになる。

3　神格化の秘儀

秀吉と本願寺

秀吉の主君・織田信長は、しばしば一向一揆を起こす本願寺と敵対関係にあった。一五七四年には長島の一向一揆を滅ぼしているし、その翌年にも越前の一向一揆を鎮圧している。

一五七〇年からは、信長が本願寺に石山本願寺の明渡しを要求し、本願寺が拒否したため石山合戦となった。戦争は十年以上にも及んだが、一五八〇年、本願寺と信長は和睦し、その際も石山本願寺はことごとく焼き払われている。信長が造営した将軍足利義昭の城の遺構が一九七五年に出土したが、その石垣の中に、本願寺の本尊である阿弥陀仏が多数混じっていたという。

また、安土城跡の大手筋の石段にも阿弥陀仏が仰向けに埋め込まれており、表面が著しく磨耗していることからも武士によって踏みつけにされたことは明白であり、信長の本願寺への嫌悪が、露骨に示されていることがわかる。

にもかかわらず、秀吉は、ここまで観察してきたように、折に触れて本願寺を保護し、他の宗派よりも優遇している。例えば、長浜城では、最も重要な大手門脇の土地を本願寺派の大通寺に与え、その参道を軸に城下町を構成していたことを思い出してほしい。

また、石山本願寺跡に大坂城を造営するかわりに、一五九一年、秀吉は、本願寺門主顕如《けんにょ》に「下鳥羽より下、淀より上の間、何れの所なりとも御好次第」と京都に敷地を提供している。前に少し触れたように、秀吉の与えた場所は、本願寺にとっては聖地とでもいうべき浄土真宗の開祖・親鸞の霊廟・大谷本廟のもとあった場所の真東に位置する。本願寺はそこに東向きの大伽藍を構えたわけで、当然大谷本廟を意識してこの地を望んだに違いない。

前述の通り、秀吉は大坂遷都計画のおり、天皇の内裏を移す予定で城下の最も地相のよい天満寺内町を手つかずで温存していたが、結局実現できず、その際、その地を本願寺に与えた上で、その建設の際も秀吉自ら縄張りを指揮しており、また税を免除したりとことごとく手厚く扱っているのだ。

一方、京都の都市改造において、ほとんどの寺院を寺町に強制移転させているのだが、唯一本願寺派だけは除外され、それまで通り分散配置を許されているのである。このような秀吉の本願寺保護の目的は果してどこにあったのだろうか。というのも、もし一向一揆を恐れる目的であれば、城下に置くのは最も危険なはずだからである。

安土城跡の阿弥陀仏

神への再生と阿弥陀如来

中世より武士を悩ませ続けてきた一向宗本願寺派を、いったい秀吉は何を意図して保護したのだろうか。それは、秀吉が「不死身」を祈って伏見に移ったことと決して無関係ではない。

本願寺の御本尊はいうまでもなく阿弥陀如来である。平安時代以降、浄土真宗徒ではなくとも、阿弥陀信仰は日本国内に広く流布しており、例えば現世では伊勢神宮を信仰するが、来世は蓮如に頼むといった人々も数多く、たとえふだんの信仰がどんなものであっても、死後の冥福は阿弥陀如来に帰依するという考え方はごく日常的であったという。

中・近世の人々にとって、この世を生きるのと同じかそれ以上に、死後の世界が重視されていたのであり、病気やけがによって余命いくばくもないと知ると、仏前で念仏を唱えて清らかな死を迎えることこそが、極楽浄土への往生の道であると信じられていたのである。

宣教師ジョアン・フランシスコの記録によれば、一向一揆において本願寺門主は、戦死後の世界を保証したために、農民らは忍耐強く戦ったと述べている。実際は、極楽往生を保証すると明言こそしなかったものの、例えば安芸国の一向一揆では「進まば往生極楽、退かば無間地獄」と書かれた旗を掲げていたといわれ、まるで戦死しなければ極楽往生できないかの状況を呈していたのである。

このような戦国時代の人々の死と背中合せの生涯において、極楽浄土への往生の夢は、今日のわれわれの想像を絶するものであったことだけは確かだろう。そして、秀吉も決して例外ではなかった。彼が本願寺を保護した理由の一つには、まず浄土往生への願いがあったとみてよいだろう。

そして、さらに本願寺と秀吉の間には、ある興味深い関係が指摘できるのである。まず、秀吉の墓「豊国廟」が阿弥陀ヶ峰の山頂に配置されたことに注目したい。前述の通り、阿弥陀ヶ峰は、僧・行基によって阿弥陀如来を収める阿弥陀堂を建立して開かれた古くからの浄土往生を祈る葬送の地であることは既に触れた。また、この地には豊国廟が造られるまでは、本願寺の聖地・大谷本廟があり、おそらくそれを意識してその真西に西本願寺の地を得たことはいうまでもない。しかも、多くの霊廟が南面して建てられるにもかかわらず、豊国廟は故意に真西向きに建てられていることになる。

そこで、地図上でその真西を見ると、もと方広寺大仏殿などを配し、遺言によって秀吉を神として祀った豊国神社がぴたりと位置していることに気がつく。さらに西へ直線を引いていくと、なんと秀吉が土地を与えて保護した西本願寺が、その東西線上にまたしてもぴたりと位置しているのである。しかも、西本願寺の阿弥陀如来像とそれを納める阿弥陀堂その他の諸堂も、すべて真西向きに配置しているのだ。

すなわち、秀吉の墓・豊国廟、秀吉を神として祀る豊国神社、西本願寺が東西軸線上に配されていることがわかる。それも、その両端に阿弥陀ヶ峰と阿弥陀如来像が配され、一直線上に並ぶ建物の向きがすべて東西向きになっている上、前述の正面通りによってそれらが都市計画的に接続されており、もはや偶然の一致というよりもむしろ意図的に計画されたものと見なしてまずさしつかえないだろ

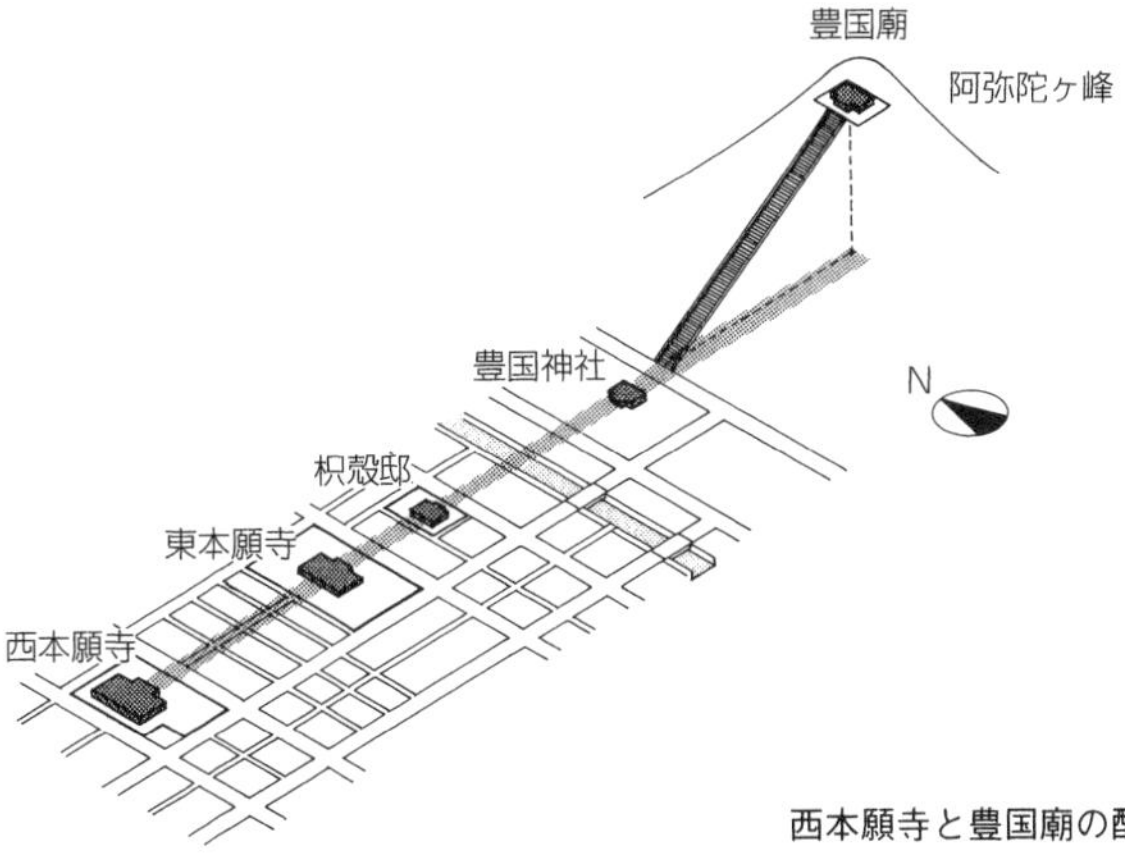

西本願寺と豊国廟の配置関係図

う。

それでは、いったいこの関係は何を意図しているのだろうか。内藤正敏氏によれば、秀吉を神として再生させる術であるという。すなわち、太陽は東から昇り、西に沈むという生まれかわりを繰り返しているように見え、いいかえれば東に生まれ、西に死ぬということを繰り返しているのであり、これが死者を浄土（あの世）へ導くという阿弥陀如来の「西方浄土」の目的を意味している。つまり、秀吉の死後の魂は、西方浄土の阿弥陀如来のもとに赴くと同時に、東の阿弥陀ヶ峰において豊国大明神として再生するしくみになっているというのだ。

日吉大社の秘儀

それでは、このような東西線による神への再生の秘儀はいったいどこからきたのだろうか。

筆者は近年、秀吉の誕生祈願所でもあり、彼が家臣や大工技術集団の多くを重用していた近江の日《ひ》吉《よし》大社との関連について調べている。秀吉が城造りに何度となく登用した穴太《あのう》の石工は、日吉大社の礎石の修理技術者であったし、また秀吉の大工集団の多くを占める近江大工の守護神が日吉大社であり、秀吉自身も子供の頃の俗称が日吉であったことはいうまでもない。

さらに秀吉の豊国廟に接して、日吉大社を勧請した新日吉《いまひえ》神社がある上、秀吉の長浜城にも日吉神社が建てられていることも、この際参考となろう。

いっぽう日吉大社、新日吉神社ともに、樹下《このもと》社があるが、ここに秀吉の霊をかくまっているという説もあり、秀吉のかつての名称・木下藤吉郎の「木下」も「樹下」からきたものであるといわれる。また秀吉の俗称は「猿」であるが、日吉大社の神使も「猿」なのである。

この他、日吉大社に接して日吉東照宮が祀られているが、徳川家康を祀る東照宮であるにもかかわらず、こともあろうに祭神の一つに秀吉を祀っているのも日吉大社と秀吉の関連を示唆しているように思われる。

日吉大社は平安京の鬼門の鎮護・比叡山延暦寺の守護神であり、現在も全国三八〇〇余りの日吉神社、もしくは日枝神社の総本社として信仰を集めている。本来は比叡山にちなんでヒエと呼ばれていたが、のちに「日枝」「日吉」の字が宛てられ、しだいにヒヨシと呼ばれるようになったという。

この日吉大社の起源は古く、神代の時代といわれ、八王子山を御神体としているが、磐座《いわくら》が屹立し、また「日吉大社境内古墳群」と呼ばれる七〇基ほどの古墳が集中して造られていることから、古代より聖地として崇拝されてきたことがわかる。ところが一五七二年の織田信長の比叡山焼打ちの際、同時に焦土と化し、それを秀吉が援助して再興したのが現在の姿である。

この大社の特徴を二つ指摘するならば、まず一つは天台宗の神道論に礎いた北斗七星信仰の影響である。

第一に社殿が山王七社と呼ばれる西本宮、八王子山、三宮宮、宇佐宮、白山宮、樹下宮、東本宮の七つから構成されていることで、興味深いのはそれらの配置が北斗七星型に配されていることであろう。

第二章のお土居の造営の項で詳しく触れたが、古来、日本の都市計画や神社配置において、地霊鎮魂や悪霊封じの目的で、北斗

上―日吉大社西本宮
下―日吉大社東本宮

七星の図像が用いられている。田村麻呂が平安京の鬼門（東北）征伐の際、鎮魂のために北斗七星型に七つの神社を建てたことは既に触れたが、平安京の鬼門鎮護の比叡山の守護である日吉大社においても同様のしくみが見出せる。

　また、この山王七社に次いで中七社（大物忌神社、御子神社、新物忌神社、八柱社、早尾神社、産屋神社、宇佐若宮）、さらに下七社（樹下若宮、竈殿社、竈殿社、氏神社、巖滝社、剣宮社、気比社）といった北斗七星に二重三重に対比させた摂社末社が鎮座されており、総じて「山王二十一社」と呼ばれている。

　その他、日吉大社の三月一日からはじまる「日吉山王祭」では、七基の神輿がかつぎ出されるので

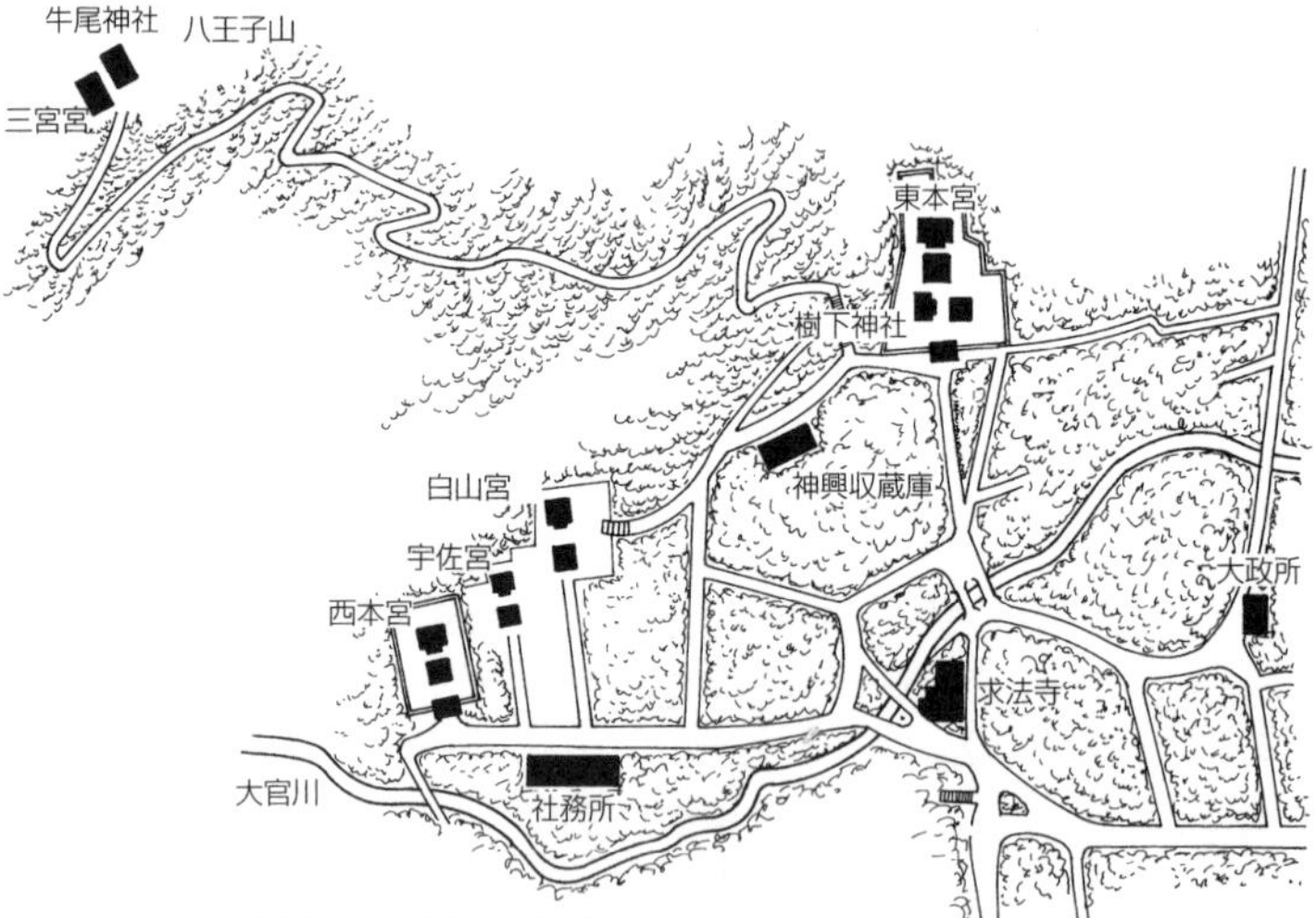

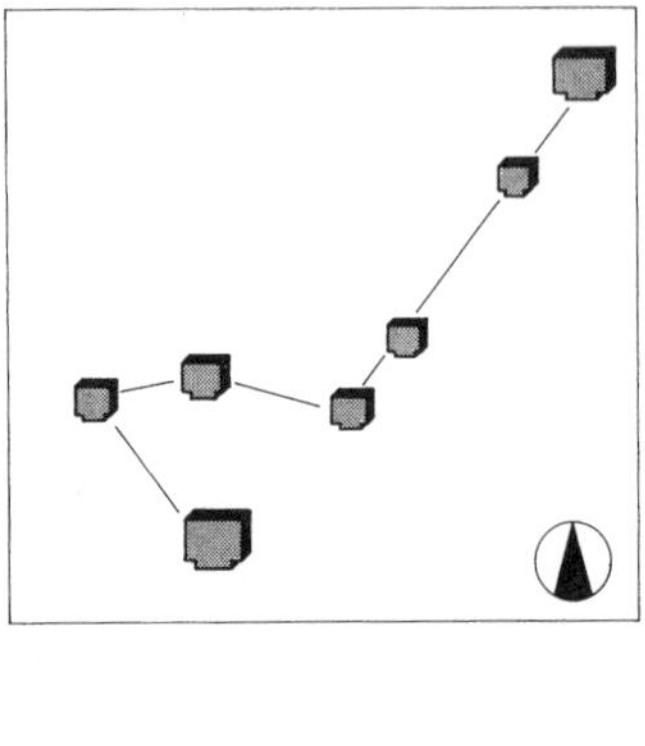

上―日吉大社配置図
下―山王七社の北斗七星配置関係図

ある。こうした天台宗の北斗七星への徹底したこだわりはいったいどこからきたのだろうか。

天台宗の神道論の根本原理である山王一実神道を図像化したものに「山王曼荼羅《まんだら》」があるが、その垂迹神像式と本地仏像式の内の前者を見ると、一幅を社殿に見立て、山王七社の神影像を配し、中央に三つの僧形姿の権現が描かれている。すなわち、天台宗の神道論の根本が北斗七星にかかわっており、また、前述の宮寺と呼ばれる神社とも寺院ともつかない豊国廟や東照宮の形式もここから端を発していることは明らかだろう。

そして、第二の日吉大社の特徴は、本宮が東と西の二箇所に分かれていることだろう。

これは、もともと大山咋神《おおやまくいのかみ》と呼ばれる産土神《うぶすながみ》、すなわち地霊を東本宮として祀っていたところへ、『日吉社禰宜口伝抄』によると、天智天皇によって大津宮をここに造るに際し、大和朝廷の守護神三輪明神を西本宮として移したためであるという。

それらの配置を調べると、それぞれが北斗七星型配置の一つずつを占めるだけではなく、東本宮と西本宮が東西軸上に位置していることがわかる。しかも、秀吉による再建前の社殿の配置を描いた「日吉社頭絵図」（村上郷土資料館蔵）を見ると、八王子山頂、樹下神社、比叡辻も東西一直線上に並んでいるのである。

一方、東本宮の配置を見ると、東本宮の本殿・拝殿は通常通り南面しているのだが、その前面の樹下神社の本殿・拝殿は東面しており、東西軸線と一致していることがわかる。これらの東西配置を前述の秀吉の遺構の神としての再生といった観点から説明すると、天智天皇によって、西本宮に朝廷の守護神を置くことにより、東本宮はそれまでの単なる地霊から、さらに大津宮の守護神として再生するしくみに

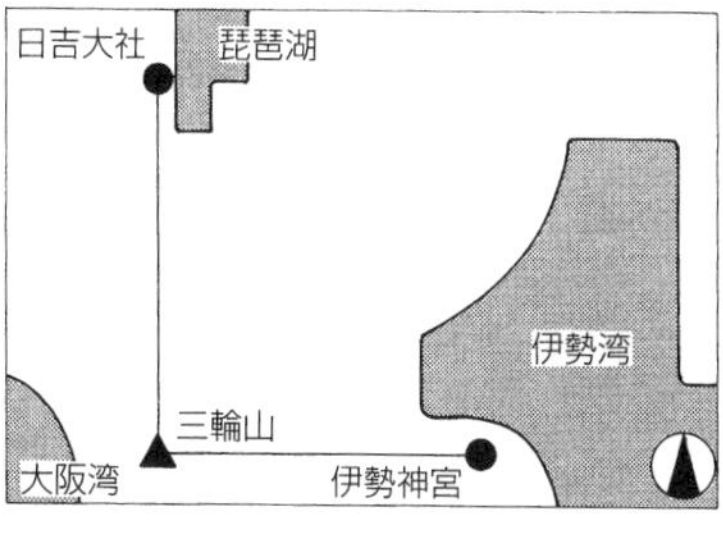

三輪神社と日吉大社、伊勢神宮の配置関係図

なっているのだ。日吉大社は元来日枝、日吉、という文字からいっても太陽信仰がベースとなっていることは明白で、それが太陽の運行軸である東西軸による再生へと発展したとも考えられる。そして、秀吉による再建のとき、これらの秘儀を知り、自らの神格化に応用した可能性が示唆できるのである。

以上のような観点から、さらに大きな視野で考えるならば、地図上で三輪明神の真北に日吉大社、真東に伊勢神宮が位置し、前に触れた日光東照宮が江戸の真北に北斗七星が巡る中心の北極星（天帝）として祀られ、また伊勢神宮で天皇の祖先が神として東で再生したことを示唆しているように思われるのだが、決定的証拠があるわけではなく参考としておこう。

4　神になりたかった権力者たち

家康の神格化

一六一六年、豊臣家を滅して次期権力者となった徳川家康は没し、その後「わが命が終わったら、遺骸は久能山に納めて神にまつり、葬礼は増上寺にて行ない、三河の大樹寺に位牌を立て、一周忌が過ぎた頃、日光に小さい堂を建て、わが霊を勧請せよ。関東八州の鎮守になろう」という遺言にもとづいて日光東照宮に「東照大権現」という神として祀られている。

これは、家康が、朝廷と幕府の神祇官であった吉田梵舜《よしだぼんしゅん》から「神道伝授」を受ける寸前まで深く神道を学んだ上、天照大神を先祖とする天皇に匹敵する権威を身につけようとしたためである。この家康の神格化について、神号を常識的な「明神」とするか、日吉大社の「権現」とするかについての論

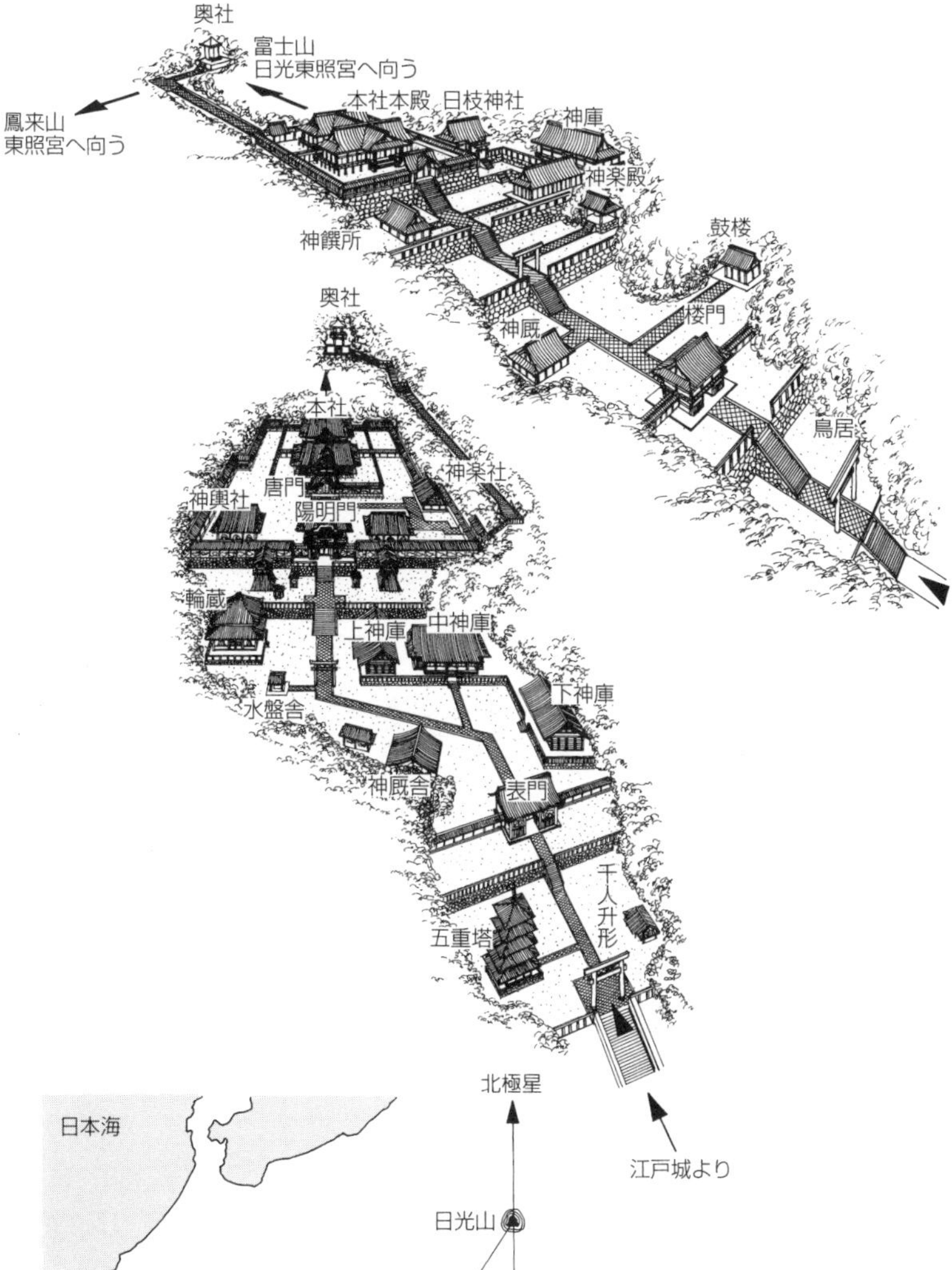

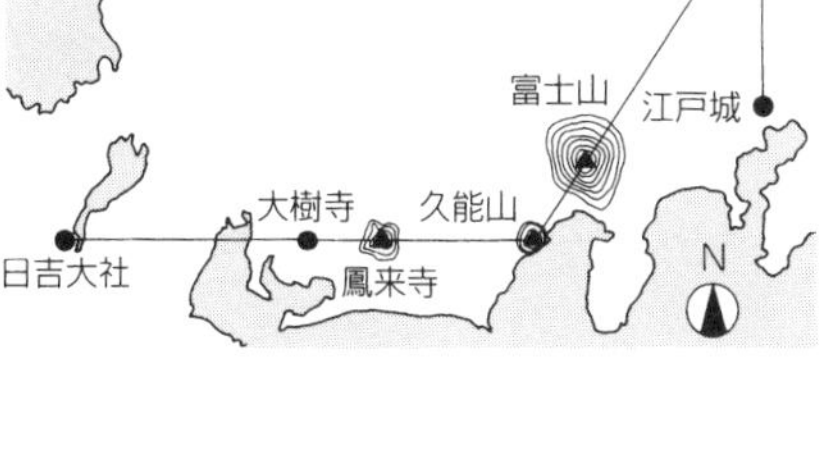

上一久能山東照宮鳥瞰図
中一日光東照宮鳥瞰図
下一家康遺跡の配置関係図
（尾関章氏、高藤晴俊氏説に
日吉大社を加えた）

争があり、結果的に天台宗の僧で幕府の宗教担当の側近・天海《てんかい》の「明神は不吉だ。豊国大明神を見るがいい」の一つで権現に決定している。そして関東の天照大神の意から東照大権現と号することになったという。

早速、家康は遺言通り久能山にその年のうちに祀られ、その一年後、日光へ移されている。遺言では、久能山遷宮について、神像を西向きにせよとなっているため、通常南面するにもかかわらず、久能山東照宮の奥社宝塔は異例の西向きに建てられている。そこで試しに地図上で真西に向かって久能山より直線を引いてみると、驚くべきことに家康の母・於大方《おだいのかた》が子授け祈願を行なった鳳来寺《ほうらいじ》、家康誕生の地である大樹寺《だいじゅじ》、そしてあの日吉大社が東西軸線上にぴたりと並ぶのである。

しかも、日吉大社には天海によって一六三六年に東照宮が建立され、また大樹寺にも「位牌を立てよ」という遺言の通り一六二八年に東照宮が造営されている。興味深いのは、前述の通り、日吉東照宮の祀神とし徳川家康と並んで豊臣秀吉が祀られていることだろう。ちなみに日吉大社に接して慈限《じげん》堂《どう》と呼ばれる天海の霊廟が造られていることもこの際重視してよい。

さらに鳳来山にも一六五一年東照宮が建てられており、すなわち、家康を祀った山王権現の発祥地と誕生の地、誕生祈願の地、神格化の地がそれぞれ正確に東西軸線上に並んでいる上、それらすべてに東照宮が造られていることになるのだ。

尾関章氏によれば、「死と再生を繰り返す太陽が東に昇るように、家康が神として再生するためには『神の世界』である東に葬らなければならなかった」といい、この東西線を「太陽のみち」と命名している。もっとも、尾関氏は東西線の西端を日吉大社とはせず、家康の遺言に「ここへ小堂を営め」とある京都金地院をあげているが、筆者は日吉大社が権現信仰発祥の地であり、東西軸線上と一致することから、家康の神格化に関与していると考えている。すなわち、家康が神として再生した久能山東照宮にも日吉大社を移した日枝神社が境内に建てられているのであり、東西線の東端、西端それぞれに日枝神社と日吉大社が位置しているのは偶然の符合ではなく、意図的な配置であろう。

それでは、その後の日光への改葬はいったい何を意味しているのだろうか。

日光を地図上で探してみると、江戸のほぼ北に位置していることがわかる。高藤晴俊氏によれば、「久能山にまつることで神として再生した家康をまつる土地は、江戸城の真北にあることが最も重要な条件で、なおかつ関東一の霊場であり、戦術的に要害で自然環境に恵まれた景勝の地である日光が選ばれた」といい、江戸と日光を通過して北極星に至る直線を「北辰の道」と命名し、首都江戸から見て宇宙を主宰する北極星の方位に家康を祀ることにより、宇宙全体の神格として君臨することを目的にしているという。

一方、久能山東照宮の配置を見ると、本来南面しているはずの社殿が南南西に向いており、その軸線を北北東へ延長すると、なんと富士山々頂を通過して日光東照宮に達することがわかる。いいかえれば久能山東照宮を拝むことは、秀吉が「不死身」にこだわって伏見城を建てたのと同様、足利健亮氏によれば、かつて家康が「不死山」として崇拝した富士山を拝むことでもあり、さらに日光東照宮を拝むしくみになっているという。また、久能山の奥社宝塔は東南向きに建てられているが、その軸線は前述の太陽の道と一致しており、北辰の道と太陽の道は、久能山東照宮においてみごとに連結されていることになる。

北極星のことを古代中国では、「太一《たいいつ》」と呼び、天空で唯一動かずにいる宇宙の神であると考えられており、また太一を中心として一年で一回転する星座が北斗七星であり、『史記』によれば太一の乗物が北斗七星で、これに乗って宇宙を巡ると記されている。

高藤氏によれば、東照宮において東照大権現の左右に祀られる山王《さんのう》神と摩多羅《またら》神は、どちらも北斗七星に関係した神であり、家康を太一として祀る際、その左右には北斗七星にかかわる神を配す必要があったという。現に日光東照宮所蔵の画像の中に、中央に家康、左右に山王神と摩多羅神を配し、上部に北斗七星を描いたものがあるという。すなわち、日光東照宮における家康の神格化において、古代中国の太一思想が用いられたことが明らかになるのである。

興味深いのは、日光東照宮とその周辺の遺構の配置を注意深く観察してみると、やはり北斗七星に対応して計画されていることで、前に掲げた日吉大社における北斗七星型配置と同様の手法が見られることだろう。

前にも触れたように、天台座主も勤めた徳川幕府の宗教担当の側近・天海は、日吉大社に接して東照宮を造営し、また自らの霊廟もそこに置かれているのだが、第二章で触れた江戸の都市計画における地霊・平将門公の遺跡の北斗七星配置も、その中で最も重要な江戸の総鎮守・神田神社を江戸城の鬼門に置いたのが天海自身である上、同じく神道だけでなく仏教によって鬼門を守る寛永寺住職であることから、彼の発想であるとみられる。そして、日光東照宮の遷地及び縄張りにも天海が関与していることから、やはり日光にみられる北斗七星配置も彼によって計画されたものとみてまず間違いない。すなわち、北極星と北斗七星を重視する太一思想は、日吉大社をルーツとする天台宗の山王一実神道にとって根本思想とでもいうべき存在であったのである。

伊勢神宮と太一思想

日吉大社や日光東照宮、あるいは江戸の都市などの太一思想が用いられた例をさらに探すと、伊勢神宮にいきつく。

吉野裕子氏によれば、毎年伊勢神宮で催される「御田植神事《おたうえしんじ》」や、二十年に一度の式年遷宮の際、あるいは「心の御柱《みはしら》」に捧げられるお櫃《ひつ》、さらには伊勢神宮への運搬船などには必ず「太一」と書かれた扇や旗が掲げられるという。また、西北の度会の地には北斗七星が祀られ、これが伊勢神宮の外宮となったという。さらに、伊勢神宮で最も重要な祭りである三節祭の日時の北斗七星の先端の位置が、それぞれぴったり東西南北を指すといい、伊勢神宮は明らかに太一思想を取り入れていることがわかるというのである。

徳川家康が天皇に匹敵する権威を入手するために自ら神になろうとしたことはいうまでもない。伊勢神宮の祭神・天照大神は天皇の先祖であり、前述のようにそれに対抗して東の天照の意から東照大権現と名乗ったことからも明白であり、そのことは伊勢神宮の二十年ごとの式年遷宮に倣って日光東照宮遷座の二十年後に大改築をしたことにもあらわれており、久能山東照宮に伊勢神宮と同様の「神《しん》明造《めいづく》り」が用いられたのも同様であろう。

菅原信海氏によれば、三種の神器まで東照宮に取り入れたといい、また今谷明氏によると、東照宮は伊勢と同様に例幣使が派遣されており、家康の神格化に際して伊勢神宮を強く意識しているという。すなわち、家康や秀吉の神格化も、伊勢神宮をヒントに実現されたのはおそらく間違いないだろう。

豊国廟の破壊

前述のように、秀吉は神として祀られる秘儀として、自らの墓である阿弥陀ヶ峰の豊国廟、自らを神として祀る豊国神社、阿弥陀如来を本尊とする西本願寺を正確に東から西へ一直線上に並べることによって、西方浄土の阿弥陀如来のもとに魂が赴くと同時に、東の阿弥陀ヶ峰において豊国大明神として再生することを意図したとみられる。そして家康の場合も、久能山に神格として祀られる際、これにならったに違いない。というのも、久能山での家康の神葬を司ったのが吉田梵舜であり、この梵舜こそが秀吉を祀る豊国神社の祠官であったからに他ならない。

梵舜は、吉田神道家の第四代吉田兼右《けんう》の次男であり、『吉田家系図』によれば、この家系は天児屋《あめのこや》根命《ねのみこと》を先祖とし、代々朝廷の陰陽師として占いを担当してきた旧家で、当初は「卜部《うらべ》」の姓であったという。ところが、藤原氏の守護神として内裏の真東に造られた吉田神社が鎌倉時代に入ると没落していったため、卜部家が継ぐことになり、以後吉田の姓を名乗ることになったとみられる。

梵舜の兄・兼見《けんみ》が吉田家を継ぎ、ちょうどその頃、豊国神社が創建されると、次男の梵舜は、神宮の社僧を任されることになったのである。

一六一四年、秀吉亡きあと、関白となった秀頼が方広寺に新しく鋳造させた大鐘にある「国家安康」の銘文が「家康」の字を両断し、徳川家を呪詛する不吉な文字であると家康の側近・金地院崇伝《こんちいんすうでん》が問

豊国神社図（豊国神社所蔵）

題視した。いわゆる鐘銘事件であるが、それをきっかけに冬の陣、夏の陣が起こり、一六一五年豊臣家は滅亡してしまうのである。

豊臣家滅亡と同時に、早速家康は、豊国神社と豊国廟一円の破却を命じており、『徳川実紀』には以下のように述べられている。

慶長二十年七月

○九日　二条に南光坊僧正天海。金地院崇伝。板倉伊賀守勝重をめして。豊国の社を廃し大仏殿回廊の裏にうつし。別当照高院興意は聖護院に遷らしめ。いまより後妙法院門跡常胤法親王を大仏殿の住職として。寺領千石寄附せらるべしと命ぜらる。天海。崇伝　尤《もっとも》ことはりなりと聞えあぐる。(駿府記)

(世に伝ふる所　大内へ奏請し給ひ。豊国明神の神号を廃せられ。此度は大仏殿の後に秀吉墳墓をいとなみ。法号を国泰院俊山雲龍と贈られ。釈法をもて供養すべしと命ぜらる。照高院興意は秀頼の密旨をうけ。両御所を咒咀せしかば。其罪かろからずといへども。別義を以て聖護院に遷居せしむ。祀宮萩原兼従も豊国社祭主を除かる丶といえども。所領千石はもとの如く宛行はれ。後年興意その罪を免され。白川に照高院をいとなみ。寺料千石を下されしとぞ。是より豊国の祭典は永くたえぬなり)(武徳編年集成)

また、『義演准后日記』にも次のように記されている。

次豊国大明神社頭コボチ申スベキノ由、仰セ出サレ、社務萩原知行豊後ニテ千石下サルベク云々、其ノ外社人コトゴトク欠所、照高院欠所、聖護院へ元ノ如ク、門主ニハ退カル、妙法院へハ新ニ知行千石寄セラレ、以上ノ仕合セ也

これらの記述をまとめれば、まず秀吉の墓は掘り起こされ、阿弥陀ケ峰から方広寺大仏殿の裏に移し、秀吉の神号は剥奪されて、以降「国泰院俊山雲龍大居士」という神ではなくただの人として仏教により供養されることになったという。また、方広寺大仏殿は以後、天台宗系の寺院・妙法院の地となったことがわかる。

ちなみに、豊国廟は明治時代に発掘されており、湯本文彦氏によれば、豊国廟の建て直しの工事の際、秀吉らしき遺体を納めた壺が出土したという(『史学雑誌』明治三十九年一月号所収「豊太閤改装始末」)。まず経瓦が出土し、その下から二個の小壺があらわれ、またその下に平たい石があり、さらにその下から遺体を入れた壺が出てきたという。遺体は腕を組み、あぐらをかいた「屈葬」のかたちで西を向いていたというのだ。

ところが、ここで問題となるのは、遺体を納めていた壺が「ひねりつち」と彫り込まれた素焼の粗末な茶壺であった点である。もしこれが当初の埋葬品であるとすると、当然秀吉にふさわしい豪華なひつぎでなければならない。また、屈葬というのは、一般的な身分の者の葬り方であり、秀吉であれば、横に寝かせたかたちで石棺あるいは木棺に納められるべきであろう。

現に、この発掘の際、土中に玄室が発見され、そこから木棺の破片がみつかったといわれ、やはりこれは徳川家康によって一度改装された可能性を十分示唆していると思われる。しかも秀吉の神への

再生を目的とした当初の埋葬の場合、遺体は日の出《い》ずる東向きに葬られるのが当然であり、西向きに遺体を埋葬したのも、神への再生を阻止する行為に等しい。

もっとも、豊国廟は江戸時代に既に盗掘にあっており、国学者・野宮定基の日記『定基卿記』の一六八八年十一月の条によれば、石の下の壺から甲冑、太刀、黄金が盗まれたという。また、一七四七年の秀吉の百五十回忌の際、妙法院が法会を営んでおり、出土した経瓦はこの時に埋められたものであるというのだ。

どちらにしても『徳川実紀』に述べられる秀吉の墓が掘り起こされたという事実は、前述の「ひねりつち」と彫られた粗末な壺に納められた遺体が出土したことによってほぼ裏づけられたといってよいだろう。ちなみに、湯本氏によれば、この遺体を壺より取り出そうとした際、失敗して破砕、崩れ落ちてしまったといい、秀吉の遺体であったかどうかを調査するのは現在では困難であるという。

徳川家康による豊国廟の破却は、以上のような秀吉の遺体の改葬にとどまらず、さらに霊廟全体に及んでいる。

『梵舜日記』によれば、参道の入口の楼門や鳥居、参道沿いの僧坊など次々と取り壊されていったという。また、前述の通り、方広寺大仏殿の地を得た妙法院は、豊国神社に納められていた秀吉の遺品などを大量に持

上—妙法院表門
下—新日吉神社楼門

ち出したというのだ。さらに妙法院は、豊国神社の参道を塀で塞いでしまったというのである。現に、中井敬之助所蔵『洛中洛外図屏風』を観察してみると、そこに描かれた豊国廟は、板塀によって参道が塞がれ、楼門も僧坊もことごとく失われていることが確認できる。

さらには、その後妙法院は、この参道上に新日吉《いまひえ》神社を造営し、豊国廟の存在を完全に隠してしまうのである（明治に入り、参道の再建とともに現在の地へ移建）。

一方、同じく『梵舜日記』によれば、豊国神社の社僧をまかされていた吉田梵舜は一六一九年、これらの破壊に耐えかねて、ついには本殿から秀吉のご神体を密かに運び出し、吉田神社の自邸へ移したという。ちなみに梵舜は、豊国大明神という神号を「鎮守大明神」と偽装し、彼が没するまで欠かすことなく、秀吉の忌日である毎月十八日に供養の行事をおこたらなかったという義理がたさである。

『梵舜日記』によると、一六二二年、なんと秀吉が正室北政所の夢枕に立ったといい、梵舜に依頼し、この鎮守大明神において鎮魂の祈禱を執り行なったという。なお、北政所は、秀吉を祀る鎮守大明神にたびたび寄進を行なっているという。

『徳川実紀』によれば、一六一五年、豊国廟周囲の破却が余りにひどいため、北政所が見かねて家康に嘆願したという。そしてそれ以降、表面的には「崩れ次第」として、そのまま捨ておくことになったというのだ。ちなみに、その後の豊国廟がどのような状況であったのかについて、まず一六五八年に記された『京童《きょうわらべ》』と呼ばれる名所案内には、

吉田神社本宮

いにしへはいときらゝかにして、宮守も袖をつらね、朝きよめ夕のともしび火かけゝげたてしに、今は露ふせぐたよりだになく朽ちはて、鳥居は倒れてむぐらにかくれ、まことに一たびは栄え、一たびは、衰ふる世のならひうらめし

とあり、また一六六一年の『東海道名所記』には、

豊国大明神あり、太閤豊臣秀吉の廟なり、そのかみ、さしもに奇麗につくり、みがゝれたりけるも、時世うつりぬれば荒廃し、臂《ひじ》を張りける神主も、ちりぐ〵にうせさりて、楼門鳥居も壊れたふる、社頭のみわづかに残り

とあって、前述の通り「崩れ次第」としてただ荒廃していくばかりになっていたことが確認できるのである。

いっぽう、徳川が豊国廟をただ単に「崩れ次第」としておくわけはない。一見みえない所でさらなる豊国廟の破壊工作を行なったふしがあるのだ。すなわち、家康が西本願寺と豊国廟を結ぶ東西線上に二つの寺院を建立していることである（二〇一頁図参照）。

その一つは智積院。秀吉が根来《ねごろ》征伐で焼き打ちにした根来大伝法院の一院で、徳川家康らと共に秀吉の大坂城の攻撃を計画していたといわれ、一五八五年、秀吉は大伝法院のみを残してこの寺を徹底的に焼き滅ぼしたのであった。そして、家康はおそろしいことに秀吉に滅ぼされた宗派の寺を、なんと秀吉の東西線上、それも夭折した秀吉の長子・鶴松の菩提寺であった祥雲寺の土地を与えて建てさ

せている。そのため祥雲寺の住職・海山《かいざん》和尚は、鶴松の墓を掘り起こして妙心寺へ移したという。

後述する通り、現在智積院で公開されている国宝の障壁画の数々は、すべて祥雲寺の襖絵や障壁画であり、またこの智積院の梵鐘は豊国神社の梵鐘そのものであるという。

そして、もう一つが東本願寺。本願寺門主顕如《けんにょ》の死後、三男准如《じゅんにょ》がその跡を継いだが、長男教如《きょうにょ》との間で相続争いが起き、家康はすかさず一六〇二年に教如にも、准如と同じ本願寺十二世を名乗らせ、東本願寺として独立させてしまったのである。これは、さんざん一向一揆に悩まされてきた家康が、本願寺の勢力を二分させるために行なったものともいわれるが、興味深いのは東本願寺に与えた土地がやはり秀吉の東西線上に位置していることであろう。

東本願寺の諸堂の配置が西本願寺と逆になっているのは有名だが、大師堂の桁行も西本願寺の三十一間半に対して三十二間であり、門主を法王と呼んだり、畳の敷き方まで違うといわれる。内藤正敏氏によれば、これら二つの寺院は、秀吉の神格化のための東西線を分断して、神への再生を阻止する目的をもって建てられたという。

一方、東本願寺の東に枳殼邸渉成園《きこくていしょうせいえん》があるが、これは家康亡き後、三代将軍家光が東本願寺十三世宣如《せんにょ》に土地を与えて隠居所としたもので、やはり秀吉の東西軸線上に位置していることがわかる。京都に別業や隠居所を造るならば、郊外に造るのが常識であるにもかかわらず、家光はすかさず京都の

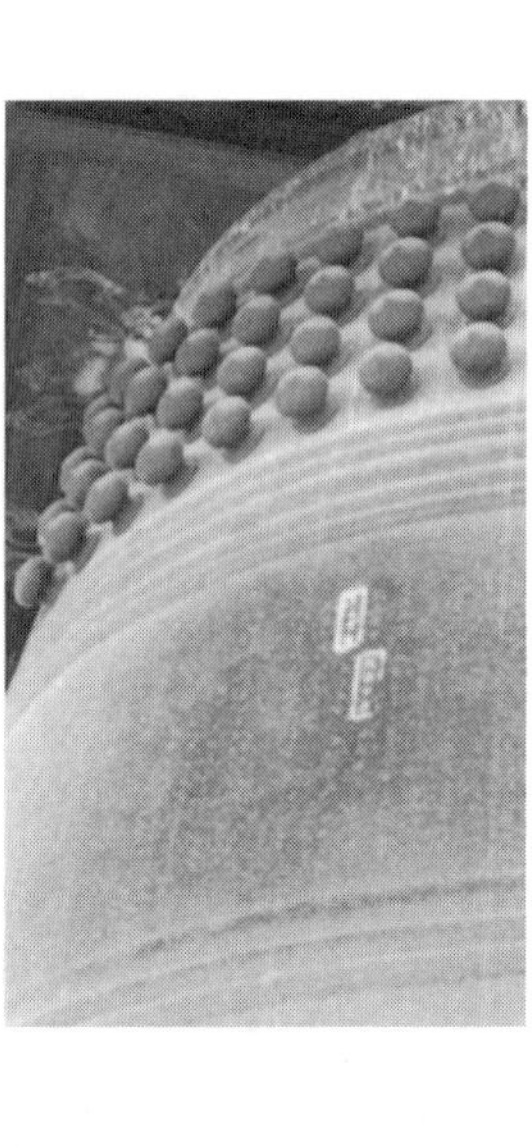
方広寺の梵鐘

中心部であり、なにより秀吉の東西線上に土地を与えていることから、やはり、これも東本願寺による秀吉の神への再生阻止をさらに強化しようとしたのかもしれない。

このように、家康は秀吉の神格化の秘儀である東西線を分断し、豊国信仰そのものを根だやしにする。そして、その秘儀を逆に自らの神格化に取り込んで、徳川の繁栄を画策したふしがあるのだ。

豊国神社の遷宮の際、秀吉のわずか七歳の実子秀頼の代理を勤めて参拝したのはあの家康であった。そして、皮肉にもその家康の手によって豊国神社は終焉を遂げたのである。

5　呪いをかけられた家康

秀吉の霊廟・豊国廟一体が、次期権力者・徳川家康によって徹底的に破壊されたことは既に触れた通りである。すなわち、秀吉の東西線配置による神への再生を阻止するために、まず豊国廟及び豊国神社を破壊し、かつ東西線を分断するために、智積院や東本願寺などを東西線上に建てさせたふしがあるのだ。そして、自らが秀吉と同様の東西線配置による秘儀によって神への再生を遂げたのであった。

それでは、秀吉の東西線配置による神人の再生の秘儀を家康は果してどうやって知り得たのだろうか。これはたぶん、吉田梵舜が教えたに違いない。前に述べた通り、梵舜は家康に神道の講義を行なった人物であり、その結果、家康は「神道伝授」と呼ばれる神道の博士号とでもいうべきものを受ける寸前まで梵舜から神道の奥儀を学んでいたのである。

また、梵舜は、豊国廟の造営に際してたびたび豊臣家と打合せを行なっており、さらには、自ら豊国神社の社僧を担当していることから、秀吉の神格化の秘儀についても熟知していたと考えられよう。よって、家康は梵舜から秀吉の東西線配置による神格化の方法を知り、秀吉の神への再生を阻止しつつも、自らの神格化に応用したものとまずみてよいだろう。

現に家康が没する前日、秀忠は梵舜を呼び出し、綿密な葬儀の打合せを行なっている。また家康が逝くと秀吉の場合と同じく、通夜も営まず、その日のうちに久能山に遺体が運ばれ、翌日には遷宮祭が行なわれたが、その祭主を務めたのも梵舜であった。秀吉にしても家康にしても、その東西線配置による神格化の要は、すべて梵舜によって押さえられているといっても過言ではないのである。

ここで問題となるのは、吉田梵舜の政治的立場である。前述の通り、梵舜は豊国神社の社僧であった。しかし家康の手により、梵舜を中心に築き上げたはずの豊国廟周辺の社殿は次々と破壊されていったのである。この時、家康は梵舜に神宮の社殿こそは与えているのだが、社僧の職からは解雇してしまっているのだ。

梵舜の日記には豊国廟の破壊について「是非無キ次第也、哀レニ候也」とか「哀レ也、言語無キ也」あるいは「誠ニ是非無キ体也」といった家康の非情な行為に対する嘆きとも憎しみともとれる言葉が散見できるのである。そして前に触れた通り、ついには秘かに秀吉のご神体を自邸へもち出してしまっている。以下、梵舜のその後の行動を主に津田三郎氏の論考に従って観察してみよう（『秀吉・英

徳川家康画像（滋賀院所蔵）

雄伝説の軌跡』)。

まず『梵舜日記』によると、家康による豊国廟の破壊が一段落した一六一五年八月八日から突然梵舜は、毎月八日には必ず薬師如来に塩断ちをして願かけ祈願をはじめているという。

日本において、特に陰陽道においては、奇数日は吉日として節句にあたり、一月一日元旦、三月三日桃の節句、五月五日端午の節句、七月七日七夕の節句、九月九日菊の節句として祝日にあたる。それに対し、偶数日は忌み日として考えられてきた。とりわけ四は「死」として忌み嫌われ、また四の二倍である八や四の二乗である一六は、出雲大社や法隆寺など、主に怨霊を封じる建築の寸法として用いられてきたのである。

にもかかわらず、梵舜は八という偶数の極数日にこだわり、八月八日よりあえて毎月八日に願かけをはじめているのだ。吉田家は、いうまでもなく古来陰陽師の家系であり、偶数の極数である八が、最も不吉な数字の一つであることを知らぬはずはない。彼はあえて八という数を用いて、この時果して何を祈願したのであろうか。

いっぽう同年九月に入ると、今度は豊国神社で百日間の日参祈願をはじめているという。またさらには、九月十七日に突然貴船《きぶね》神社を訪れ、願かけ祈願を行なっているというのだ。貴船神社は、現在でも境内の立木にわら人形が釘で打ちつけられているのが見られるように、古くからの呪詛《じゅそ》の霊場として知られた社である。梵舜はいったいここに何を願かけしたというのだろうか。

十二月になると、この願かけに拍車がかかり、合計五回も豊国神社で祈願を行なっているという。翌年の一六一六年一月七日には、今度は鞍馬《くらま》寺を訪れ祈願したというが、この鞍馬寺も古来、呪術的な霊場として有名であり、祟り封じや悪鬼調伏の寺として位置づけられてきたのである。さらに、この月も欠かさず十八日の秀吉の忌日には、必ず秀吉をまつる豊国神社で祈願を行なっているというのだ。そして、その三日後の一月二十一日、駿府《すんぷ》城にいた徳川家康は、突然腹痛を起こして発病したのである。

この知らせは、すぐに江戸に知らされ、家康の後継ぎ・将軍秀忠はただちに駿府へ出発、翌日には家康を見舞い、全国の寺社、陰陽寮に病気平癒の祈禱を命じている。ところが、梵舜はというと、家康の発病以降、あれほど熱心に行なっていた祈願をぴったりとやめ、それでは陰陽師《おんみょうじ》として家康の祈禱を行なうかといえば、日記には何も記録されていないという。それどころか、梵舜が吉田神道を代表して駿府に出発したのは、家康発病から約二ケ月もたった三月十八日。十八日というのは、あの秀吉の忌日であることはあえていうまでもないだろう。

さらに奇妙なのは、『梵舜日記』によれば、駿府出発に先立ち、三月四日に梵舜は、豊国神社の神前で吉凶を占うおみくじを家臣にひかせていることであろう。一刻も早く駿府にかけつけねばならぬという時に、果して何のためにおみくじを引く必要があったというのだろうか。また、七日には自ら豊国神社を訪れ、駿府の件について祈願したというが、家康の宿敵・秀吉を祀る社に家康の病気平癒を祈願することなどとうてい考えられないだろう。

その後、梵舜は駿府に見舞うのだが、決定的なのは、四月一日、駿府浅間《せんげん》神社を訪れ、「豊国ノ祈念」を行なっていることであるという。四月十六日に家康は没したのだから、四月一日は家康が危篤状態におかれていた頃だろう。そのような非常時に、家康の病気平癒の祈願をするどころか、豊国で祈念を行なったと、日記にきっぱり記されているというのである。すなわちこれまでの梵舜の奇行とでもいうべき祈願の目的がここにはっきりと姿をあらわしたといっても過言ではないだろう。

果して梵舜の行なった「祈願」によって、家康が発病したのかどうかはともかく、以上のような津田三郎氏の論考から、梵舜が家康を呪詛しようとした可能性は十分考えうるとみてよいだろう。

童歌《わらべうた》「かごめ」について

ちなみに、方広寺大仏殿の正面にあたる道が正面通と呼ばれ、またその道に架かる橋は正面橋と呼ばれたことは前に触れたが、「かごめ」と呼ばれる童歌の中の「正面」とは、じつはこの大仏殿のことを指しているといわれる。

籠目　籠目
籠の中の鳥は
いついつ出やる
夜明けの晩に
鶴と亀がすべった
うしろの正面誰？

それでは、この童歌の歌詞がいったいどんな意味なのかというと、おそらく誰もが首をかしげることだろう。ここまで観察してきた通り、この大仏殿周辺は、秀吉の霊廟とともに徳川家康によって破壊されてしまったのだが、この童歌は何かそれらの事実を暗に、今に伝えているような気がして仕方がないのである。

元来京都独特の方言は、直接口にすることができない事象を暗に含めて用いられることが多い。例えば、「おおきに」という京言葉一つとっても感謝の意であると共に辞退の意としても用いられることは有名であろう。それではこのような言い廻しが生まれたのはなぜかというと、京都という街が町人の街で、室町時代以降常に武家の権力者によって支配されてきたために、言いにくいことは、暗に表現しなければならなかったためであるといわれる。特に童歌にその例が多く、一例に「とおりゃんせ」を挙げてみよう。

とおりゃんせ　とおりゃんせ
ここはどこの細道じゃ　天神様の細道じゃ
—中略—
行きはよいよい　帰りはこわい
こわいながらもとおりゃんせ　とおりゃんせ

この歌詞の中の「天神様」とは、北野天満宮を指しているのだが、ここで問題となるのは、その後の「こわい」という歌詞である。北野天満宮は、現在学問の神として人気を集めているが、本来祭神である菅原道真は非業の死の末、ときの権力者である藤原氏に対して怨霊として激しく祟ったために神として祀られた背景をもっている。藤原氏は数世紀にわたって日本の政権をになってきたわけであるが、京の人々は、北野天満宮のいわれを藤原氏に祟った怨霊であると明言するわけにはいかない。そこでこの「とおりゃんせ」の童歌の中の「こわい」という言葉に暗に託したものとみられるのである。

よって「かごめ」の歌詞に使われている「正面」すなわち秀吉の大仏殿についても、おそらくこの童歌が生まれた徳川政権下、歌詞に暗に託した意味が秘められている可能性を示唆できるのである。前に触れた通り、徳川によって破壊された大仏殿周辺の荒廃ぶりは、さまざまな資料に記載されていることからみて、京都の人々にとって周知の事実であったとみられる。つまり、「かごめ」の歌詞の中の籠の中の鳥とはおそらく秀吉の遺体あるいはご神体をあらわしているとみられ、それにまつわるある事実を表現しているのではないかと思われる。

しかしながら、この問題を扱うには本書の紙面も、根拠となる史料も余りに不足しており、今後の課題にしたいと思う。読者諸兄にもぜひこの問題について考えていただきたいと願うものである。

6　日本画の発展と秀吉

日本の絵画の歴史の大部分を占める障壁画（襖絵、板絵、壁画、屏風等）の流れを顧みると、桃山期前後すなわち秀吉以前と以降でその表現が大きく変わるといわれる。ひとことでいえば、桃山以前は多くの山水画などにみられる水墨画風のものが多く、桃山以降は絢爛豪華な金碧画が主流となっていくことになる。すなわち、秀吉は城郭や住居、茶室、都市計画などの建築の流れを大きく変えただけではなく、日本における絵画の発展にも強く影響したのであり、そういう視点から見れば、アートプロデューサーとしても再評価が可能であろう。

室町時代に狩野《かの》正信《うまさのぶ》によって幕府御用画家の地位を極め、その後日本画の主流となるのが狩野派の絵師の流れである。この流れを継承した正信の孫・永徳は、秀吉の主君・織田信長に重く用いられ、

『信長公記』によれば、安土城の内部を飾る障壁画によって、それまでの宗教色を廃した独自の画風をあみ出したという。たぶんそれは、宗教を嫌った信長の意向を考えての画風であったのだろう。

そして永徳は、信長の死後はもっぱら秀吉に用いられ、秀吉の造営したおびただしい数の建築の障壁画を担当することになる。『本朝画史』によれば、一五八四年には大坂城、一五八七年には聚楽第の障壁画を完成し、「金碧画」と呼ばれる永徳様式を確立したとみられる。

また城郭のみならず、社寺の障壁にも永徳様式は展開され、当初大仏殿の造営が予定されていた東福寺法堂にも巨大な龍を描く予定であったが、大仏殿造営が取り消された一五八八年、永徳にかわって養子の山楽が担当している。なお、同年秀吉の母・大政所《おおまんどころ》の菩提寺として造られた大徳寺内の天端《てんずい》寺《じ》の障壁画は『宝山誌鈔』によれば、永徳の筆であるといい、東福寺の絵は山楽にまかせて、こちらで腕をふるったのだろう。

一五八八年に、それまで後継者に恵まれなかった秀吉は、後陽成天皇の弟・八条宮智仁親王を養子にするが、その後鶴松が生まれたために、一五九〇年離縁して八条宮家を設立し、内裏の北に新御殿を建てている。この御殿にあったといわれるのが「伝永徳檜図屏風」(東京国立博物館蔵)で永徳作であることは間違いなく、おそらく秀吉の命で永徳が担当したものだろう。ところが永徳はこの障壁画の完成と時を同じくしてわずか四十九歳で没している。

しかし、永徳以降もその狩野派の流れをくむ絵師を秀吉は重用し、さらなる発展につくしている。例えば永徳の弟・宗秀は、豊国神社歌仙額を描いているし、また永徳の長男・光信は、豊国廟の遺構・都久夫須麻神社の装飾画の絵師とみられ、もと豊国神社にあったとみられる妙法院の襖絵は、光信の弟・孝信や光信、永徳などの筆であるという。光信はこの他、秀吉の妃・北政所の創建になる高台寺の霊屋《みたまや》の障壁画も担当しているという。

一方、秀吉は狩野派の絵師ばかりを重用したわけではなく、これに反抗するさまざまな画流の絵師を用い、その発展に尽力があった。

例えば永徳と同時代の絵師・長谷川等伯は、秀吉が晩年その造営に打ち込んだ醍醐寺三宝院の障壁画を描いている。また、豊国廟に接して建てられた鶴松の菩提寺・祥雲寺の障壁画を担当したが、これは豊国廟破却の際、知積院のものとなり、現在国宝に指定されている。

このように秀吉は、自らの建築を通して多数の絵師を育て、その結果、障壁画の発展に著しく関与したものといえるだろう。特に狩野派は、秀吉亡き後、徳川幕府の御用絵師として大成し、特に狩野探幽、尚信、元信の三兄弟は二条城や桂離宮の障壁画を残し、また探幽は日光東照宮の色彩プロデューサーとして活躍することになる。

このようにみてくると、城郭の縄張り法から山里曲輪・書院造りの遠近法効果、茶室の発展、都市計画におけるヴィスタ、権現造りや東西線による神格化の秘儀、そして本項で触れた障壁画の発展など、現在徳川政権下で成立した江戸文化であると認識されているものの多くは、じつは秀吉時代に編み出されたものであることが明らかとなるのだ。

江戸ブームなるものが現在長期にわたって続いているのだが、実際それらの文化の発祥は秀吉時代にあって、徳川時代に熟成がすすんだに過ぎないといったらお叱りを受けるであろうか。

信長の神格化

前に述べたように、家康は秀吉の神格化を応用した形跡が指摘できる。それでは秀吉の主君で天下人であった織田信長はどうであっただろうか。信長の居城である安土城下に大寺院摠見寺があったというが、この寺院についてフロイスは次のように記していることに注目したい。以下多少長くなるが引用してみよう。

偉大なる当日本の諸国のはるか彼方から眺めただけで、見る者に喜悦と満足を与えるこの安土の城に、全日本の君主たる信長は、摠見寺《ソウケンジ》と称する当寺院を建立した。当寺を拝し、これに大いなる信心と尊敬を寄せる者に授けられる功徳と利益は以下のようである。

第一に、富者にして当所に礼拝に来るならば、いよいよその富を増し、貧しき者、身分低き者、賤しき者が当所に礼拝に来るならば、当寺院に詣でた功徳によって、同じく富裕の身となるであろう。しこうして子孫を増すための子女なり相続者を有せぬ者は、ただちに子孫と長寿に恵まれ、大いなる平和と繁栄を得るであろう。

第二に、八十歳まで長生きし、疾病はたちまち癒え、その希望はかなえられ、健康と平安を得るであろう。

第三に、予が誕生日を聖日とし、当寺へ参詣することを命ずる。

第四に、以上のすべてを信じる者には、確実に疑いなく、約束されたことがかならず実現するであろう。しこうしてこれらのことを信ぜぬ邪悪の徒は、現世においても来世においても滅亡するに至るであろう。ゆえに万人は、大いなる崇拝と尊敬をつねづねこれに捧げることが必要である。

すなわち、信長は自らを「神」と称し、その信長を祀るために摠見寺を造営したというのである。

信長を祀る摠見寺に参詣すれば功徳と利益、あるいは健康と平安が得られ、誕生日には参詣するように命じたというのだ。しかし、信長自身が寺に常に坐っていることはできない。当然身代わりとなる御身体のようなものがあったはずである。フロイスによれば、それは「盆山《ぼんさん》」と呼ばれる一個の石であると以下のように述べている。

> 神々の社には、通常、日本では神体《シンタイ》と称する石がある。それは神像の心と実体を意味するが、安土にはそれがなく、信長は、予自らが神体である、と言っていた。しかし矛盾しないように、すなわち彼への礼拝が他の偶像へのそれに劣ることがないように、ある人物が、それにふさわしい盆山《ボンサン》と称せられる一個の石を持参した際、彼は寺院の一番高所、すべての仏《ホトケ》の上に、一種の安置所、ないし窓のない仏龕を作り、そこにその石を収納するように命じた。

すなわち、信長は神社の御神体と同じように一個の石を自らの化身として本尊の上の窓のない部屋に安置したといい、この記述は『信長公記』の「同間の内御書院あり。是には遠手晩鐘の景気かゝせられ、其前にぼんさんをかせられ」という記録からも十分確認できるのだ。

現在、安土城二の丸跡に、秀吉が信長の一周忌に造ったという信長廟が残されている。戦国時代の武士の墓は、五輪塔か宝篋印塔《ほうきょういんとう》、あるいは唐破風付角塔であるといわれるのだが、なぜか信長の墓は二段の基壇上に自然石を置いた奇妙なかたちをしている。これもやはり、信長の化身である盆山をあらわして

織田信長画像（兵庫県立歴史博物館所蔵）

いるとまずみてよいだろう。

　前に触れたように、信長はあらゆる宗派の寺院の中でも特に本願寺を強く弾圧したのだが、その背景には、一向一揆における信仰をともなった武力の強さへの嫉妬心がなかったとはいえないだろう。たとえば本願寺蓮如は、まるで生き神のような存在であったといい、信長の中に親鸞の血を引く蓮如のようなカリスマ性を持ちたいという願望があり、そこで自ら生き神になったのではないだろうか。

　そしてこのような権力者自らの神格化は、その後秀吉・家康に受け継がれていく。それらを本願寺との関係に限っていえば、信長は、本願寺蓮如へのコンプレックスから神になろうとしたのだろうし、また秀吉は本願寺本尊の阿弥陀如来の力によって神に再生しようとした。さらに家康は、秀吉の再生の秘儀を壊して神格からはずし、逆に自らの神格化に利用したといわれるのである。

　日本の政権を握った三大武将がすべて、本願寺との関わりから神になろうとしたことは、じつに興味深いといえよう。

おわりに

ちょうど本書の執筆が完了しようとした二〇〇〇年五月九日の未明、京都大原の寂光院本堂が全焼した。寺の本尊で国の重要文化財であった地蔵菩薩立像も焼損、火元は放火によるものという。寂光院は、天台宗延暦寺に属する寺院で五九四年の創建、中世に入り建礼門院が平家一族の菩提を弔った場所として知られ、三千院と並んで大原を代表する存在であった。焼失した本堂は、一五九九年、秀吉の側室・淀殿によって再建されたもので、のちに徳川によって豊臣の遺構は徹底的に破壊された歴史からみれば、現在まで残る豊臣の貴重な建築の一つであったといってよいだろう。しかし、どうしたわけか、全く文化財指定を受けずに今日に至っていたのである。

この件について、筆者は新聞社の取材を受けたのだが、その内容が『読売新聞』平成十二年五月十六日夕刊に「寂光院焼失一週間」と題して掲載された。そこに筆者談として「豊臣家にまつわる建物は多くが徳川家に破壊され、重文級の価値があった。忠実に再建すれば数十億円、五年はかかる」という文章が載せられることとなった。この寂光院がもとの姿に復することを心より願ってやまない。

本書は、龍谷大学コミュニティカレッジ「建築家秀吉——豊臣秀吉の遺構の謎を推理する」(一九九九年四月〜七月)、同「本願寺建造物の文化(1)豊臣秀吉と本願寺建築」(一九九九年十一月)及び㈱竹中工務店大阪本店での講演会「待庵と近世茶室」(一九九九年二月)、京都市生涯学習センター山科での講演会「秀吉建築と西欧文化」(一九九九年十月)などの講義録をもとに新たに書き下ろしたものである。それらの講演に際して、受講者や関係者の方々から多数の励ましの言葉をいただいたのだが、それらが最後まで本書執筆の原動力となった。一言お礼を申し上げておきたい。

また、最後になったが、本書のイラストは長年筆者の図版を担当してくれている小保方貴之・鶴田真理子両君であり、また一〇〇箇所にも及ぶ図版の整理を担当してくれたのは、松永智美君であった。さらに編集を担当して下さったのは、人文書院編集部長の谷誠二氏であり、ここに名を記して感謝の意をあらわしたい。

宮元健次

二〇〇〇年七月　三井寺が見える書斎にて

参考文献

聚楽行幸記　天正十六年（一五八八）五月　群書類従帝王部
太閤記　小瀬甫庵　二十二巻　寛永二年（一六二五）正月自序　改定史籍集覧第六、岩波文庫（桑田忠親校訂「太閤記」上・下）、国民文庫、人物往来社（桑田忠親校訂「太閤記」）
豊鑑　竹中重門　四巻　寛永八年（一六三一）八月成立。群書類従合戦部、校註日本文学大系十三
新撰豊臣実録　大原武清　写四十巻　寛文五年（一六六五）正月成立。内閣文庫写、国会図書館写
豊臣太閤素生記　土屋知貞　一巻　延宝四年（一六七六）以前成立カ。改定史籍集覧第十三（太閤素生記）
豊臣記　二巻　続群書類従二十輯上
豊臣秀吉記　三巻　国史叢書（将軍記二）
版本天正記　九巻　慶長末（一六一四）―元和初年（元年・一六一五）版
絵入太閤記　七巻三冊　元禄十一年（一六九八）正月版。国会図書館
絵本太閤記　竹内確斎作・岡田玉山絵　七篇八十四巻　寛政九年（一七九七）―享和二年（一八〇二）完成。有朋堂文庫三冊
真書太閤記　栗原柳庵　十二篇三百六十巻　嘉永五年（一八五二）―明治完成。続国民文庫五冊、帝国文庫四冊、昭和版帝国文庫三冊
絵本豊臣勲功記　八功舎徳水撰、一勇斎国芳画　九編九十冊、安政四年（一八五七）―慶応年間版。国会図書館
信長公記　太田牛一　十六巻　慶長五年（一六〇〇）頃成立カ。慶長十五年（一六一〇）完成。改定史籍集覧第十九、戦国史料叢書2、角川文庫
朝鮮征伐記　堀正意（杏庵）九巻　寛永年中（一六二四―四四）成立

通俗日本全史二十、日本歴史文庫十五、豊太閤征韓秘録一—四
朝鮮日々記　一巻　改正史籍集覧第二十五
林屋辰三郎『日本の歴史』12　天下統一　中央公論社　一九六六年
岡本良一『大坂城』（岩波新書）岩波書店　一九七〇年
桜井成広『豊臣秀吉の居城』大阪城編　日本城郭資料館出版会　一九七〇年
桜井成広『豊臣秀吉の居城』聚楽第・伏見城篇　日本城郭資料館出版会　一九七一年
フロイス『日本史』（豊臣秀吉篇(1)(2)）中央公論社　一九七七年
湯本文彦「豊太閤改葬始末」史学雑誌17—1　一九〇六年
西田直二郎「聚楽第遺址」（『京都史蹟の研究』）吉川弘文館　一九六一年
小和田哲男『城と秀吉』角川書店　一九九六年
小和田哲男『豊臣秀吉』中央公論社　一九八五年
桑田忠親編『豊臣秀吉のすべて』新人物往来社　一九八一年
『吾妻鏡』國史大系編集會編「國史大系」32　吉川弘文館　一九六四年
『太平記』「日本古典文学大系」三四—三六　岩波書店
『応仁記』近藤瓶城編「改定史籍集覧」通記類三冊　臨川書店　一九〇〇年
『前野家文書』前野家蔵
『黒田家譜』「益軒全集」五
高松城攻之物語　佐柿常円話　一巻　改定史籍集覧第十五、吉備群書集成第三（備前国人佐柿入道常円物語）。
小山明『アドルフ・ヒトラー　権力編』学習研究社　一九九五年
黒川直則『京都の歴史4』学芸書林　一九六九年
内藤昌他『聚楽第——武家地の建築「近世都市図屏風の建築的研究その2」』日本建築学会論文報告集第一八〇号
（一九七一年二月）所収
大熊喜邦『聚楽第の大広間』建築史2—1建築史学会　一九四〇年
桜井敏雄『浄土真宗寺院本堂の成立過程上・下』「仏教美術」一〇二、一〇五　一九七五年

西和夫『三宝院表書院』「日本建築史基礎資料集成17」中央公論美術出版　一九七四年
西和夫『本願寺書院』「日本建築史基礎資料集成17」中央公論美術出版　一九七二年
京都市教育庁文化財保護課『国宝本願寺書院（対面所及び白書院）修理工事報告書』一九五九年
NHK編『太閤秀吉の天下取り』日本放送出版協会
京都新聞社編『京の七口』京都新聞社　一九七五年
桜井成広『豊臣秀吉の居城――聚楽第・伏見城編』
山本眞嗣『京・伏見歴史の旅』山川出版社　一九九一年
村井康彦編『京都千年　四　御所と別業』講談社　一九八四年
北島万次『秀吉の朝鮮侵略』吉川弘文館　一九九五年
ブルーノ・タウト、篠田英雄訳『日本、タウトの日記』岩波書店　一九七五年
『徳川実紀』、北島正元『江戸幕府の権力構造』岩波書店　一九六四年
『大猷院殿御実紀』
高藤晴俊『家康公と全国の東照宮』東京芸術　一九九二年
『梵舜日記』「資料纂集」所収　続群書類従完成会
尾関章『濃飛古代史の謎』三一書房
高藤晴俊「東照宮に秘められた謎」『日本の美術12霊廟建築』至文堂　一九九〇年所収
吉野裕子『隠された神々――古代信仰と陰陽五行』人文書院　一九九二年
中野美代子『仏界とポルノグラフィー』青土社　一九八九年
『隔蓂記』宮内庁書陵部蔵
井上章一『つくられた桂離宮神話』弘文堂　一九八五年
レオン・パジェス著、吉田小五郎訳『日本切支丹宗門史』岩波書店　一九三八年
ロドリゲス・ジラン『長崎日本年報記』一六〇六年三月十日の条。海老沢有道『南蛮学統の研究――近代日本文化の系譜』所収
『義演准后日記』宮内庁書陵部蔵

小松和彦・内藤正敏『鬼がつくった国・日本』光文社　一九九一年
山田安彦『古代の方位信仰と地域計画』古今書院　一九八六年
中山太郎『将門の首塚』「旅と伝説」一九二七年所収
海老沢有道「豊臣秀吉の日本神国観　キリシタン禁制をめぐって」国政基督教大学「社会科学ジャーナル」第17号
北川央「神に祀られた秀吉と家康」「よみがえる中世2　本願寺から天下一へ――大坂」平凡社　一九八九年
秋田裕毅『神になった織田信長』小学館　一九九二年
朝尾直弘「天下統一」『大系日本の歴史』第八巻　小学館　一九八八年
『特別史跡　安土城跡発掘の成果』安土城郭調査研究所　一九九五年
『武功夜話』内閣文庫蔵
『柴田退治記』「群書類従」合戦部
豊臣秀吉譜　林羅山　三巻　寛永十九年（一四六二）二月成立。国会図書館、明暦四年（万治元・一六五八）版
『蓮門精舎旧詞』「石山本願寺日記」清文堂出版
『宇野主水日記』解題　上松寅三編『石山本願寺日記』下　一九三〇年
『宗湛日記』「茶道古典全集」
宮本雅明『近世初期城下町のヴィスタに基づく都市計画――その実態と意味――』「建築史研究」建築史学会
『北野大茶湯之記』北野神社蔵
西村貞『キリシタンと茶道』文献出版　一九四八年
山田無庵『キリシタン千利休』河出書房新社
堀口捨己『利休の茶室』鹿島出版会
『匠明』東京大学蔵
柳亮『続・黄金分割』美術出版社　一九七七年
『茶譜』国立国会図書館蔵
『山城名勝志』「増補続史料大成」臨川書店
『雍州府志』「新修京都叢書」臨川書店

『兼見卿記』「史料纂集」第一・二　続群書類従完成会
『駒井日記』「改定史籍集覧」二十五　臨川書店
西田直二郎『京都史蹟の研究』吉川弘文館　一九六一年
『三藐院記』「史料纂集」続群書類従完成会
『続日本記』「国史大系第二巻」経済雑誌社　一九五五年
『源平盛衰記』「校註日本文学大系」十五・十六
『異本太平記』「日本文学大系」
『新撰陸奥国誌』
『妙満寺文書』妙満寺蔵
朝鮮征伐記　宇佐美（大関）定祐　十三巻　寛文五年（一六六五）自序。国史叢書三十二、三十三
『下坂文書』西本願寺蔵
『当代記』続群書類従完成会
『言経卿記』東京大学史料編纂所編『大日本古記録』岩波書店
『吉川家文書』「大日本古文書」東京大学史料編纂所編　東京大学出版会
『村井動頼覚書』
『前越秘抄（作庭記）』「日本思想大系」第二三巻
『資勝卿記』宮内庁書陵部蔵
『本光国師日記』「大日本仏教全書」
『多聞院日記』「増補続資料大成」臨川書店
『都林泉名所図会』講談社　二〇〇〇年
『三千院文書』東京大学資料編纂所蔵
『日吉社禰宜口伝抄』日吉大社蔵
『将門記』東洋文庫　二八〇、二八一
今谷明『室町の王権』中央公論社　一九九〇年

『定基卿記』東京大学資料編纂所編「大日本古記録」岩波書店
『性霊集』「日本古典文学大系」七一巻
『日本書翰』ルイス・フロイス著　第一書房　一九三一年
大阪市博物館編『大阪の町と本願寺』毎日新聞社大阪本店　一九九六年
『日本紀略』「(新訂増補) 国史大系」10・11
『延喜式』「新訂増補国史大系本」一九三七年
『山城国風土記』「国史大系第3巻」
『小早川家文書』東京大学史料編纂所編「大日本古文書」東京大学出版会
『鍋島直茂譜考補』「佐賀県史料集成」
『清正高麗陣覚書』「続々群書類従（二）」
『浅野家文書』東京大学史料編纂所編「大日本古文書」東京大学出版会
『淀古今真佐子』「日本庶民生活史料集成第11巻」
『山城淀下津町記録』「日本都市生活史料集成」四
『親町《ちかまち》要用《ようよう》亀鑑録《きかんろく》』
『津田宗及茶湯日記』＝『天王寺屋会記』「茶道古典全集」七・八　一九五九年
『日本西教史』「大日本史料」
『宗麟日記』「大友史料」第一・二輯　田北学編　金洋堂書店　一九三七年
『土佐物語』「国史叢書」4　黒川真道編　国史研究会　一九一四〜一九一七年
『朋良洪範』国書刊行会
松田毅一監訳『十六・七世紀イエズス会日本報告集』同朋舎
宮元健次『近世日本建築にひそむ西欧手法の謎——「キリシタン建築」論序説』彰国社　一九九四年
宮元健次『桂離宮と日光東照宮——同根の異空間——』学芸出版社　一九九六年
沼田頼輔『穴太役考』「史学雑誌25—1」所収
足利健亮『景観から歴史を読む』日本放送出版協会　一九九八年

津田三郎『秀吉・英雄伝説の軌跡』六興出版　一九九一年
西ケ谷恭弘編『秀吉の城』世界文化社　一九九六年
『歴史群像シリーズ③羽柴秀吉』学習研究社　一九八七年
『歴史群像シリーズ㊺豊臣秀吉』学習研究社　一九九六年
『別冊歴史読本　豊臣秀吉その絢爛たる一生』新人物往来社　一九八四年
宮元健次『書院造りにみられる遠近法的効果について――近世日本建築の意匠における西欧手法の研究　その6――』「国際文化研究」第3号　龍谷大学国際文化学会　一九九九年
別冊太陽　No 86 Summer/1994『京都古地図散歩』平凡社　一九九四年

著者略歴

宮元健次（みやもと・けんじ）

1962年生まれ

1987年東京芸術大学大学院美術研究科修了

現在　龍谷大学国際文化学部専任講師

宮元建築研究所代表取締役

著書　『桂離宮隠された三つの謎』『修学院離宮物語』『近世日本建築にひそむ西欧手法の謎「キリシタン建築」論序説』『建築パース演習教本』『建築製図演習教本』（以上　彰国社）『桂離宮ブルーノ・タウトは証言する』（鹿島出版会）、『復元　桂離宮書院群』『復元　日光東照宮陽明門』（以上　集文社）、『法隆寺五重塔』（雄鶏社）、『桂離宮と日光東照宮—同根の異空間』『初めての建築模型』『初めての建築構造デザイン』『図説　日本庭園のみかた』『見る建築デザイン』『よむ住宅プランニング』（以上　学芸出版社）『インテリアコーディネーター　実技テキスト』（ヒューマンアカデミー）『歴史群像シリーズ62徳川家光』共著（学習研究社）、『日本の伝統美とヨーロッパ—南蛮美術の謎を解く—』（世界思想社）

JIMBUN SHOIN Printed in Japan.
ISBN 978-4-409-52033-8 C1021

建築《けんちく》家《か》秀吉《ひでよし》
—遺構から推理する
戦術と建築・都市プラン

二〇〇〇年一一月三〇日　初版第一刷発行
二〇一八年　七　月二〇日　初版第四刷発行

著　者　宮元健次
発行者　渡辺博史
発行所　人文書院
〒六一二-八四四七
京都市伏見区竹田西内畑町九
電話〇七五（六〇三）一三四四
振替〇一〇〇〇-八-一一〇三
印刷・製本　モリモト印刷株式会社

乱丁・落丁本は送料小社負担にてお取替いたします。

http://www.jimbunshoin.co.jp/